Susanne Magdalena Karr

Verbundenheit
Zum wechselseitigen Bezogensein von Menschen und Tieren

Susanne Magdalena Karr studierte Philosophie und Germanistik an der Universität Wien und promovierte an der Akademie der Bildenden Künste in Wien im Fach Kunst- und Kulturwissenschaften. Sie befasst sich mit der Philosophie der Mensch-Tier-Beziehungen und mit den künstlichen Grenzen von Natur-Kultur, Mensch-Tier und Leib-Seele. Sie ist auch als Kulturredakteurin tätig. Wissen und dessen Austausch auf neuen und unkonventionellen Wegen faszinieren sie und gehören zu ihren wichtigsten Themen.

Susanne Magdalena Karr

Verbundenheit

Zum wechselseitigen Bezogensein von Menschen und Tieren

Neofelis Verlag

Bibliografische Information der Deutschen Nationalbibliothek
Die Deutsche Nationalbibliothek verzeichnet diese Publikation in der Deutschen Nationalbibliografie; detaillierte bibliografische Daten sind im Internet über http://dnb.d-nb.de abrufbar.

www.neofelis-verlag.de

Umschlaggestaltung: Marija Skara
Lektorat & Satz: Neofelis Verlag (mn)
Druck: PRESSEL Digitaler Produktionsdruck, Remshalden
Gedruckt auf FSC-zertifiziertem Papier.
ISBN (Print): 978-3-95808-031-7
ISBN (PDF): 978-3-95808-094-2

FÜR ISOLDE UND JOSEF

Inhalt

Dank

Das Thema „Verbundenheit“ rückt die Verwobenheit mit menschlichen und nicht-menschlichen Wesen, die gegenseitige Einflussnahme alles Lebendigen, ins Zentrum der Aufmerksamkeit. Die Suche nach Korrespondenzen und Austausch ergab eine Vielheit von Begegnungen und Gesprächen, viele davon geplant und einige unvorhergesehen. Für die Möglichkeit, mich über einen längeren Zeitraum mit diesen Phänomenen eingehend zu beschäftigen, bedurfte ich auch der Anregung von außen und der Unterstützung im Einhalten einer gewissen Disziplin, um angesichts der Unendlichkeit der thematischen Bezüge nicht von bedrohlicher Mutlosigkeit aus der Bahn geworfen zu werden.

Für ihre Unterstützung und ihre Geduld möchte ich mich vor allem bei meinen beiden Töchtern Lilian und Leonie bedanken, die selbst in der Entstehungszeit des Textes mit den Ansprüchen der Schule beschäftigt waren. Sie haben mich stets ermutigt. Auch Hannes danke ich an dieser Stelle für sein ungeduldiges Wohlwollen und seine kritischen Anmerkungen, die mich zu noch präziseren Formulierungen und stringenteren Argumentationen angeregt haben. Dank gebührt außerdem meinen Freundinnen: Martina, die mich durch ihre Begeisterung und ihre Kommentare beim Durchhalten unterstützte, Katharina, die am Gelingen des Projektes nie gezweifelt hat, Barbara, die an mich geglaubt hat, und Miriam, ohne die ich gar nicht begonnen hätte. Unverzichtbar war auch die inspirierende Anwesenheit der bei uns lebenden Katzen Lu und Toni.

Vorwort

Do not think that time simply flies away. Do not understand 'flying' as the only function of time. If time simply flew away, a separation would exist between you and time. So if you understand time as only passing, then you do not understand the time being.
To grasp this truly, every being that exists in the entire world is linked together as moments of time, and at the same time they exist as individual moments of time. Because all moments are the time being, they are your time being.[1]

Diffusionsoffenheit

Verbindungen in einem vielgestaltig lebendigen Universum, in einer gleichzeitigen Anwesenheit beinhalten wesentlich das Spektrum gefühlter Beziehungen. Sie entstehen im Moment, aus der Präsenz unterschiedlichster Protagonisten,[2] die unentwegt ein beziehungsreiches Netz erschaffen. Dieses webt sich aus körperlichen und gefühlten Ereignissen. Eine affektive Relation, die es sich um Erfahrungen und Gefühle angelegen sein lässt, bindet uns aneinander und an die Welt. Anders als im Zusammenhang zu anderen kann kein Sinn entstehen. Verbundenheit als Voraussetzung einer gemeinsamen Lebenswelt verweist auf die Verfügbarkeit einer gemeinsamen Welterfahrung. Sie bezieht sich auf eine strukturell vorgestellte Ontologie.

Die traditionelle Philosophie stützt ein anthropozentrisches Weltbild und hebt – zu Ungunsten anderer Lebewesen – menschliche Belange in den Vordergrund. Zwar gibt es im Vorfeld der

1 Dogen Zenji: Uji, zit. nach Ruth Ozeki: *A Tale for the Time Being.* New York: Penguin 2013, S. 259.

2 Aus Gründen der leichteren Lesbarkeit wird auf eine geschlechtsspezifische Differenzierung, wie z. B. Teilnehmer/Innen, verzichtet. Entsprechende Begriffe gelten im Sinne der Gleichbehandlung für beide Geschlechter.

kanonisierten Überlieferungen aus der griechischen Antike einen Fundus an Überlegungen, die einer Naturwissenschaft im eigentlichen Sinne entspringen – einem wissenschaftlichen Erforschen der natürlichen Umgebung und ihrer zyklischen Abläufe. Gelten die mathematischen Entdeckungen der „Vorsokratiker" heute als Grundpfeiler der Naturwissenschaften, so wird im Hinblick auf deren Betrachtungen des Kosmos als eines zusammenhängenden Ganzen die Diskrepanz von Mythos und Logos angeführt. Diese Trennung geht der Dichotomie von Rationalität und Irrationalität als Kategorien der Philosophie voraus, und sie beeinflusst den Diskurs in vielen Bereichen nach wie vor.

> Les sciences, dit-on, sont issues d'une histoire dont le premier acte était la rupture avec les sophistes. Le discours rationnel aurait ainsi, dès sa naissance, désigné ce à quoi il s'oppose: les fictions qui échappent à la vérification et défient l'argumentation, d'une part, les arguments qui exploitent la possibilité pour celui qui a échappé au mythe de démontrer une thèse ou son contraire, de l'autre.[3]

Im Prozess der Trennung vom Mythos erschafft der rationale Diskurs erst seinen Widersacher. In einer angestrebten Opposition zum Mythischen wird es fortschreitend zum Programm, alles Unklassifizierte abzuwehren und mit Etiketten wie Romantizismus, Naivität und Esoterik zu versehen. Monotheistische Argumentationslinien widerstehen den Anfechtungen eines gemeinsam erlebbaren und erlebten Universums. Relationale Philosophien gelten ihnen meist als irrational und ketzerisch: Und so wird häufig der Topos des Aberglaubens über die Versuche, universelle Verknüpfungen nachzuvollziehen, gestülpt. Das enthebt philosophische Arbeit vom Andrang ungefilterter Informationen, weil vieles von vornherein als irrelevant ausgeschlossen wird.

Aus der Perspektive eines zusammenhängend vorgestellten Kosmos entstehen andere ethische Implikationen. Ihr gilt die Vielgestaltigkeit der Lebewesen als unendliches Ausdrucksvermögen der

3 Isabelle Stengers: *Cosmopolitiques I. La guerre des sciences. L'invention de la mécanique: pouvoir et raison. Thermodynamique: la réalité physique en crise.* Paris: La Découverte 2003, S. 10. „Man sagt, die Wissenschaften seien aus einer Geschichte hervorgegangen, deren erster Akt im Bruch mit den Sophisten bestand. Der rationale Diskurs wäre also, seit seinem Entstehen, durch das bezeichnet, gegen das er sich wendet: Fiktionen, die einer Verifizierung entgehen und der Argumentation trotzen, einerseits. Andererseits Argumente, die die Möglichkeit für das, was dem entgangen ist, ausnützen, um eine These oder ihr Gegenteil zu beweisen." (Übers. S. K.)

natürlichen Welt, in die auch Menschen integriert sind. Anerkennung von nicht-menschlichen Lebensformen bezieht sich gerade auf die Nicht-Gleichheit, wie Cary Wolfe anmerkt:

> The reason we should care about animals and treat animals well and expand the moral community is not because all of these different creatures in the world are like us. What is beautiful and worthy of respect is that they are not like us. You know, there are different ways of being in the world that, just like our being in the world, deserve to be protected from exploitation, protected from cruelty, allowed to flourish.[4]

Das Zugeständnis, in einem mehr als menschlichen Umfeld zu leben, verlangt eine Erweiterung, die über die Fixierung auf rein menschliche Bezüge in den philosophischen Diskursen hinausgeht. Wiewohl Philosophie sich nach wie vor mit der Art und Weise menschlicher Erkenntnis befasst und nach ihren Gründen forscht, stellt sie sich doch mehr und mehr den Herausforderungen, die ein mehr als menschlicher Horizont an sie richtet. Es hat keinen Sinn, den Anblick der weitreichenden Weltzerstörung zu verdrängen, die aus der Anwendung anthropozentrischer Teleologien folgt.

Aus einer holistischen Warte haben sich die reinen Spaltungstheorien, die Welt in Geist-Materie, Leib-Seele, Natur-Kultur und viele weitere Dichotomien teilen, als unzureichend erwiesen. Die Eroberung des mythischen Gebiets der Seele durch die Neurowissenschaften ist dabei kein unwesentlicher Schauplatz der alten Aufteilung, in der das Täuschungspotenzial ungefilterter Phänomene durch die aufklärerische Wirkung der Wissenschaft gereinigt werden soll. Die Idee, dass der Mensch sich in seinem Gehirn repräsentiert, zielt auf neurophysiologische Definierbarkeit – als könne man dem Lebewesen somit einen Platz zuweisen, über den es nicht hinausreicht. Durch eine anatomische Grenze soll die Trennung von anderen Lebewesen argumentiert werden. Wo aber findet sich diese Grenze in der Wahrnehmung und Affizierbarkeit?

> Where do you stop, and where does the rest of the world begin? The blithe confidence of the neuroscientist that the brain is the seat of consciousness amounts to an unearned conviction that we can draw a boundary between ourselves and the rest of the world at the skull.[5]

4 Cary Wolfe: *On Posthumanism and Animal Studies*, 2012. https://www.youtube.com/watch?v=5NN427KBZlI (Zugriff am 06.08.2014).

5 Alva Noë: *Out of Our Heads. Why You Are not Your Brain, and Other Lessons from the Biology of Consciousness.* New York: Hill & Wang 2010, S. 69.

Eine Zentralstelle des Nervensystems wie das Gehirn definiert aber nicht deren Alleinherrschaft und Unabhängigkeit. Im Gegenteil bedeutet ihr Vorhandensein Affizierbarkeit und weist somit über sich hinaus.

> The claim is yet another version of the prevalent neuroscientific dogma that you are your brain and that all the rest – the sense of our emplacement in a world that is meaningful and populated by others – is a myth promulgated for us by our brains. However intoxicating it might be to think that science has this to teach us – 'we live behind a veil of illusion' – there is no reason to be convinced.[6]

Eine Ontologie, die Welt und ihr Leben als ineinander verflochten begreift, stellt sich anderen Aufgaben. In ihr geht es nicht um Abgrenzung, sondern um Zusammenführung. Aus einer klinisch rationalistischen Sichtweise werden Affekte auf kontrollierbare Reiz-Reaktionsmuster reduziert und in kausale physiologische Ketten gelegt. So entschärft spielen sie eher einer Vereinzelung zu. Ihre Bewegung hin zur Teilhabe am Lebendigen wird sediert. Genau diese aber gilt als Merkmal des Lebendigen. In der Fähigkeit, ansprechbar zu sein und andere zu affizieren, zeigt sich das Wesen des psychischen Antriebs. Die Psyche ist das Instrument des Hinüberreichens und der Integration. Um die Verständigung der Vielen, der Multitude der Lebewesen voranzutreiben, die Erhaltung des gemeinsamen Lebensraumes zu verteidigen und die Verteilung der Reichtümer zu bewältigen, bedarf es daher eines philosophischen Unterbaus, der sich nicht scheut, vermeintlich selbstverständlichen Übereinkünften zu widersprechen und der Seele ihre Aufgabe zurückzugeben. Es wird dabei nicht genügen, einem seelenlosen Rationalismus Seele, in wohldosierten Gaben, einfach als äußerliches Luxusphänomen zu gestatten. Seele muss als lebensbestimmendes Element in die neu formulierten Weltmodelle stärker integriert und ihre Regungen müssen als verbindungsstiftende Kräfte anerkannt werden. Wenn sie über den therapeutischen Diskurs hinausgeht, in den psychische Phänomene häufig verwiesen werden, kann sie in einer affektiven Philosophie agieren.

Psychische Ereignisse werden als Grundlagen und Voraussetzung eines wechselseitigen Bezogenseins in hohem Maße wichtig. Sie lassen sich nicht ausklammern. Und gerade die Beiträge aus

6 Noë: *Out of Our Heads*, S. 71.

dem psychischen Empfinden, denen Verworrenheit und Subjektivität vorgeworfen werden, bilden einen wesentlichen Beitrag zur Welterkenntnis. Genau sie tragen zu Bewusstsein und Verständigung bei. Die Affizierbarkeit liegt am Grunde der Philosophie: das Berührtsein vom Erstaunen, das Involviertwerden in die Wunderlichkeiten der Erscheinungen. Das Staunen, als ein wesentlicher Initiator aller philosophischer Ambition verstanden, führt zu einer Weltzuwendung. Nicht nur in der antiken Überlieferung gilt das Staunen als Haltung der Offenheit gegenüber den Begegnungen. Nach Giuseppe Galli bezeichnet das Staunen auch den Ausgangspunkt einer Objektbeziehung: Er sieht es als Bewusstseinsmodus, der „ein gewisses Maß an narzißtischer Deflation“[7] enthält. Das Staunen gilt als typisches Beispiel für eine Beziehung, „[…] wo der andere in den Vordergrund rückt, während das ‚Ich‘ leer und in einen Zustand der Ekstase versetzt wird. Neben einer Neuzentrierung erleben wir auch eine Erweiterung, d. h. eine Ausdehnung des eigenen Feldes.“[8] Diese Weltoffenheit sucht nach Sinn und Zusammenhang, und ohne Einbeziehung der Begeisterung wird kein inspirierter Gedanke entstehen. Sich einer affektiven Ontologie zuzuwenden, bedeutet also, Relationen gegenüber Dichotomien zu favorisieren und sich auf die Bereiche des Ungesprochenen, aber Spürbaren, des Auratischen und Transpersonalen einzulassen, die den Großteil der Welterfahrung ausmachen.

Es gilt daher, das affektive Moment in die Philosophie wieder hereinzuholen und seine Phänomene als wesentlich zur Welterkenntnis zu verstehen. Die Mitteilungsformen der Affekte sind immer schon mit den Konzepten der Philosophie verbunden – wie die ästhetischen Eindrücke sind sie untrennbar mit der Wahrnehmung verflochten. Das Zugeständnis der Erstrangigkeit der Affekte gestattet eine Öffnung hin zu grundlegenden Erfahrungen. Psychische Ereignisse werden in ihrer Wirkmächtigkeit adressierbar. Eine affektive Philosophie beansprucht den Umgang mit mehr als nur sprachlich gefassten, mathematisch berechenbaren, als rational bezeichneten Elementen. Sie anerkennt viele mögliche Qualitäten des Daseins und weitet ihre Empfänglichkeit aus. Der Begriff

7 Giuseppe Galli: *Psychologie der sozialen Tugenden.* Wien / Köln / Weimar: Böhlau 2005, S. 46.

8 Ebd.

des Menschlichen wird nur als eine unter verschiedenen Lebensformen verstanden, er dient eher als Kontingent der Möglichkeiten, „as envelope of possibilities rather than the finite totality of essence.“[9]
Seit jeher fordert angewandte Philosophie die Überwindung der Trennung von Theorie und Praxis. Häufig werden Erkenntnisse auf einer theoretischen Ebene gewonnen und belassen und nicht in einem praktischen Lebenszusammenhang auf ihre Gültigkeit hin überprüft. In der Praxis unterscheiden sich diejenigen, die sich selbst als Experten philosophischer und lebensweltlicher Zusammenhänge ausgeben, oft nicht signifikant von denen, die sich diese Position nicht anmaßen würden. Philosophie, die ihre Theorien in praktische Zusammenhänge verweist, hat aber einen Rückzugsort, in dem man sich selbst keine Rechenschaft gibt, nicht zur Verfügung. Affektive Erkenntnis lässt sich nicht nach Belieben abstreifen.

Versagen anthropozentrischer Ontologie

Verbundenheit impliziert eine ontologische Positionierung, in der Grenzen zwischen den Individuen und zwischen den Spezies vermehrt infrage gestellt werden. Sie ermöglicht es, sich von anderen affizieren zu lassen, die Erfahrungen anderer zu teilen, als eigene zu spüren. Verbundenheit bedeutet daher einerseits einen herausfordernden Zuwachs an Verantwortung, andererseits stellt sie ein reiches Reservoir an Wissen und Weltzugängen zur Verfügung.
Um sich auf ein derartig entgrenztes Terrain einlassen zu können, ist ein anthropozentrisches Weltmodell ungeeignet. Auf der einst göttlich besetzten Position des Herrschers, der alle Ereignisse auf sich bezieht, werden Informationen und Ansprüche anderer als menschlicher Wesen irrelevant. Das Verklingen chiffrierter Sprachen und Klänge und das verblassende Farbspektrum der Artenvielfalt erscheinen von hier, wenn sie überhaupt wahrgenommen werden, bestenfalls wie Veränderungen im Bühnenbild, als wären sie der Zentralgattung Homo sapiens rein äußerlich und könnten sie nicht berühren. Eileen Crist verbindet die anthropozentrische Weltsicht mit der fortschreitenden Vereinnahmung des Lebensraumes,

9 Melissa Gregg / Gregory J. Seitworth (Hrsg.): *The Affect Theory Reader.* Durham / London: Duke UP 2010, S. 187.

in der allein menschliche Interessen gelten. Gemeinsamkeiten bestehen in dieser Weltauffassung allein unter Menschen, und sie leben an Orten, die durch sie erst als „bewohnte Welt“, als „Oikumene“ gelten: „Only people are inhabitants, while animals, plants and the natural communities they create merely exist in certain places – until they are forced to make way for, or be converted to serve, the oecumene.“[10]

Die Rechtfertigung des Anthropozentrismus gehört eher in die Kategorie von Glaubenssätzen als von Argumentationslinien. Sie entspringt bloßen Setzungen.

> To be open to the historically constructed and reconstructed character of anthropocentrism; its achieved legitimacy as a matter of conquest and often violence, and not the result of a rightful prerogative, or nature of the human; its commonsensical entrenchment as a corrollary of the erasion of the non-human (physical obliteration, discursive belittlement or the simple invisibility of the vanquished at all levels of perception): its victory of a perhaps once-evitable, but increasingly inescapable historical course which has been entraining a time of reckoning – the time when oecumene is all there is to see: to be open to discerning these qualities of anthropocentrism that enquiry makes available, thereby seeing it in a novel, non-commonsensical light is to understand that it might compellingly be described as ‘false knowledge’.[11]

Anthropozentrisches Denken liegt einer speziezistischen Gesellschaftsordnung zugrunde. Es rechtfertigt den Gebrauch und die Zerstörung nicht-menschlicher Ressourcen zum Wohle der als höherwertig deklarierten Lebensform. Die Diskurse über die Distinktionsmerkmale zwischen menschlichen und nicht-menschlichen Tieren drehen sich häufig um die vermeintliche Absenz intellektueller und psychischer Fähigkeiten. So gilt die Frage nach der Seele der Tiere als ewiger Streitpunkt religiöser Auseinandersetzungen. Inzwischen gerät jedoch selbst die menschliche Psyche unter Rechtfertigungszwang: Je mehr die Rationalität in einer mechanistischen Weise vorgestellt wird, desto stärker werden die psychischen Prozesse abgewertet oder als neurologische, fast automatisch ablaufende Datenbahnen gedeutet. Die Relevanz von Seele als Lebenskraft wird weit unter den leichter steuerbaren Elementen

10 Eileen Crist: Ptolemaic Environmentalism. In: Tom Butler / Eileen Christ / George Wuerthner (Hrsg.): *Keeping the Wild. Against the Domestication of the Earth.* Washington, D.C.: Island 2014, S. 16–30, hier S. 16.

11 Ebd., S. 18.

der Rationalität eines dualistisch gedachten Realitätsprinzips angesiedelt. Seele in ihrer undomestizierten, nicht-therapierten, nichtzurechtgebogenen Kraft wird in vielen modernen Gesellschaften als quasi obsoletes romantisches Relikt mehr und mehr aus dem Weltdeutungsprozess ausgeschlossen.[12] Man braucht sich daher nicht wundern, wenn sie mit Verletztheit reagiert. Eine eingeengte Seele, die in einer technisch und klinisch definierten Welt ihre Einfühlungskraft nicht ausleben soll, flieht oder erkrankt. Wenn die Relevanz von Seele als Lebenskraft unter die leichter durchschaubaren und steuerbaren Prozesse einer dualistisch gedachten Rationalität untergeordnet wird, fehlen wesentliche Elemente, in denen sie sich spiegeln und die Unendlichkeit der Welt in ihren je eigenen Reflexionen wiedergeben kann. Wenn die Seele als Tätigkeit verstanden wird, in der Welt dem Individuum zugespielt und Sinn erzeugt wird, kommt ihr eine erhebliche Rolle zu, in der „die Seelen im allgemeinen lebende Spiegel oder Bilder des Universums der Geschöpfe sind […].“[13]

Zwei Punkte sind hier zentral:

1) Die Unzulänglichkeit einer anthropozentrischen Philosophie wird in weltzersetzenden Katastrophenbildern deutlich. Der Mensch als Zentralfigur des Universums wird als intelligentes, sich selbst optimierendes, zunehmend beziehungsloses und daher letztlich (selbst-)zerstörerisches Wesen dargestellt. In filmischen Dystopien wie *The Day After Tomorrow*[14] oder *Die Wolke*[15] werden Weltuntergänge als mehr oder weniger unmittelbar bevorstehend inszeniert. In ihnen kommen Interventionen eines kreativen utopischen Bewusstseins, das Möglichkeiten als künftige Seinsmodalitäten versteht und sich der Zerstörung entgegenstellt, zu spät. Der Topos eines guten Ausgangs der Geschichte gilt häufig als lächerlich und naiv, als wäre dem Untergangsmechanismus nichts mehr entgegenzuhalten. Die Welt ist nicht zu retten, also gilt es in einer desperaten

12 Vgl. dazu Eva Illouz: *Die Errettung der modernen Seele.* Frankfurt am Main: Suhrkamp 2009.

13 Gottfried Wilhelm Friedrich Leibniz:: *Monadologie*, übers. u. hrsg. v. Hartmut Hecht. Stuttgart: Reclam 2008, S. 59.

14 *The Day After Tomorrow* (USA 2004, R: Roland Emmerich).

15 *Die Wolke* (D 2006, R: Gregor Schnitzler).

Endzeitlogik, was zu genießen und auszubeuten ist, an sich zu reißen. Eine Ontologie, die den Menschen als Relationszentrum ansieht, favorisiert ihn nur zum Schein. Tatsächlich überwiegen die destruktiven Auswirkungen des anthropozentrischen Weltbildes: Lebensweltliche Zusammenhänge zu ignorieren, hat dazu geführt, dass die Lebenssphäre zerstört und geschädigt wird. Pestizide richten sich buchstäblich gegen diejenigen, die sie vorerst zur eigenen Aufrüstung gegen eine als feindlich angesehene Umwelt eingesetzt haben. Die Erkenntnis, dass man selbst Teil dieser Umwelt / Umgebung ist, entlarvt diesen Standpunkt als sedative Selbsttäuschung. Als Angehöriger der Welt kann man sich den relationalen Verstrickungen weder auf physiologischer noch auf psychischer Ebene entziehen. Als beziehungsreiche Wesen sind Menschen unweigerlich in die Weltzusammenhänge eingebunden.

2) Mit der Zerstörung der den Menschen umgebenden geophysischen Gegebenheiten verkümmert auch die Psyche. Ein Ausklammern über- und transpersonaler Bezugspunkte zeichnet einen Menschen, der sich alleingelassen, von Sinn- und Geschichtszusammenhängen ausgeschlossen sieht. Die Ignoranz gegenüber allen anderen Lebensformen zieht eine innerpsychische Verarmung nach sich. Die Gewalt, mit der Menschen anderen, nicht-menschlichen Lebewesen begegnen, verlangt eine permanente Leugnung der empathischen Fähigkeiten. Die unterdrückte Empathie wirkt ihrerseits als nicht unmittelbar identifizierbares depressives Grundgefühl. Die Negation von Empfindungen macht gefühllos und stumpf und schränkt die gesamte Erlebnisfähigkeit ein. Sie klammert mögliche Perspektiven aus. „Je offener die Situationen auf Welt hin sind, je mehr sie also Durchblick auf das Ganze erlauben, um so heller und belebender ist ihre Dynamik. Je enger die Situationen aufgefaßt werden, um so drängender und beengender wird ihre Dynamik.“[16]

Um Empathie als Erkenntnisform anzuerkennen, soll sie aus ihrer luxuriös anmutenden Nische herausgeholt werden. Empathische Erkenntnis entsteht nicht aus einer überlegenen Position, die sich

16 Heinrich Rombach: *Die Welt als lebendige Struktur: Probleme und Lösungen der Strukturontologie.* Freiburg: Rombach 2003, S. 21.

gnadenhalber in ein anderes Lebewesen einzufühlen versucht und dann aus Mitleid agiert. Vielmehr möchte sie die Innenperspektiven anderer, gleichwertiger Akteure verfügbar machen und miterleben. Sie ist wesentlich im Erkenntnisprozess enthalten.

Fragestellungen

Der vorliegende Text hat zum Ziel, das Thema Verbundenheit in seiner Relevanz für die philosophische Diskussion zu untersuchen, und zwar vor allem in Bezug auf ontologische und ästhetische Aspekte. Welche Art von Akteurinnen und Akteuren werden gebraucht? Wie kann das innovative Potenzial eines veränderten Umgangs mit anderen Lebensformen sichtbar und verfügbar gemacht werden, wie kann es noch gesteigert werden?
Lebensbezüge werden nicht allein im menschlichen Feld etabliert. Vielerlei spricht zu uns, spricht uns an und bringt Bewegung in eine Ordnung der Dinge, in der Nicht-Menschliches zum reinen Objekt gerechnet wird. Kommunikation ist hier als Prozess zwischen Lebewesen verstanden, der sie miteinander in Bezug bringt. Wenn nun genauer thematisiert wird, wie die unterschiedlichsten Wesen in Dialog treten oder kommunizieren, eröffnen sich ungeahnte Konstellationen. Darin kann es nicht um die Begegnung harmonischer Oberflächen gehen, die ein saturiertes Wohlbefinden bedienen, vielmehr fordern sie die starre Unbeweglichkeit eines analysierten, ausdefinierten Universums heraus. Akteure treten hinzu und fordern ihr Gehört-Werden in den Weltprozessen, wie Bruno Latours in *Das Parlament der Dinge* aufschlussreich darlegt.[17] Nur dadurch wird das Durchbrechen der konstruierten Welten möglich: durch das Heraufheben anderer Ebenen in den Rang relevanter Erkenntnisvermittler.

Undichte Grenzen

Die Welt wird von vielen verschiedenen Lebensformen bewohnt, und ihre Zyklen werden nicht nur von menschlichen, sondern in hohem Maße von vielen anderen Lebewesen gestaltet. Dieser tautologisch anmutenden Aussage wird in einem die Ökologie

17 Vgl. Bruno Latour: *Das Parlament der Dinge. Für eine politische Ökologie.* Frankfurt am Main: Suhrkamp 2009.

vernachlässigenden, politisch-ökonomischen Weltkonzept kaum Rechnung getragen. Es ist also dringend notwendig, die vorhandenen Akteure auch in die ontologische Fragestellung einzubeziehen. Kategorien wie Speziesgrenzen nur zu hinterfragen, wird nicht genügen. Sie müssen in ihrer Fiktionalität gezeigt und entschärft werden, und die Allmachtsposition des Menschen als Definitionsgewalt muss als Anmaßung und Phantasma vorgeführt werden. Menschsein ist nur als eine von vielen unterschiedlichen Lebensformen zu verstehen, als Teil eines größeren Lebenszusammenhanges. Das bedeutet, den Krieger, der gegen eine feindliche Natur kämpft, in seinen unterschiedlichen Erscheinungsformen zu entwaffnen und als selbstzerstörerisches Wesen zu enttarnen. Das Anerkennen der Verbundenheit als Gegebenheit fordert weitreichende Revisionen im Umgang mit anderen Lebensformen. So wird die Kategorisierung aller nicht-menschlichen Lebewesen als „Material" oder „Produkt" fallen müssen.

Ein Shift in den Speziesgrenzen bedeutet konsequenterweise die Veränderung einer ganzen Reihe von bisher als selbstverständlich erachteten Lebensweisen. Industrien, die auf Ausbeutung menschlicher und nicht-menschlicher Lebewesen basieren, werden auf einer Ebene hinterfragt, die solche Lebewesen als gleichwertige betrachtet. Das düstere neokolonialistische Wertgefüge wird haltlos und öffnet sich einer transparenten, flexibleren Wahrnehmung. Der Anspruch darauf, ein Subjekt zu sein, lässt sich im Zugeständnis dieses meist als exklusiv menschlich verwendeten Attributes für nicht-menschliche Lebewesen ausdrücken, wie Philippe Descola schreibt:

> Viele sogenannte ‚primitive' Gesellschaften fordern uns zu einer Überschreitung auf, sie, denen es nie in den Sinn gekommen ist, daß die Grenzen des Menschseins an den Toren der menschlichen Gattung haltmachen, sie, die nicht zögern, zum Konzert ihres sozialen Lebens noch die bescheidensten Pflanzen, die unbedeutendsten Tiere einzuladen.[18]

Auch für die medizinische und psychologische Forschung, die sich bisher die Empfindsamkeit nicht-menschlicher Tiere zunutze gemacht hat, werden die durch Inklusivität und Perspektivenwechsel eröffneten neuen Sichtweisen maßgeblich. Die Paradoxie von

18 Philippe Descola: *Jenseits von Kultur und Natur*. Berlin: Suhrkamp 2011, S. 17.

Definitionen, die Subjekte ihren Forschungen unterwirft, weil sie den zukünftigen Konsumenten ähneln, gleichzeitig aber deren Reaktionen als irrelevant bezeichnet, weil sie mit menschlichen Agenten nicht vergleichbar seien, kann nicht länger argumentiert werden. Wenn auf ein Gemeinsames rekurriert wird, das Verbundenheit gewährleistet, können die bisher gezogenen Grenzen zwischen den Individuen und auch zwischen den Spezies nicht aufrechterhalten werden.

Die Anerkennung einer Verbindung bedeutet Anerkennung von Verantwortung. Die Herausforderung, das Ideal sozialer Gerechtigkeit auf alle Lebewesen auszudehnen, kann als eine Folge davon genannt werden. Relational bewusste Wesen müssen sich für die Unversehrtheit der anderen einsetzen, dafür, dass ihnen kein Leid oder Unrecht widerfährt.

Zudem stellt die Möglichkeit der Verbindung ein reiches Reservoir an Wissen und Weltzugängen zur Verfügung. Die Ketten der einsamen Erfahrung werden gesprengt, unterschiedliche Perspektiven eröffnen sich. Vorgefertigte zeitgenössische Lebensläufe verlieren Stringenz und Attraktivität.

Anmerkung zur Verwendung der Worte „Verbundenheit“ und „Verbindung“

Verbundenheit besteht als mit dem Leben gegebene Fähigkeit. Sie liegt dem gemeinsamen Sein aller Lebewesen zugrunde. Sie stellt eine Potenzialität dar, in kommunikativen Austausch zu treten, als eine Fähigkeit der Lebewesen, auf andere zu reagieren, auf einer Ebene, die bereits mit dem Lebendigsein gegeben ist. Sie ist quasi die Folie, auf der Beziehungen stattfinden können. Auf sie kann zurückgegriffen werden. Sie selbst ist immer neu gestaltbar, je nachdem, wie sie aktualisiert wird und wer mit wem in Verbindung tritt.

Die Verbindung entsteht bei der Aktivierung dieser Fähigkeit zur Verbundenheit. Sie agiert aus einem Hintergrundrauschen. Als eine Art Grundton der Verbundenheit gelangt sie ins Bewusstsein, kann hier auch auf einer niedrigen Schwelle mitlaufen. Sie ist dann spürbar, aber nicht explizit. Sie läuft über sinnliche und nonverbale Wahrnehmungskanäle, tritt aber auch auf der sprachlichen Ebene hervor. Verbindung kann beeinflusst und unterdrückt werden, ignoriert oder forciert. Ganz ausschalten lässt sie sich niemals. Sie bleibt wie ein unterschwelliger Reiz gedämpft präsent. Verbindung bezeichnet hier also die zur Potenzialität aufgerufene, aktive Energie, die durch die zugrundeliegende Verbundenheit gegeben und abrufbar ist.

Die lebendige Umgebung erhält eine andere Bedeutung. Sie ist nicht mehr Kulisse, sondern spielt eine Rolle. Jeder Mitspieler erhält eine Relevanz, die Größe und Bedeutung des jeweiligen Impacts hängt von der Perspektive des Betrachters ab.

Ein Denken der Verbundenheit geht von prozessualen Beziehungen aus, die sich frei gestalten lassen. Anders als im geschlossenen präjudizierten Ordnungssystem öffnet es sich einer Vielzahl von Allianzen.

Anthropozentrismus als „ancien régime"

Die seit Langem fortschreitende Schließung des menschlichen Feldes bedeutet eine Konzentration auf ausschließlich menschliche Aspekte. Anthropozentrismus und Anthropomorphismus richten sich auf den Ausschluss nicht-menschlicher Lebewesen auf der Ebene von Bedeutsamkeit. Menschen setzen sich nur mit anderen Menschen in Bezug, mit dem Argument der hierarchischen Ordnung, die den Menschen als Herrscher inszeniert. Wer an der Spitze der Hierarchie steht, verfügt über das, was unter ihm steht. All dies ist ihm Material.

Diese Entwicklung geht einher mit der Annahme, Erkenntnis entstehe allein aus den Bedeutung gebenden, Vernunft produzierenden geistigen Prozessen des Menschen, und alles andere, Nicht-Menschliche, bilde dazu die Antithese. Diese anthropozentrische Schließung des Erkenntnisfeldes bedarf jedoch einer Öffnung, will man den anthropomorphen Konstruktivismus hinter sich lassen, der in eine Scheinwelt führt, in der nichts so ist, wie es scheint: Alles Umgebende wird zum Hintergrund für eine übergeordnete, allein als wichtig erachtete Geschichte: diejenige, die Menschen als Protagonisten hat. Alle Untergebenen, also alle anderen Lebewesen, können höchstens als Handlanger, als Hebel oder Bewegungsmoderatoren für das Weitergehen dieser Geschichte dienen.

Wie kann sich diese Abgrenzung seit so langer Zeit halten? Zeigt sie sich doch als ganz offensichtlich willkürlich gesetzt und argumentativ unhaltbar. Diese Grenzziehung dient dazu, an der behaupteten Sonderstellung des Menschen festzuhalten, obwohl längst eine Fülle von Erkenntnissen unterschiedlicher Disziplinen die gefühlte Gewissheit begleitet, dass eher graduelle Übergänge als scharfe Trennlinien von einer zu anderen Lebensformen überleiten.

Im Horizont einer Verbundenheit unter den Lebewesen verändert und erweitert sich die Perspektive: Es werden Zusammenhänge sichtbar. Schönheit und Sinn erschließen sich auf unendlich vielen Ebenen. Dieser erneut gehobene Erfahrungsschatz verdankt sich einer Bereitschaft zur Teilhabe am Lebendigen, das sich in seinen vielfältigen Gestalten Eindeutigkeit und dogmatischen Definitionen entzieht. Dank des Vermögens der Verbundenheit, die ihr schillerndstes Kind, die Imagination, als überraschende Gestaltungskraft in die Welt setzt, gibt es immer wieder die Möglichkeit, Welt neu zu gestalten und zu erfahren. In dieser Auffassung meint Verbundenheit also die Bezüge zwischen der Welt und den Lebewesen, die sie gemeinsam bewohnen und als Vollzugsschauplatz ihrer Leben teilen.

Im Folgenden wird das Thema in Bezug auf seine variablen Aspekte fokussiert. Gleichsam nach einem musikalischen Muster, „tema con variazioni", wird das Thema mit seinen Variationen, den verschiedenen Spielarten von Beziehungen im menschlichen und nicht-menschlichen Feld vorgestellt. Unterschiedliche philosophische Unterlegungen bilden hierzu Klangfärbung und Atmosphäre. Diese Form lässt ein Nachzeichnen der Ideen und Assoziationen zu, lässt den Inspirationen freien Lauf, führt sie in einer spiralig vorstellbaren Schleife wieder zurück – bereichert, erneuert und umgestaltet.

Quer zu rational analytischen und objekt-orientierten Diskursen wird hier Seele als dynamisches Moment in den Vordergrund gestellt. Ihre Kraft lässt für das Subjekt Welt erstehen, lässt es an der Welt teilhaben, verbindet, als Bewegung und Veränderung, Leben. Sie schafft Zusammenhänge. Gemäß einer schamanisch inspirierten Blickachse, die auch und gerade nicht-menschliche Akteure mit einbezieht, zeigt sie sich in der Fähigkeit der unterschiedlichen Wesen, ineinander überzugehen, zeitweise an einer anderen Wesenheit in einer Weise teilzuhaben, dass deren Erfahrungen verfügbar werden und als eigene nachempfunden werden können. Wie eine anthropozentrische Position zurückgelassen werden kann, um sich Perspektiven einer mehr als menschlichen Welt öffnen zu können, soll hier untersucht werden.

Entsprechend lauten die zentralen Fragestellungen: Welches ist das Instrument, mit dem Verbundenheit wahrgenommen werden kann? In Verbindung getreten werden kann? Ist es intern oder extern zu verorten?

Wie kann Verbindung geschaffen werden? Wenn es eine Verbundenheit gibt, die alle Lebewesen teilen, wie kann man sie aktivieren? Wie kann Beziehung/Verbindung zu einem Ich außerhalb meiner selbst aufgenommen werden? Wie kann Beziehung außerhalb der verbalen Sprachlichkeit stattfinden? Welche Art von Kommunikation ist möglich? Mit der Auffassung von Kommunikation als Übersetzung und Interferenz wird das klassisch lineare Kommunikationsmodell verlassen. Die Verhältnisse in tatsächlich stattfindenden Kommunikationsprozessen bringen immer schon die Unschärfe der jeweiligen Positionen mit sich. Jeder Partner stellt einen Knotenpunkt in einem sich immer weiter verzweigenden Netzwerk dar, wie Michel Serres ausgeführt hat.[19] Kommunikation lässt sich als ein dynamisches Kräftefeld auffassen, in dem Vektoren auch aus unerwarteten Richtungen Einfluss nehmen. Der Inklusion nicht-menschlicher Akteure steht nichts im Wege.

Affizierbarkeit

Ein auf Vervollständigung der Mittel bedachter Kommunikationsbegriff reicht weit über verbale Elemente hinaus. In einem affektiven Verständnis von Kommunikation werden Gesten, Blickwechsel, Klänge und Berührungen als materielle Bedeutungsträger sichtbar. Sie helfen dabei, Sinn und Bedeutung ins Dasein zu bringen. Ihr außer-diskursiver Gehalt breitet sich über die rationalen Ebenen hin aus, umhüllt sie und kleidet sie in Farbschattierungen des Empfindens. „So sympathetic modes of communications not only persist alongside linguistic modes: they also inhabit and actively shape them."[20]

19 Vgl. hierzu Michel Serres: *Der Parasit.* Frankfurt am Main: Suhrkamp 1987.

20 Anna Gibbs: After Affect. Sympathy, Synchrony and Mimetic Communication. In: Melissa Gregg / Gregory J. Seigworth (Hrsg.): *The Affect Theory Reader.* Durham: Duke UP 2010, S. 186–205, hier S. 199.

Kommunikation kann nicht in einem Vakuum funktionieren. Sie bedarf, zusätzlich zu vorausgesetzten Instrumenten und Kanälen, eines Trägermaterials, eines Mediums. Als solches dienen Stimmungen und Atmosphären. Sie umhüllen alle gesellschaftlichen Vorgänge, betten sie in die Wirklichkeit ein und ermöglichen Vermittlung. Lebendiges Geschehen manifestiert sich in der Umgebung. Es lässt sich erfühlen. Dem Bereich sinnlicher Wahrnehmungen zugehörig, beeinflussen Atmosphären und Stimmungen Geschehen. Atmosphäre liegt als allen zur Verfügung stehender Raum einer Verbundenheit zugrunde. Sie ermöglicht Verbindung.

Was passiert aber, wenn Verbundenheit nicht wahrgenommen wird? Der Verlust oder die Absenz eines Gefühls der Verbundenheit mit anderen Lebewesen bedeutet Negation eines Lebenszusammenhanges. Wer sich als Teil eines größeren Ensembles von Akteuren begreift, die aus der menschlichen und der nicht-menschlichen Sphäre stammen, schafft eine verlässliche Präsenz des Lebens als Bezugspunkt, die trotz oder gerade in ihrer immerwährenden Bewegung und Verwandlung besteht. Eine Kontinuität des Lebendigen jenseits der eigenen Person zeichnet sich ein in einen unbegrenzten, reichen Zusammenhang.

Dieses Eingebundensein in ein Kontinuum der Lebendigkeit stellt unendliche Identifikationsmöglichkeiten zur Verfügung. Die mit der Wandlungsfähigkeit des Lebendigen ausgestatteten changierenden Wesenheiten bevölkern ein Universum, zu dem man Zugang hat, weil man Teil davon ist. Erfahrungen sind nicht ein für alle Mal auf ein definiert-endliches, eindeutig identifiziertes Subjekt beschränkt.

Um sich nicht in den überwältigenden Einflüssen zu verlieren, muss jedoch die Fähigkeit des Ausblendens abrufbar sein. Die unmittelbare Frage, wie viel Verbundenheit sich diesseits einer als psychotische Auflösung definierten Trennlinie erleben und verarbeiten lässt, steht dabei immer im Raum.

Wegweiser

The point is not to celebrate complexity but to become worldly and to respond.[21]

Perspektiven des Themas

Die durchgängige Frage nach Möglichkeiten der Verbindung wendet sich deren Voraussetzungen zu und sucht nach Kommunikationsmodi, die bewusst über die sprachliche Privilegierung des Linguistic Turn hinausweisen. Als poetisch, magisch, telepathisch oder schamanisch bezeichnete Möglichkeiten werden daher explizit eingeschlossen.

– Um nicht wiederum auf Grenzziehungspraktiken zurückzugreifen, die einen weiten Bereich des Lebens ausschließen, indem sie ihn als fehlerhafte Wahrnehmung, als Einbildung abqualifizieren, müssen andere als die durch einen vermeintlichen Rationalismus der Moderne geadelten Kanäle verwendet werden. Eine derart von Unwägbarkeiten gereinigte Moderne zeichnet sich durch Ablehnung animistischer Auffassungen generell aus.

> Sich für die Moderne zu entscheiden bedeutete in diesem Schema noch immer, dem Animismus die Realität absprechen, ihn als ‚epistemologischen Fehler', Aberglauben, Projektion oder als Produkt einer überproduktiven Imagination zu begreifen, womit sich der koloniale Mechanismus des modernen Imaginären reproduziert.[22]

Wesentlich ergiebiger und die Imagination als produktive poetische Kraft begreifend, lässt sich ohne solche Ausschlüsse fragen:

21 Donna Haraway: *When Species Meet.* Minneapolis: University of Minnesota Press 2008, S. 41.

22 Irene Albers / Anselm Franke: Einleitung. In: Dies. (Hrsg.): *Animismus. Revisionen der Moderne.* Zürich: Diaphanes 2012, S. 7–15, hier S. 13.

Wie viele und welche Arten von Austausch und Mitteilung finden zwischen den Akteuren statt?

- Den Erkundungen zu Phänomenologie und Ästhetik als Grundlagen jeglicher Kommunikation schließt sich eine Diskussion der Bereiche Subjektivität / situiertes Wissen an. Die Frage nach einer Aufteilbarkeit der Erlebnisentität von Leib und Seele wird hier relevant. Spielarten des Begriffs des „Anderen“, der Ausschlusstechnik des „othering“[23], führen immer wieder zur Begegnung mit dem vermeintlich ultimativ Anderen, dem, was unter dem weitläufigen Begriff „Tier“ zusammengefasst wird. Die Mensch-Tier-Grenze wird hier in ihrer Unhaltbarkeit offenbart, Abgrenzungskriterien wie Sprache und Kultur werden in ihrer Hütefunktion für bestehende Hierarchien gezeigt. Die Öffnung des menschlichen Feldes bietet sich als Gegenbewegung zur Entzauberung an und gesteht Welt Mehrdimensionalität zu.
- Für den philosophischen Diskurs werden phänomenologische und ontologische Überlegungen relevant sein. Wahrnehmung und Bewusstsein bilden die Grundlage für die Positionierung in der Welt. Die Frage nach den Möglichkeiten der Positionierung zur Welt führt zur Frage danach, ob man sich überhaupt zur Welt verhalten kann oder nicht immer schon in ihr agiert. Oder ob nicht immer schon beides gleichzeitig stattfindet.
- Weltzugehörigkeit stellt Teilhabe zur Verfügung. Andere Lebewesen teilen mit uns das Dasein und folgen ihren eigenen Intentionen, verleihen aber durch ihre Präsenz Möglichkeiten der Relation. Ein unendlicher Strom an Austausch birgt allerdings auch Bedrohung in sich: Wie ist es möglich, einer Auflösung in vielfältigen Einflüssen zu entgehen?
- Die Bedrohung durch einen als psychotisch bezeichneten Zustand markiert ein Überhandnehmen der Einflüsse, der unterschiedlichen Stimmen, die das Subjekt zersplittern, weil es sein Zentrum verloren hat. Die gesteuerte Trance, aus der heraus eine schamanische Reise in Gang kommt, ähnelt dieser Situation, wie es die Psychiaterin und Schamanismus-Forscherin Olga Kharitidi beschreibt: „Mich durchflutet das Gefühl, dass meine Welt

23 Vgl. zum Begriff „othering“ Gayatri Spivak: The Rani of Sirmur. An Essay in Reading the Archives. In: *History and Theory* 24,3 (1985), S. 247–272.

mir verlorengeht. Mit aller Kraft versuche ich den Ort in mir zu finden, von dem aus ich sprechen kann. Ich weiß nicht, wie das geht: sprechen. Ich habe meine Stimme verloren. Was bedeutet es, wenn ich sage ‚meine'?"[24]

Von der schamanischen Reise ist eine Rückkehr jedoch möglich; der Ich-Zusammenhalt ist stark genug, um den reisenden Anteil zurückzuholen. Die Balance zu halten oder wieder zu erlangen, um ‚zu sich' zurückzufinden, stellt sich als scheinbar paradoxer Anspruch. Die Aufgabe besteht darin, den Strom zu verlassen, bevor man in den Wasserfall gerissen wird, wobei die Alternative, den Strom von vornherein zu vermeiden, nicht zur Wahl steht. Im schamanischen Ritual wird der Ansturm der Geister in einen Rahmen gefasst. Doch auch für ungefährlichere Begegnungen als diejenigen mit Geistern aus schamanischen Welten oder mit Stimmen aus psychotischen Sphären ist das Eintauchen in den Strom der anderen Seinsweisen unerlässlich.

– Wie lassen sich Begegnungen, die in der Wahrnehmung von Verbundenheit zu anderen, auch nicht-menschlichen Lebewesen wurzeln, in ihrer wesentlichen, oft non-verbalen Kommunikation stärker in einen philosophischen Diskurs einbringen?

  Hier sollen schließlich Überlegungen zu Hierarchie und Verantwortung und deren Folgen angestellt werden. Die Bereitschaft, Verbundenheit anzuerkennen, zieht Konsequenzen nach sich. Sie bedeutet einen erweiterten Blick in die Welt und ihre Zusammenhänge. Sie besteht in der Zumutung, auch nicht zu Ende Analysiertes und in Worte Gefasstes, aber deutlich Spürbares, als Wahrheit zuzulassen. Nicht alle Akteure sprechen in menschlicher Sprache. Das Universum beherbergt eine Fülle von Zeichen, zu deren Deutung mehr als der analytische Intellekt gefordert ist. Ein reiches Repertoire an sinnlichen Deutungsmöglichkeiten lädt Phantasie und Poesie als gestaltende Kräfte ein.

Als Forschungsmaterial liegen der Arbeit Texte, Gespräche, Bilder, Musikstücke, Landschaften und Atmosphären zugrunde. Ich erschließe ihre Potenziale hinsichtlich der Fragestellung einerseits

24 Olga Kharitidi: *Das weiße Land der Seele*, aus d. Russ. v. Sabine Schulte. München: List 1996, S. 103.

diskursiv analytisch, gebe andererseits aber auch der intuitiven Kraft der Assoziation Raum. Von der Stärke eines situierten Wissensbegriffes ausgehend, verwende ich konsequenterweise eigenes Erleben als Wissensreservoir und berufe mich auf Begegnungen mit menschlichen und nicht-menschlichen Lebewesen.

Überblick über die Einteilung

Wie vom Thema der Verbundenheit ausgehend sich die einzelnen Stränge der Variationen ergeben, wird im Folgenden skizziert.

In der Introduktion wurde die Notwendigkeit einer relationalen Ontologie, die sich zur Welt und zu den sie bewohnenden Lebewesen hin orientiert, formuliert. Die anthropozentrischen Ontologien können als unzulänglich betrachtet werden. Der zentrale Topos darin, eine behauptete Getrenntheit der einzelnen Lebewesen, resultiert in einer feindseligen, weil immer schon auf Kampf ausgelegten Grundhaltung. Eine auf Verbundenheit setzende, relationale Ontologie hingegen versteht Lebewesen und Welt als affizierbar, einander verfügbar und gestaltbar. Ebenso muss Philosophie affizierbar sein und sich auf Stimmungen und Atmosphären einlassen, und zwar sowohl auf den Ebenen des Privaten wie auch des Öffentlichen und Politischen.

Verbindung wird als Potenzialität eines Miteinander und als Fähigkeit der Lebewesen vorgestellt, mit anderen in Beziehung zu treten und Beziehungen zu etablieren. Kommunikation versteht sich nicht nur als Austausch auf verbalen Ebenen, sie operiert auch über andere Kanäle, über Speziesgrenzen hinweg.

Es folgt die Forderung nach einer Perspektivenerweiterung im Sinne einer stärkeren Einbeziehung von Sichtweisen bisher ausgeschlossener Akteure. Westlich-rationalistische Weltkonzepte werden auf ihre neokolonialistischen Erklärungsmuster hin befragt. Animistisch inspirierte Ontologien erlauben eine Ausweitung des Subjektbegriffs. Eine Anerkennung der animistischen Elemente kognitiver Prozesse zeigt sie als wesentliches Element relationaler Epistemologien. Eine Erkenntnisbewegung, die unterschiedliche Subjekte miteinander in Beziehung setzt und die Welterscheinungen miteinander zu verbinden versteht, zeigt animistische Vorstellungen als von Belang, weil sie der Wahrnehmung zugrunde liegen – in dem Sinne, als die kognitive Wahrnehmung unseres

Körpers, unsere Aktivitäten und Absichten die Wahrnehmung der Welt und der spirituellen Wesen formen. Sie unterlegen die gemeinsame Welt mit real bestehenden Beziehungen zwischen menschlichen und nicht-menschlichen Tieren und deuten sie gegenläufig zum westlich-rationalen Weltbild.

Animistische Tiefengrundierung stellt den Perspektivenwechsel zwischen menschlichen und nicht-menschlichen Akteuren als Mittel des Erkenntnisgewinns vor. Wie ist ein solcher vorstellbar, und was bedeutet er für die Subjekte? Vor welchem Hintergrund ist das Gesehene vorstellbar? Eine Wahrnehmung, die nicht-menschlichen Tieren ein Näherrücken in die Aufmerksamkeit gestattet, gründet auf einer relationalen Sichtweise. Sie sieht ein vollständigeres Bild und lebt in einem beziehungsreicheren Universum, das paralinguistische Zeichen in seine kommunikativen Akte selbstverständlich einbezieht.

In einer derartig verwandelten Kommunikation werden Austausch und Mitteilung als Grundlagen für Kommunikation ins Zentrum gerückt. Die jeweiligen Akteure sind Teilhaber an den Kommunikationsprozessen und verlangen daher ein Recht auf Mitsprache. Kommunikation wird als zirkuläre Bewegung gezeigt, in der Bewusstseine miteinander korrespondieren.

Das Einteilen und strikte Aufteilen in Privatsphären und Privateigentum verdrängt ein Gefühl von Gemeinsamkeit und widerstrebt einer vielseitig geführten Kommunikation. Die Potenzialität eines weltweiten Marktes, Verbindungen unter den Akteuren zu erzeugen, trifft immer dort auf ihre Grenzen, wo sie hierarchisch gesteuert und manipuliert wird. In der Struktur des kapitalistischen Systems tritt der Wirtschaftsliberalismus das Erbe der Kolonisation mit anderen Mitteln an. Die Zusammenhänge von neoliberalen Ideologien mit den Narrativen der Spaltung sind offensichtlich: Die kapitalistische Idee, alles in Produktschemata zu sehen, möchte aus Pflanzen, Tieren und auch Menschen warenförmige Versatzstücke machen. Diese Kriegslogik des Besiegens und Ausbeutens ist als Lebens- und Wirtschaftsmodell untauglich: Sie fungiert als Grundlage für die aggressiven Akte im Zeichen der Gewinnmaximierung, wie in den Überlegungen zum Angriff auf den Mythos der Wildnis dargestellt wird. Hier werden die Kreisläufe eines Herrschaftsdenkens skizziert, das seine Herkünfte und daher seine Grundlagen vernichtet. Das Bild des jahrhundertealten

Regenwaldes gibt als Reservoir vielfältiger Lebendigkeit ein Modell für das Funktionieren von Natur. Dessen Zerstörung mit wie Kriegsgeräte eingesetzten Maschinen impliziert Aggressionen seitens derer, die sich von existierenden Beispielen des gelungenen Zusammenlebens kritisiert fühlen. Das Wilde soll in domestizierter Form einverleibt werden.

Die Distanzkonstruktionen, mit denen Tiere aus dem menschlichen Feld hinausgedrängt werden, dienen als Mechanismen der Mensch-Tier-Dichotomie und der Verfügbarmachung nichtmenschlicher Tiere für menschliche Anliegen. Die Leugnung der Kontinuität zwischen Lebewesen ermöglicht Produktionsverhältnisse, in denen Lebewesen als reine Fleischlieferanten gesehen werden können. In ihrem Objektstatus wird ihnen Lebendigkeit als relevante Größe abgesprochen und ihr Tod als bedeutungslos hingestellt. Nichtsdestotrotz übertragen die angeordneten und fortlaufenden Tötungsprozesse ihre Energien in die Atmosphäre. Die Verfügbarmachung von Lebewesen als Nahrungsmittel muss entsprechend hinterfragt werden. Das Argument, das Gewalt an sensiblen Wesen aus dem nicht-menschlichen Bereich als irrelevant oder für nicht vorhanden zu rechtfertigen versucht, kann nicht aufrechterhalten werden.

In einer Abwendung von ökonomistischen Ideologien wird nach einer Solidarisierung der Lebewesen gesucht. Wert muss als Kategorie jenseits finanzieller Bemessung gelten. Die Absage an das profitorientierte Herrschaftsdenken gilt auch für politische Bewegungen, in denen nicht mehr Einzelpersonen als Leitfiguren gelten, sondern gemeinschaftliche Aktionen die Perspektiven der Vielen mit einbeziehen.

Fragen nach anderen Formen von Subjektivität und die Anerkennung dieser außerhalb der eigenen gehören zu dieser Argumentationslinie. Die klare Zuerkennung von Bewusstsein bringt Positionierungen im Objektstatus ins Wanken. Die Enttarnung speziezistischer Argumente stellt auch die Aufrechterhaltung rassistischer und sexistischer Strukturen infrage. Bewusstsein, Gefühle und intentionales Handeln sind Attribute nicht-menschlicher Tiere ebenso wie menschlicher. Diese Feststellung verlangt nach einem veränderten Umgang mit Tieren und nach Anerkennung dieser als Subjekte in ihrer Welt.

Ein Blick in den Bereich der Performance-Kunst zeigt, dass das Schwein als Akteur darin zwar selten, aber nicht schlechter als Pferd oder Hund aufgehoben ist. Als kommunikativer Mitspieler setzt es performative Akte, die auch ohne menschliches Sprachvermögen keinerlei Verständnisschwierigkeiten mit sich bringen. Die an der Kunstaktion beteiligten Schweine, wie auch die Schafe der Diné, sind ins Leben der Menschen integrierte, Namen tragende Subjekte.

Alte Einteilungssysteme, Taxonomien aus fernen Zeiten, wirken anhaltend fort. Aus den Ansprüchen des Klassifizierens und des damit einhergehenden Herrschens wurden Vorstellungen von Normen entwickelt, denen alle unterworfen werden sollten, die sich nicht einem Verdacht des Pathologischen aussetzen wollten. Auch der psychische Bereich wurde normiert; Wünsche und Gefühle sollten steuerbar werden. Ein konsumistisches Weltbild macht sich diese Einteilung der Objekte des Begehrens in wünschenswerte und verwerfliche zunutze, allerdings gelingt den außerhalb der Norm klassifizierten Objekten immer wieder, durch ihren Symbolgehalt zu Anerkennung zu gelangen und den negativen Zuschreibungen zu entgehen.

Eine Auffassung, die ein geteiltes Leben nicht als Reduktion, sondern als Steigerung der Vielfalt in Erleben / Wahrnehmung versteht, gründet auf der Überzeugung, dass menschliches Erleben sich nicht von demjenigen anderer Lebewesen trennen lässt. Ein solches Naheverhältnis verlangt die Frage nach der Beziehung zwischen Verbundenheit und Verantwortung. Die Etymologien von „Verantwortung" und „response" verweisen auf eine kommunikative Schleife, die im Wort bereits mitgegeben ist. Menschen werden als der Welt und der Natur Zugehörige betrachtet, die a priori mit Wahrnehmungs- und Kommunikationsmöglichkeiten begabt sind, um sich zurechtzufinden und mit anderen Lebewesen in Kontakt zu treten.

Begegnung gestaltet den Prozess der Subjektbildung. Was geht vor sich, wenn man einander begegnet? Die Frage danach, was sich in Begegnungen verschiedener Individuen manifestiert, führt zur Überlegung, in welcher Weise sich eine fixierte Form der Subjektivität aufrechterhalten lässt. Im Prozess des wechselseitigen Aufeinandertreffens von Lebewesen ergibt sich die Möglichkeit, Bewusstsein über sich selbst zu erlangen. Als Spiegel des Eigenen stellen sich andere Subjekte zur Verfügung, aktualisieren Anteile des eigenen In-der-Welt-Seins. Jedes Lebewesen repräsentiert Welt auf seine Weise und stellt daher je eigene Spiegelungen zur Verfügung. Ein anderes Modell der Reflexion, das über die optische Spiegelung hinausgeht, setzt die bloße Selbstreflexion außer Kraft und führt zu einer transhumanen Spiegelung der Seinsweisen. Die solcherart offenkundigen Verbindungen von Welt und Mensch, Tier und Mensch, Pflanze und Mensch lösen die Selbstzentrierung auf. Können Kultur und Technik dann noch als höher zu achtende Leistungen verstanden werden? Und sind sie exklusiv dem menschlichen Feld zuzuordnen? Kann man durch ein Ineinanderfließen der Bedeutungen dieser Hierarchisierung entgehen? Wenn Elefanten malen und Vögel Ausstellungen präsentieren, muss dann der Bereich der Kunstproduktion erweitert werden? Und wie ist die hochtechnologisch anmutende Fähigkeit von Delfinen, einander 3-dimensionale Bildnachrichten zukommen zu lassen, einzuordnen, von der die Kommunikationsforscher John Stuart Reid und Jack Kassewitz berichten?

> When a dolphin scans an object with its high frequency sound beam, emitted in the form of short clicks, each click captures a still image, similar to a camera taking photographs. Each dolphin click is a pulse of pure sound that becomes modulated by the shape of the object. In other words, the pulse of reflected sound contains a semi-holographic representation of the object.[25]

Das menschliche Feld wird für Begegnungen mit nichtmenschlichen Lebewesen (wieder-)eröffnet. Für diesen Punkt exemplarisch wird ein Schwellenwesen zwischen Tier und Mensch aus der Mythologie der amerikanischen Ureinwohner vorgestellt, das die klaren Grenzziehungen bestreitet, weil es seine Gestalt zu wandeln vermag. In diesen mythologischen und auch in schamanischen Vorstellungen werden verschiedengestaltige Wesenheiten und Geistwesen angenommen, mit denen kommuniziert werden kann und muss. Mischwesen aus Mensch und Tier, theriomorphe Götter und Gestaltwandler sind ebenso in historischen Glaubensvorstellungen präsent und verweisen auf Möglichkeiten anderer Bedeutungszuschreibungen an nicht-menschliche Wesen.

25 John Kassewitz / John Stuart Reid: We Are not Alone. The Discovery of Dolphin Language. http://www.speakdolphin.com/ResearchItems.cfm?ID=20 (Zugriff am 08.07.2014).

Durch einen Perspektivenwechsel kann auch ein abwesendes Subjekt stellvertretend in den Kommunikationsprozess hereingeholt werden. In einer offenen Kommunikation ist nicht vorhersehbar, welche Ergebnisse und welche Subjekte sie hinterlässt. Die Bewegungsschleifen, die eine Begegnung begleiten, Berührung, Blick und Ineinanderübergehen der Beteiligten lassen neue Welten entstehen. Im Gestaltwandel wird die Position des Anderen in einer Anverwandlung verfügbar gemacht. Gestaltwandel kann als Metapher für Kommunikation verwendet werden. In einer animistischen Auffassung werden im Gestaltwandel Perspektiven verschoben und Kräfte anderer Wesen zugänglich. Deren Wirkmächtigkeit unterstützt das Subjekt auch nach seiner Rückkehr in seine übliche Position. Austausch wird verstanden als ein Ineinander-Übergehen. Dieser Austausch bedingt paradoxerweise einerseits Wandlungsfähigkeit, andererseits Stabilität eines Subjektes.
Ein flexibles Subjekt integriert Erfahrungen als je eigene und dennoch übertragbare in ein situiertes Wissen. Das Eigene als Projektions- und Reflexionsfläche bildet einen dafür unvermeidlichen Aspekt. Dabei gewinnt auch an Relevanz, was sich atmosphärisch vermittelt, was nicht messbar ist. Die gesamte Gestimmtheit macht ihre Ansprüche geltend, eine von der reichen subjektiven Welterfahrung auf objektivierte Kausalzusammenhänge geschrumpfte Aufzählung, die nur Messwerte gelten lässt, wird als ungenügend erkannt. Der Versuch, die inneren Vorgänge von Lebewesen zu erkennen, führt zur Forderung, ihnen Bewusstsein zuzugestehen. Die Grenzen zwischen Instinkt und Intellekt verschwimmen. Dem exklusiven Gebot der Nützlichkeit und Angepasstheit widersprechen zudem verschwenderisch sinnlos anmutende Formen und Farbgebungen.
Zwei unterschiedliche Konzepte, die sich als kalkulierte und präsenzorientierte Lebensentwürfe gegenüberstehen, orientieren sich einerseits am Eigennutz und andererseits an wahrhaftiger Präsenz. In einem Vergleich von als äffisch und wölfisch bezeichneten Seinsweisen zeigen sich die wölfischen Eigenschaften als dem Augenblick näherstehend und als unverfälscht gezeichnet. Der Wolf steht für die wilden Seelenanteile und für das stolze Bewusstsein, das sich nicht verstellt. Die Märchentradition des „bösen" Wolfes und die Assoziation mit dem hierarchisch agierenden Alphatier werden auf ihren konservativen Gehalt hin betrachtet. Forschungsmythen,

die hierarchischen Ordnungen als Fortführung dienen, werden entrümpelt, und es wird danach gefragt, welchen Erfahrungen die fiktionalen Attribute verschiedener nicht-menschlicher Tiere entsprechen. Wenn die Position des Menschen als von nicht-menschlichen Erfahrungen Ausgeschlossener abgelegt wird: Mit welchen Instrumentarium jenseits der Sprachlichkeit kann dann agiert werden? In einer freundschaftlichen Beziehung zu den Beforschten können sie als Akteure gesehen werden, denen nicht mit vorgefassten Zuschreibungen begegnet wird.

Begegnung zeigt sich als sinnliche Erfahrbarkeit, in der die eigenen leiblichen und seelischen Wahrnehmungen als diejenigen Phänomene ernst genommen werden, aus denen sich die Welt für das Subjekt formt. Die tatsächlichen materiellen Gegebenheiten haben daran Anteil, ebenso die psychischen und geistigen Prozesse. Die Behauptung, Welt und ihre Phänomene seien immer nur als Repräsentation verfügbar und letztlich einem direkten Zugriff immer schon entwunden, wird abgelehnt. Hingegen wird eine Aufwertung des subjektiv Erfahrenen als erkenntnisrelevant verlangt.

Somit beansprucht Ästhetik, als Grundlage aller Welt wahrnehmenden Prozesse, eine Vorrangigkeit gegenüber ihren Ableitungen in Abstraktionen. Gemäß der Formulierung „esse est percipi" des George Berkeley wird die Anerkennung der Ästhetik als vorrangige wissenschaftlich-philosophische Disziplin gefordert. Als Zugang zur Welterfahrung liegt sie Logik und Ethik zugrunde, ist deren Bedingung. Eigenes Empfinden wird hier in den Rang der relevanten Bezugsgröße gehoben. Sinnlich-konfuses Wissen wird dem rationalen als notwendige Ergänzung hinzugefügt, einem poetischen Wissen wird hier Raum gegeben. Das Obskure und das Verworrene als Zugang zur Welt werden als Quellen des Wissens legitimiert, und das gesamte Zwischenreich des Nicht-Versprachlichten fundiert den Primat der Ästhetik als ontologisch vorgeordnet.

Sinnliche Eindrücke eröffnen Raum für Resonanz und Rezeptivität. Einfühlung kann als Kommunikationsmodus geltend gemacht werden. Sie kann sich auf einer erfahrbaren leiblichen Ebene vermitteln, wenn Atmosphären und Gefühle anderer Lebewesen wahr- und aufgenommen werden. Wahrnehmung wird somit zu einem transzendenten Akt, in dem man über sich hinausreicht und in die Welt hinein. Kommunikation wird als Verbindungsmedium gezeigt. Sie umfasst weitreichende Verständigungsmöglichkeiten, die sich nicht auf einen exklusiven Anspruch der Sprachbeherrschung reduzieren lassen. Eine umfassende Kommunikation versteht alles sinnlich Wahrgenommene als Informationen. Mehrdeutigkeit schreckt sie nicht vom Hinüberreichen zu anderen ab.

Die Aspekte des Leibes als Medium erfahren in einem leiblich verfassten Dasein eine deutliche Aufwertung. Erfahrung vermittelt sich auf einer leiblichen Ebene, wenn Atmosphären und Gefühle anderer Lebewesen wahr- und aufgenommen werden. Der Leib wird als Medium zur Welterfahrung verstanden, die Abgrenzungen zwischen Leib, Seele und Geist verlieren an Kontur. Durch das leibliche Wesen wird Verbindung zu anderen Lebewesen und zur Welt erfahrbar. Der Leib ist zur Welt hin offen, indem er die atmosphärischen Mitteilungen empfängt.

Die Frage nach einer Aufteilbarkeit der Erlebnisentität von Leib und Seele wird hier relevant. Im Hinüberreichen aus der leiblichen Sphäre zu einem anderen zeigt sich die Bewegung der Seele. Die Fähigkeit zur Resonanz, zur Unendlichkeit hin offen, ist eine ihrer maßgeblichen Qualitäten. Wie kann nun dieser psychische Motor, der als Merkmal des Lebendigen dennoch nicht am Individuum haftet, vorgestellt werden? Seele als Hauch verbindet das Psychische mit dem Physischen. Sie markiert eine lebendige Anwesenheit im Subjekt, wird aber auch als transpersonal verstanden. Innerliche Bezüge benötigen ein Medium der Übertragbarkeit, die im physischen Raum gegeben und fühlbar ist. Seele manifestiert sich also im Leiblichen und wirkt auf die je individuelle Inkarnation.

Begegnung findet aber nicht nur auf einer physiologischen Ebene statt. Das Aufeinandertreffen zweier Lebewesen lässt sich als alchemistische Reaktion beschreiben, die auch atmosphärische und auratische Begleiterscheinungen im nonverbalen Kommunikationsraum beinhaltet. Inhalte von Sprache und Gedanken werden auf ihre weltschöpferischen Potenziale hin untersucht. In einer Verstärkung der Position der seelischen Instanz als Einfühlungskraft wird ihrem Abdrängen in therapeutische Zonen entgegengewirkt.

Durch Einfühlung in ein anderes Subjekt, das sehr stark auch über Studien und Nachahmung seiner Bewegungsabläufe erfassbar wird, kann eine Annäherung an eine andere Wesenheit gelingen. Die Einstudierung eines Charakters entlang motorischer und mimischer Äußerungen verweist auf die Relationalität zwischen Darsteller, Dargestelltem und Zuseher. Gestaltwandel kann dabei als Vorbild für Schauspielkunst gesehen werden. Beobachtung und virtueller Gestaltwandel führen zur Überzeugung, dass anderen, auch nicht-menschlichen Lebewesen, Bewusstsein zukommt.

Jenseits der Sprachlichkeit werden auch Blickregime und Bewegungsmitteilungen verhandelt. Die Reduktion von Inhaltlichkeit und semantischer Relevanz auf den sprachlichen Bereich lässt sich nicht aufrechterhalten. Verbale Kommunikation soll dabei nicht ersetzt werden, sondern erweitert. Facetten werden hinzugefügt und verfügbar gemacht, die häufig unbeachtet verfliegen, wie Gottfried Wilhelm Leibniz' „petites perceptions", die nicht wahrgenommen werden.

Im Film *Dans le regard d'une bête*[26] wird der Blick als Wechselspiel zwischen Anblicken und Zurückblicken, zwischen Tätigkeit und Ausgesetztsein gezeigt. Ineinander eingelassene Blicke sind manifestierte Kommunikation und erschließen Zugänge zu anderen Wesenheiten. Im filmischen Medium können Blicke in ihrer Aktivität verfolgt und dargestellt werden – wie auch ihre Fähigkeit zur Vermittlung von Befindlichkeiten. Der Blick verschiedener Tiere überwindet die angenommene Mensch-Tier-Grenze und nimmt psychisches Vermögen auch bei nicht-menschlichen Lebewesen als selbstverständlich gegeben an.

Die Rückholung und Wiedereinsetzung der Seele in philosophische Zusammenhänge wird gefordert. Einerseits behandelt ein Teil der neurowissenschaftlichen Diskurse Seele und Bewusstsein häufig wie ein Überlebsel aus vergangener Zeit. Eine Art Rest-Ehrfurcht verlangt aber, die Seele nicht zu negieren, sondern ihr zumindest einen Platz zuzuweisen, der sie der Rationalität unterordnet. Andererseits werden in kognitionswissenschaftlichen Studien dem Geist seelische Aufgaben zugesprochen. Sie bestätigen die Repräsentationsmöglichkeiten des Befindens eines anderen Lebewesens in der eigenen Wahrnehmung.

Einfühlung wird als verbindungsstiftende Hinwendung vorgestellt. Aus der Kapazität von Lebewesen, Welten mit anderen zu teilen und wechselseitig erfahrbar zu machen, folgen Großzügigkeit und Inklusion. Wahrnehmungsprozesse verlangen, als aktive Tätigkeit, immer ein Beteiligtsein. Bewusstsein beinhaltet leibliche und situative Komponenten. Subjektive Erfahrungen stellen sich

26 *Dans le regard d'une bête* (BE 2011, R: Dominique Loreau).

als reicher spezifischer Fundus anderen spezifischen Sichtweisen zur Verfügung.
Die abschließende Zusammenfassung führt die Argumente für eine relationale Ontologie zusammen und zeigt die Potenziale der Verbundenheit in einem vielfältig beziehungsvollen Universum.

Methodologie

Methodologisch-diskursive Referenzen sind kulturanthropologische Forschungsprojekte (Donna Haraway, Eduardo Viveiros de Castro), insbesondere in Hinblick auf mythologische, spirituelle und schamanische Praxen (Robert Brightman, Sandra Ingerman) und Textanalysen (Sarah Kofman). Elemente aus dem philosophischen Repertoire der Ästhetik (Gottfried Wilhelm Leibniz, Alexander Baumgarten) werden ebenso herangezogen wie Argumente aus Logik und Ethik (Charles S. Peirce, Jeffrey Barnouw).
Außerdem beziehe ich Werkzeuge aus der Phänomenologie (Henri Bergson, Maurice Merleau-Ponty) und der Dekonstruktion (Jacques Derrida), der feministischen Sprach- und Wissenschaftskritik (Isabelle Stengers), der Anthropologie der Kunst (Elisabeth von Samsonow) und aus den post-kolonialen Diskursen (Gayatri Chakravorty Spivak). Sie werden mit animistischen Konzepten von Weltzusammenhang (Michael Winkelman) enggeführt. Ergebnisse aus der philosophischen Kognitionsforschung (Susan Hurley, Alva Noë) und deren Implikationen zum Thema Mensch-Tier-Grenze werden diesen zur Seite gestellt. Die Aspekte der Mensch-Tier-Beziehungen werden mit ihren philosophischen Konsequenzen verknüpft (Vinciane Despret).

Lebenszugewandtheit

> *Heute nämlich scheinen alle, die über die Seele sprechen und forschen, nur auf die menschliche Seele zu achten. Man muss sich aber davor hüten, dass einem nicht die Frage entgeht, ob es nur einen Begriff von ihr gibt, wie den des Lebewesens, oder für jede Seele einen eigenen, wie z. B. für die eines Pferdes, Hundes, Menschen und Gottes, und ob das Lebewesen als Allgemeinbegriff nichts ist oder erst etwas Späteres.*[27]

Das Streben nach einer Philosophie der Verbundenheit begleitet die Philosophiegeschichte. Die Ausgrenzung deutlich präsenter Phänomene, die Negation von Affiziertheit, das Heraustrennen der menschlichen Belange aus weltlichen Zusammenhängen galten in einigen philosophischen Traditionen immer als unzulässige Verkürzung. In den hinduistisch und buddhistisch geprägten Philosophien gilt ein integralistisches Weltbild, das von einer zugrundeliegenden Einheit aller Lebewesen ausgeht. Konfuzianische und taoistische Traditionen streben nach einer ausgewogenen harmonischen Beziehung mit der Natur. Aber auch in westlich geprägten Philosophien gibt es zahlreiche Konzepte, die von einer Durchdringung der Lebenswelten ausgehen, von gemeinsamen Bezugspunkten in einer von vielen Lebewesen geteilten Welt, die durch zahlreiche Ebenen miteinander verbunden sind.

> Ordinary identities emerge and are rightly cherished, but they remain always a relational web opening to non-Euclidian pasts, presents, and futures. The ordinary is a multipartner mud dance issuing from and in entangled species.[28]

27 Aristoteles: *Über die Seele*, aus d. Griech. v. Gernot Krapinger. Stuttgart: Reclam 2011, S. 9.

28 Haraway: *When Species Meet*, S. 32.

Lebendige Strukturen sind als Einzelteile nicht zu begreifen. Prozesse und vielseitige Beziehungen werden als dynamische, Welt konstituierende Qualitäten gesehen. Diese können sinnvoll nur in einer als verbunden erlebten Struktur stattfinden.
Verbundenheit wird hier verstanden als positiver Konnex, auf den alle Lebewesen Zugriff haben. Eine relational verstandene Welt ist gekennzeichnet durch sinnhafte Strukturen, die sich aufeinander beziehen lassen; Ereignisse laufen nicht abgetrennt und mechanisch nebeneinander ab. Über mechanistisch inspirierte Systemzusammenhänge hinaus liegt einer relationalen Ontologie eine lebendige Bewegung zugrunde, die Beziehungen schafft. „We ourselves are distributed dynamically extended beings who are always becoming through our action."[29] Verbindung, als Potenzialität gefasst, als Fähigkeit der Lebewesen, auf andere zu reagieren, ist bereits auf der Ebene des Lebendigseins gegeben. Vermittelt und erfahrbar wird sie durch eine dynamische Energie, die allen lebenden Wesen als Lebendigen zukommt. Im gemeinsamen Lebendigsein sind sie miteinander auf einer subtilen Ebene verbunden.
Verbundenheit bedeutet auch ein wechselseitiges Wohlwollen, im Sinne von Freundschaft, wie von Aristoteles beschrieben. Sie ist dem Leben als unentbehrliches Bedürfnis unterlegt. Das Wohlwollen entspricht einer dem Leben zugeneigten Stimmung – nichts Messbarem, sondern einer Atmosphäre, die empfunden wird. Einfühlsames und wohlwollendes Verhalten gehören zu einer solchen freundschaftlichen Grundstimmung.
Die Annahme der Verbundenheit der Lebewesen eröffnet ein weites Feld der Kommunikationsmöglichkeiten. Bruno Latour versteht „Agency" und die Wirksamkeit der umgebenden „Objekte" aus einem unendlichen Feld möglicher Akteure heraus. Daher kann sich die Frage nach der Gestaltung der Lebenswelt, die er als politischen Vorgang unter Einbeziehung aller möglichen Akteure auffasst, nie aus einer Situation stellen, in der rein menschliche Einflüsse gelten. Die Frage ist also vielmehr:

> […] par quelle étrangeté de l'histoire a-t-on pu penser que la politique, c'était une affaire d'humains entre eux ? Alors que de tous temps et dans

29 Alva Noë: We Extended Beings Need to Break Free from 17th Century Thinking. http://bigthink.com/in-their-own-words/we-extended-beings-need-to-break-free-from 17th-century-thinking (Zugriff am 27.06.2014).

> tous les peuples on a toujours eu affaire simultanément aux humains et aux non-humains et que la politique a toujours été aussi une définition du cosmos.[30]

Beziehungen werden daher in den Fokus mit einbezogen, die vorher gar nicht in Frage kamen. Kommunikation überschreitet nicht nur das Feld des Verbalen, sondern auch das der Speziesgrenzen. In einer Welt, die sich nicht auf menschliche Akteure kapriziert, sind Antworten aus unterschiedlichen Bereichen möglich. So kann ein Vogelgesang genau die Assoziation bewirken, die der nächsten Aktion zugrunde liegt, auch wenn keine versprachlichte Anweisung vorliegt.

Ein verfeinertes, geschärftes, also ein wesentlich anders aktualisiertes Bewusstsein re-etabliert Situationen, die oftmals als Gefühlsüberschwang, als Überreaktionen einer negativ konnotierten irrationalen Grundhaltung bezeichnet wurden, und erlaubt ihnen, relevant zu sein. Was als übertriebene Sensitivität, Projektion, Vorahnung oder Halluzination abgetan wurde, kann so ins Feld der Wahrnehmung zurückgefordert werden.

Der Ausschluss psychischer Phänomene, die aus einer domestizierten westlichen Sphäre der etablierten „seriösen Wissenschaften" herausweisen, wird somit revidiert und die Psyche selbst als zentrale dynamische Instanz gesetzt. Sandra Ingerman formuliert die schamanische Auffassung der Seele als überindividuelle Kraft, die alle Lebewesen durchdringt:

> When any living creature is fully infused with its own spiritual force or soul, it will radiate energy and vitality. Any creature whose spirit is fully at home in its body will feel a deep resonance with that same spirit in other living beings.[31]

Als unsichtbare, nicht messbare Kraft reicht Seele immer über die Festschreibung und Domptur der Analyse hinaus und behält sich eine entsprechend anarchische Kreativität. Ohne ihre Phänomene,

30 Bruno Latour: Remettre les non-humains dans le coeur de la politique. http://xn--entre-l-fwa.net/remettre-les-non-humains-au-coeur-de-la-politique-revue-critique-decologie-politique/ (Zugriff am 27.06.2014). „Aus welcher seltsamen Situation der Geschichte heraus konnte man denken, dass die Politik nur eine Sache der Menschen untereinander sei? Wohingegen man von jeher und bei allen Völkern gleichzeitig mit menschlichen und mit nicht-menschlichen Akteuren zu tun hatte und Politik daher eine Definition des Kosmos war." (Übers. S. K.)

31 Sandra Ingerman: *Soul Retrieval. Mending the Fragmented Soul.* San Francisco: Harper 1991, S. 19.

die sich eher atmosphärisch, wie eine schwebende Präsenz, als durch argumentative Plausibilität bemerkbar machen, zeigt sich das Leben der Seele nicht. Ihr Wirkungsfeld reicht weit über ein konkretes Bearbeiten rational noch nicht verfügbar gemachten Materials hinaus. Gerade das Potenzial des Hinüberreichens zu anderen Lebewesen wird durch ihre fluidale Begabung ermöglicht. Sie verfügt über unklassifizierte Zeichen und Symbole, über sprachlich unübersetzbare Vermittlungsweisen.

Seelenrückholung

Es handelt sich also gewissermaßen um eine Art der Seelenrückholung, wenn hier der Versuch unternommen wird, Seele in einen philosophischen Kontext zurückzuholen, heraus aus dem Analysebereich rein naturwissenschaftlicher Betrachtungen, dem sie sich de facto entzieht. Schamanische Traditionen wenden die Praxis der Rückholung an, wenn die Seele oder Seelenanteile eines Menschen sich zurückgezogen haben, sich aus dem jeweiligen personalen Zusammenhang gelöst haben. Um im eigenen Leben präsent sein zu können, muss der seelenverlassene Mensch versuchen, sie zurückzugewinnen. Seelenrückholung arbeitet mit schamanischen Reisen und Traummitteilungen. Die Versuche der psychoanalytischen Traumdeutung erklingen als fernes Echo auf die eminente Rolle, die Seelenreisen und ihre poetischen und undomestizierten Elemente im Erkenntnisgewinn spielten.

Vielleicht lassen sich die häufigen psychischen Leiden, auf die sich Elisabeth von Samsonow in ihrem Vortrag „Bewußt/Unbewußt“ als Reaktionen auf die Gewalterfahrungen und -erzählungen der Weltkriege bezieht, auch als Reaktionen auf die Gewalttätigkeiten moderner Gesellschaftsorganisation auffassen. Um mit diesen – direkt oder indirekt erfahrenen – Traumata umgehen zu können, wenden sich viele Menschen jenen Experten zu, die sich ganz unzeitgemäß als Seelenkenner bezeichnen.

> Die große Ära der Therapie beginnt. Die Therapeuten kriegen immer mehr Patienten. Die Traumatisierten zweier Weltkriege brauchen Hilfe. Dann die Kinder der Traumatisierten. Dann die Enkel der Traumatisierten. Nach hundert Jahren sieht es so aus, als sei die Welt gespalten in den reibungslosen Betrieb von Arbeit und Karriere und in den gewaltigen Schattenbetrieb der Therapie. Oben herrscht Disziplin und Kontrolle, unten im Schacht sitzt die Seele und wartet bis zum Ladenschluss. Damit die Funktion im Betrieb

aufrecht erhalten werden kann, bucht die Seele nach Ladenschluss ihre Therapiestunde. Wo Erschöpfung ist, soll wieder Schöpfung werden. Jedem sein Coach. Jedem die Wellness-Oase. Jedem das Wohlfühl-Paket. Psyche geht ins Exil.[32]

Seelenverlust bedeutet Krankheit und schweren Verlust der Lebenskraft. Wenn die genuinen Fähigkeiten der Seele, nämlich mit anderen Lebewesen in Verbindung zu treten und zu kommunizieren, andere Lebewesen quasi zu bereisen und zu besuchen, in den Bereich der Phantasie verbannt werden, findet die Seele, um sich zu schützen, andere Wirkungsbereiche. Sie entzieht sich der Abschiebung ins Primitive und Infantile. Es lässt sich nicht prognostizieren, in welchen Bereichen Seele zu überleben versucht. Eine Möglichkeit wird in dem Vortrag mit der Auffassung Hugo von Hofmannsthals gezeichnet, der das schöpferische Unbewusste – wie im Traum vorgestellt – als Gegenpol zum Realen setzt.

Man existiert (mindestens) zweifach. Gesetzt den Fall, man schliefe und träumte ebenso viel wie man wach seine Arbeit verrichtet: wer kann sagen, dass aus der Warte des wahrnehmenden lebendigen Wesens das eine weniger wirklich sei als das andere? Wenn beide ineinander übergehen oder ineinander sich verzahnen, wenn der eine Zustand vom anderen aus verwaltet wird, wer wird dann wagen, den Traum zu Gunsten des Wirklichen zu verwerfen?[33]

Die Anerkennung ihrer Einfühlungstätigkeit hingegen befördert die Seelenrückholung als Bereicherung der Vermittlungsmöglichkeiten. Empfindungen und Inspirationen werden höher geschätzt und verleihen der Kommunikation neuen Fluss.
Eine (Re-)Integration der Seele als Ursprung genuiner Fähigkeiten bedeutet eine Bereicherung der Vermittlungsmöglichkeiten. Seele schafft durch ihre fluidale Formungebundenheit Verbindungen zwischen den Lebewesen, ihr gelingt das Hereinholen einer nach innen gerichteten Außenansicht, als die sich die Seelenreise auch verstehen lässt.

The ability to take the role of others is an innately based skill involving communicative interactions in which one monitors messages from others to model one's own self and personal characteristics. In the soul journey, one is taking the role of the other with respect to self, experiencing in the modality

32 Elisabeth von Samsonow: Bewusst und unbewusst. http://www.neubeurer-woche.de/wp-content/uploads/2012/11/Vortrag-Samsonow.pdf (Zugriff am 30.06.2013).

33 Ebd.

> of visual imagery a representation of one's own body as it would be seen from the perspective of others.[34]

Das Bekenntnis zur Seelenhaftigkeit der Lebewesen muss diese Kraft als Vermittlerin würdigen. Die Integration der (neo)kolonialistisch, speziezistisch produzierten „Anderen" in einen psychisch hochwirksamen Bedeutungsraum ist das Projekt einer solchen philosophischen Ontologie: Die willkürlich aufrechterhaltenen Grenzen können einem vermittelnden Übergang in die andere Wesens- und Ausdrucksform weichen.
Die begleitende Frage in Bezug auf die Verknüpfung von phänomenologischen, ethologischen, kognitionswissenschaftlichen und ethischen Erkenntnissen richtet sich daher auf die Einbeziehung nicht-menschlicher Lebewesen. Deren bisheriger großräumiger Ausschluss kann als Bequemlichkeit der Philosophie bezeichnet werden, als ein Klammern an exklusiven Ideen einer old school, die den Menschen favorisiert.

Perspektiven wechseln

Durch ein fehlendes Gefühl der Verbundenheit entfällt ein Sinnzusammenhang auf der ontologischen Ebene. Eine analytische Auffassung von Welt als losem Gefüge voneinander unabhängiger, getrennter Einheiten bedingt ein Gefühl des Ausgesetztseins, der Ohnmacht und des Unterworfenseins unter unkontrollierbare Vorgänge, wirkt Analyse doch im Auseinanderschneiden, Zerteilen und im Zergliedern ihrer Forschungsgegenstände in immer kleinere Stücke zersetzend auf Zusammenhänge. Scheinbar aus dem Nichts ausbrechende Kriege, sogenannte Naturkatastrophen und technische Unfälle, die in einem jeglicher menschlicher Einflussnahme entzogenen Außen stattfinden, geraten so in ein fatalistisch konnotiertes Off. Diesem Leben als Krise verstehenden Grundgefühl kann mit einer ontologischen Umdeutung begegnet werden, die bisher fälschlich als Statisten betrachtete oder übersehene Mitspieler als Akteure erkennt und anerkennt.

34 Michael Winkelman: Spirits as Human Nature and the Fundamental Structure of Consciousness. In: James Houran (Hrsg.): *From Shaman to Scientist. Essays on Humanity's Search for Spirits.* Lanham: Scarecrow 2004, S. 59–96, hier S.79.

Ein solcherart inklusives Weltverständnis bedeutet auch einen Zuwachs an Handlungsspielraum. Man gesteht den Akteuren zu, sich ihre Beziehungen auszuwählen. Solcherart ermächtigt, seine eigenen Nachrichten aus der Umwelt, die zur Mitwelt geworden ist, zu empfangen und ihre Sender zu eruieren, zeigt sich die Welt als anders verschlüsselt. Sie gewinnt an Zugänglichkeit. Die Idee der kryptologisch codierten geheimen Wahrheiten im Besitz einer intellektuellen Elite wird zur Diskussion gestellt, wenn davon ausgegangen wird, dass das Werkzeug zum Verstehen und zu einer notwendigen Entschlüsselung der Welt in jedem Lebewesen vorhanden ist bzw. gar nicht immer eine Verschlüsselung vorliegt.
Nach Bruno Latours Verständnis von Netzwerken und Akteuren kommt auch nicht-belebten Objekten die Position von Akteuren zu. Die darauf bezugnehmende objekt-orientierte Philosophie befasst sich eingehend mit diesen Relationen, indem auch sie die Zentralstellung des Menschen für nichtig erklärt. Sie entgeht allerdings, wo sie sich auf eine notwendige „Agency" von Menschen fabrizierter Objekte bezieht, der Konzentration auf das menschliche Feld dennoch nicht, weil sie mit dem Hereinholen dieser Objekte die dominante anthropozentrische Konstante ein weiteres Mal betont. Solche Objekte sind mit menschlichen Interessen aufgeladen, ihnen zum Zweck entworfen und realisiert, repräsentieren also in dieser Hinsicht wiederum das menschliche Feld. Auch in der antagonistischen Setzung Mensch-Dinge erfährt der Mensch wieder eine Sonderstellung – die ihm in der objekt-orientierten Philosophie ja gerade nicht zukommen soll. Der Einlass nicht-menschlicher Lebewesen in die ontologische Sphäre kommt in ihrer Fragestellung eher metaphorisch vor. Eine Nivellierung der Hierarchien zwischen Subjekten und Objekten wird explizit angestrebt, jedoch erscheinen Tiere, in einer Reihe mit technischem Gerät und Wetterphänomenen, klar als nicht-menschliche Akteure. Aus der Abwertung der zuvor hochrangigen menschlichen Sphäre ergibt sich zwar eine Aufwertung nicht-menschlicher Belange, diese bleiben aber undifferenziert, als hätte etwa eine Straße die gleichen Anforderungen an eine Lebendigkeit wie eine Schneeziege, die sie überquert. Die Bürde der Welterklärung wird von den Zeichen, Diskursen, Normen und Narrativen genommen, schreibt Levy Bryant:

While there can be no doubt that none of these agencies play a significant role in the formation of collectives involving humans, this mode of distinction leaves us to ignore the role of the nonhuman and asignifying in the form of technologies, weather patterns, resources, diseases, animals, natural desasters, the presence and absence of roads, the availability of water, animals, microbes, the presence and absence of electricity and highspeed internet connections, modes of transportation, and so on.[35]

Die technophile Moderne und in ihr die verherrlichte Maschine leben auf Kosten der Reverenz, die zuvor einer göttlichen Sphäre zukam. Das als überlegen verehrte göttliche Wesen erfuhr eine Abwertung, je stärker die menschliche Individualität akzentuiert wurde. Die humanistische Zentrierung hebt den schöpferischen Menschen aus seiner Abhängigkeit und gesteht ihm die Modellierung der Welt nach seinem Gutdünken zu, und die Entwicklung von Instrumentarien zur Sicherung der Überlegenheit erfährt einen starken Aufschwung. Mit jeder Entwicklungsstufe entgleiten jedoch die technischen Systeme mehr und mehr in die Unberechenbarkeit, wie pessimistische Zukunftsentwürfe zeigen.

Welterfahrung kann aus unendlich vielen Perspektiven geschehen, und sie wird explizit auch nicht-menschlichen Tieren zugemessen. Für die vorliegende Arbeit gelten die Verbindungen zwischen menschlichen und nicht-menschlichen Tieren als vorrangig. Gemäß der Leibniz'schen Auffassung findet sich der Ausdruck der Gesamtheit in jedem Wesen. Leibniz schließt ausdrücklich alles Lebendige, sogar das Anorganische ein. Das heißt: Auch jedes Tier ist selbstverständlich Verkörperung des Alls – jedes nach seiner Art.

Daß die Natur den Tieren herausgehobene Perzeptionen gegeben hat, sehen wir auch an der Sorgfalt, die sie aufgewendet hat, um ihnen Organe zu geben, die mehrere Lichtstrahlen oder Luftschwingungen aufnehmen, um ihnen durch die Vereinigung mehr Wirksamkeit zu verleihen. Etwas Ähnliches gibt es beim Geruch, beim Geschmack, beim Tastsinn und vielleicht bei einer Anzahl anderer Sinne, die uns unbekannt sind.[36]

Nicht-menschliche Tiere erfahren Leben auf vielfältige andere als menschliche Weisen, aber wie sie greifen sie auf Wahrnehmung und Erinnerung zurück: „Und die Vorstellungskraft, von der sie erregt und bewegt werden, kommt entweder von der Größe oder

35 Levy R. Bryant: *The Democracy of Objects*. Ann Arbor: Open Humanities Press 2011, S. 23–24.

36 Leibniz: *Monadologie*, S. 23.

der Anzahl der vorausgegangenen Perzeptionen.“[37] Wesentlich sind hier zwei Aspekte: die Anerkennung, mit der Leibniz sich auf sensorische und geistige Fähigkeiten von Tieren bezieht, und die Verbundenheit aller Erfahrungen, die sich im Universum ereignen. In seiner Beschreibung der sich berührenden Körper zeigt er, wie Bewegungen in die gesamte Struktur übergehen.

> Und folglich verspürt jeder Körper alles, was sich im Universum ereignet, so daß jemand, der alles übersieht, in jedem lesen könnte, was sich überall ereignet, und selbst das, was geschehen ist oder geschehen wird, in dem er in der Gegenwart bemerkt, was hinsichtlich der Zeiten ebenso entfernt ist wie hinsichtlich der Orte.[38]

Die Erfahrungen anderer werden nicht nur spürbar und nachvollziehbar, sie beeinflussen unaufhörlich die eigenen.

37 Leibniz: *Monadologie*, S. 25.

38 Ebd., S. 45.

Wir sind nicht allein auf der Welt

In this approach, sensory modalities are really styles of exploration of the world, and they differ from each other the way that musicians can differ from each other in their styles – that is in the battery of movements and expectations and skills that they deploy when playing their instruments.[39]

Perspektivenerweiterung

Das Verlangen nach einer relationalen Ontologie, die sich den vorhandenen Beziehungen und Verbindungen der gemeinsam Lebenden widmet, initiiert eine Perspektivenerweiterung. Weltmodelle, die sich mit einer inklusiven Geste den subjektiven Welterfahrungen zuwenden, versuchen den Mythos der Moderne zu überwinden, der sich in der Abgrenzung gegenüber dem Anderen, dem, was sich einer vorgeschriebenen Messbarkeit entzieht, konstituiert. Dieses Andere sind vornehmlich als irrational geltende Parteien. Die Idee einer Beseeltheit der Natur widerstrebt dem Denken dieser exklusiv rationalen Moderne ebenso wie das Zugeständnis von Agency außerhalb der menschlichen Sphäre.

Anders als in der Moderne, die sich über den Topos des nüchternen Denkens identifiziert, wird hier in Bezug auf solch andere Weltmodelle die Rede von Kosmogonien sein, in denen Mythen wesentlich sinnstiftend wirken. Sie beziehen Subjektivität ein und öffnen den Spielraum, erweitern die Bühne und lassen diejenigen sichtbar werden, die vorher aus einem Off, wie aus einem unsichtbaren Orchestergraben, die Atmosphäre wesentlich mitbestimmt haben.

Die Vertreibung des Menschen aus dem Zentrum der Welt erweist sich als rein fiktiv, denn das anthropozentrische Modell gründet

39 Alva Noë: *Out of Our Heads*, S. 61.

auf bloßen Setzungen und Auslassungen. Seit der Schriftphilosophie der Antike werden Fragen zu einem geglücktem Leben auf ein mehr und mehr ausschließlich menschliches Feld bezogen, und in den monotheistischen Religionen wird der Verzicht auf freundschaftliche Beziehungen mit anderen als menschlichen Tieren vorangetrieben. Gleichgültig, ob die angenommenen kulturellen Fähigkeiten wie Sprache oder Werkzeuggebrauch als Differenzmerkmal eingeführt und inzwischen zunehmend als unzutreffend erkannt wurden, oder ob intellektuelle Leistungen die Legitimation der Alleinherrschaft bilden sollten: Die unüberschaubare Vielzahl von Intelligenzen und Wahrnehmungsmöglichkeiten übersteigt das menschliche Potenzial bei Weitem. Auch das erdgeschichtlich viel höhere Alter anderer Lebensformen verweist auf die Entbehrlichkeit menschlicher Intervention für den Fortbestand des Universums. Entsprechend zeigt sich die Position des zentralen menschlichen Herrschers als Pose. Die Relevanzverschiebung trifft also vor allem ein westlich-rationales Menschenbild, das sich außerhalb des geschützten Rahmens wie der Kunst oder exotistischer Präsentationen am liebsten gar nicht mit dem sogenannten wilden Denken konfrontiert.

Mit der Befreiung vom rationalistisch eingeschränkten Blick können nun endlich bislang übersehene Akteure aus ihren kulissenartigen Positionen heraustreten und wahrgenommen werden. Die Welt wird bunter, lebendiger, aber auch bedrohlicher und undefinierter, wenn Agency nicht mehr als elitäre Eigenschaft des Menschen gilt. Agency bedeutet zugestandene Wirkmacht, die conditio sine qua non des Subjekts. Wenn nun auch anderen Lebewesen Agency zukommt, werden die Menschen von der belastenden Vorstellung befreit, als einzige intentional handeln zu können und somit einzige Verantwortliche zu sein.

Dekolonialisierung des Denkens

Was bedeutet diese Ausweitung der Agency für die Natur-Kultur-Dichotomie? „What gets to count as nature, for whom and when?“[40],

40 Donna Haraway: Reading the National Geographic on Primates. The European Graduate School, 1987. http://www.egs.edu/faculty/donna-haraway/videos/reading-the-national-geographic-on-primates/ (Zugriff am 30.06.2012), 01:41 min.

fragt Donna Haraway: „And how much it costs to produce nature at a particular moment in history, for a particular group of people?"[41] Die Konstruiertheit des Naturbegriffs lässt sich auch auf das Konzept von kulturellen Leistungen und Entwicklungen anwenden. Was wird also unter Kultur gereiht, von wem und wann?

Eine der Hauptaufgaben beim Versuch, umfassendere Kosmogonien, die über die westlich-rationalistischen Modelle hinausgehen, zu gewinnen, besteht in der von Viveiros de Castro geforderten Dekolonialisierung des Denkens. Ein Aufgeben des eurozentristischen, kolonialistischen, anthropozentristischen Ortes der Überlegenheit wird darin als notwendig beschrieben, um den vorgefassten Blickwinkel des klassischen Ethnologen zu erweitern. Beobachtungen können nicht länger aus der Position dessen, der sich anschickt „primitive" Horizonte zu bereisen, angestellt werden.[42]

Es geht vielmehr um einen Testprozess, in dem „die ‚anderen' dann nicht nur jene sind, die anders ‚denken' sondern auch jene, die in der Lage sind, die Bedeutung, die wir dem Denken beimessen, in Frage zu stellen."[43] Stengers fordert eine Kunst der Wissenschaften, die sie als Fertigung von Fragestellungen, die ihrerseits hinterfragbar bleiben müssen, versteht. In der Forderung nach einer Poetologie des Wissens steckt die Vorstellung miteinander in Beziehung tretender Wissensformen, die sich wechselseitig inspirieren und unterstützen. Welchem Genre diese Wissensformen entspringen, wird in einer solchen Auseinandersetzung irrelevant.

In seiner Reduktion auf bloße Intellektualismen schafft der westliche Wissenschaftsdiskurs eine triste Welt und in ihr auch eine „traurige Wissenschaft", wie Isabelle Stengers beschreibt:

> Les sciences, telles quelles s'enseignent, c'est á dire telles quelles se présentent dès lors que leurs résultats sont déliés des pratiques de la science « telle quelle se fait », n'ont pas un sens trés different d'une machine de guerre réligieuse désignant un chemain de salut, condamnant le péché et l'idolatrie.[44]

41 Ebd., 01:47 min.

42 Siehe hierzu Eduardo Viveiros de Castro: Perspektiventausch. In: Albers / Franke (Hrsg.): *Animismus*, S. 72–93.

43 Isabelle Stengers: Den Animismus zurückgewinnen. In: Albers / Franke (Hrsg.): *Animismus*, S. 110–123, hier S. 113.

44 Stengers: *Cosmopolitiques*, S. 31. „Die Wissenschaften, so wie sie gelehrt werden, das heißt, wie sie sich von dem Zeitpunkt an präsentieren, an dem sie ihre Resultate von den wissenschaftlichen Praktiken ‚als solchen' gelöst haben, haben eine

Andersdenkende werden mit einer an die Hexenverfolgungen der frühen Neuzeit erinnernden Gnadenlosigkeit verfolgt. In den ausgesprochenen Vorwürfen gegenüber denjenigen, die sich magischer Praktiken bedienten – oder denen dies nachgesagt wurde –, schwingt unausgesprochen, aber deutlich häufig der Neid auf ein lustvolles Leben mit, der den – meist weiblichen – Leib durch Entblößung während der Verhandlungen bestrafte. Offizielle Vorwürfe thematisierten dabei vorrangig eine Allianz mit finsteren Mächten. Der säkularen Magie, die sich durch kirchlich befugte Rituale nicht einschüchtern ließ, wurden ihre rational nicht erklärbaren, dämonisch inspirierten Verbindungsoperationen von pflanzlichen, medizinischen, psychologischen und sprachwirksamen Elementen vorgeworfen, zusätzlich ein verdächtiges Naheverhältnis zu leiblichen Prozessen. Viele der Hexerei Verdächtigten arbeiteten als Hebammen, an einer existenziellen Schwelle also, einer machtvollen Position. Dass sie dabei mit „unreinen Säften" in Berührung kamen, galt als weiterer Umstand für dämonische Affizierung. Mächtige Rituale wie Segnungen oder das Wunder der Transsubstantiation sollten als Privileg allein kirchlichen Ritualen zugehören. Höchst gefährlich schien daher ein zugrundeliegendes magisches Weltbild, das Verbundenheit der Wesen und Elemente annahm und sich aus Sicht der Hexenjäger impertinentes, unautorisiertes Eingreifen in weltliche und kirchliche Prozesse anmaßte. Diesbezügliches Wissen wurde zudem über unkontrollierte Bahnen verbreitet und legitimierte Mitglieder der Gesellschaft, sich den Dogmen der Kirche zu widersetzen. Wo durch Ermächtigung außerkirchlicher Positionen der Furcht vor Bestrafung entgegengearbeitet wurde, drohte die geschwächte Autorität mit ausgesuchten Strafritualen.

Der Vergleich, den Isabelle Stengers zwischen der Mentalität der Zeit der Hexenverfolgungen und der westlich-rationalistischen Wissenschaft anstellt, zielt auf die Ähnlichkeit der Konfliktinhalte ab. Wenn vorgeschriebene Denkstrukturen verlassen werden, verunsichern magisch-animistische Ontologien traditionelle Welterklärungshierarchien. Das Vergleichsmoment mit dem Wissenschaftsdiskurs liegt für Stengers in der vehementen Verteidigung einer sich rational

Bedeutung, die sich nicht wesentlich von einer religiösen Kriegsmaschine unterscheidet, die einen Heilsweg bezeichnet und den Sünder und den Götzendienst verurteilt." (Übers. S. K.)

ausgebenden Weltsicht, deren Herrschaft wesentlich von der Division der Wissensgebiete abhängt. In dieser Logik gehört auch die Wissensproduktion einem umkämpften Gebiet an, und wie in einer kriegerischen Auseinandersetzung bestimmen die Gewinner, was als Wahrheit zu gelten hat. Alterität gilt als Bedrohung.

Die sogenannten Lebenswissenschaften beziehen sich in ihrem Forschungsansatz immer noch vielfach auf das Credo des Sezierens und der Analyse von Einzelteilen. Lebewesen gelten ihnen als notwendiges Material, dem man mit Gewalt seine Geheimnisse zu entreißen versucht. Wie könnte aber das aus den Einzelteilen Wieder-Zusammengesetzte Welt überhaupt repräsentieren? Das Lebendige, das der Analyse Widerstrebende ist daraus geflohen, ist darin nicht mehr vorhanden. Dessen Abwesenheit ist deutlich spürbar, der tote Körper ist augenblicklich vom lebendigen Leib unterscheidbar. Was die ehemals lebendigen materiellen Bestandteile verbunden hat, der Lebenshauch, hat sich verflüchtigt, ist durch die zerteilenden Maßnahmen nicht mehr verfügbar, weder als Wirkungsmacht noch als deren Repräsentation. Es findet sich in den zergliederten Teilen nichts Ansprechbares, nichts, was der Forschung zur Befragung zur Verfügung stünde. Davon weiß im Übrigen auch die Kunst zu berichten: Zu Ende analysierte, sezierte Kunstwerke, seien es Werke der Poesie, Skulptur oder Malerei, verlieren ihren Glanz.

Können auf solch geradlinigem, eingeschränktem Weg ohne Seitenpfade tatsächlich die anstehenden Fragen zur Lebensbewältigung behandelt werden? Wer diesen strikten Weg gehen wollte, müsste sich gegen den Ansturm der Imagination wehren:

> Les sciences occuperaient ainsi une voie étroite, ayant sans cesse à se défendre contre le pouvoir de l'imagination qui se satisfait d'explications et de significations forgées sans contrainte, et contre ceux de la rhétorique qui se complaît dans les ambiguités du langage et les faux-semblants de la preuve.[45]

Um dem Aufruf zur Nüchternheit, dem geforderten Ausschluss des Subjektiven und der Begeisterung zu genügen, müsste man den

45 Stengers: *Cosmopolitiques*, S. 10. „Die Wissenschaften würden auf diese Weise einen schmalen Weg besetzen, und hätten sich ohne Unterlass gegen die Macht der Phantasie, die sich mit zwanglos entwickelten Erklärungen und Bedeutungen begnügt, und gegen eine Rhetorik, die sich mit den Zweideutigkeiten und Trugbildern von Beweisen zufrieden gibt, zu verteidigen." (Übers. S. K.)

Fluss der Inspiration in ein Betonkorsett gießen. Doch letztlich entkommt selbst eine vermeintlich von guten wie bösen Geistern gereinigte Wissenschaft nicht den mehrdeutigen Eigenschaften von Worten, mit denen sie selbst, als sprachlich vermittelte, immer behaftet ist.

Forschung animieren

Das Empfinden und die Affektion können in einer lebendigen Weltwahrnehmung nicht ausgeschlossen werden. Vielmehr erzeugen sie eine wesentliche Dynamik, eine emotionale Aufladung der Beziehungen. Es sollte zu einer conditio sine qua non der inspirierten Forschung gehören, sich zu ihren Forschungsgegenständen hingezogen zu fühlen und sich ihrer in einer den Forschenden und den Beforschten gemeinsamen Sphäre anzunehmen. Unter dieser Voraussetzung kann diese atmosphärische Verbindung bereits ein Wissensreservoir darstellen, in dem Zusammenhänge immer schon bestehen. Sie zu erfragen, aufzuspüren oder wieder aufzufinden relativiert die Macht der Forschenden, die als mit den Bereichen der Forschung in Kommunikation verwoben betrachtet werden. Wahrnehmung fordert die Aktivität aller zur Verfügung stehenden Sinne.

> Unsere Sinne sind nicht für eine unbeteiligte Kognition gemacht, sondern für Teilhabe, ein nicht-theoretisches (Theorie: unbeteiligte, losgelöste Kontemplation) Bewusstsein, welches das metamorphotische Vermögen der Dinge teilt, die uns anlocken oder in reglose Verfügbarkeit zurückfallen entsprechend der Art unserer Teilhabe – das aber nie verschwindet.[46]

Eine Forschungsbeziehung der Kooperation, die Untersuchtes und Untersuchende miteinander, freiwillig und als gleichwertige Partner eingehen, arbeitet nicht mit Projektion der eigenen Vorstellungen, sondern bemüht sich auch um Introspektion, die sich in der Position des Gegenübers versucht. Sie versucht sich also einzufühlen in die Wahrnehmung des Gegenübers, sie wird momentan zu diesem Gegenüber. Mit dieser Erfahrung der Weltwahrnehmung aus einer Position außerhalb des individuellen Ich kehrt das weitläufige Subjekt zurück in seine eigene Position und verfügt über einen Zuwachs an Perspektiven.

46 Stengers: Den Animismus zurückgewinnen, S. 121.

Was sich verändern kann, hat eine Geschichte und ist als Akteur und Subjekt seiner eigenen und einer gemeinsam mit anderen Akteuren entstehenden Geschichte lebendig. Im Ideensystem der Moderne geht es wesentlich immer auch um die machtvolle Einteilung in Belebtes und Unbelebtes.[47] Überall dort, wo Zusammenhänge in den Fokus genommen werden und Lebendigkeit in vielgestaltigen Erscheinungsformen postuliert wird, kann von einem animistisch inspirierten Weltbild gesprochen werden, das alle Repräsentationen dieses Lebensgeistes inkludiert. Als Begehren nach einem Zugeständnis der Lebendigkeit, nach der Wirkungsmacht beseelter Akteure, lässt sich Stengers' Forderung nach „Rückgewinnung des Animismus" verstehen und teilen.

Wie ist es aber dem Menschen gelungen, vorzutäuschen, er sei aus dem Naturreich herausgetreten? Durch seinen willkürlich behaupteten Alleinanspruch auf Herrschaft verlässt er als Sonderwesen vorgeblich den Bereich der Natur. In diesem Heraustreten behauptet er all das gewonnen zu haben, was ihn von nicht-menschlichen Tieren trennt: Bewusstsein, Gefühle, Zielorientierung, Rationalität.

Wie konnte es passieren, dass, nach widerwilligem Anerkennen einer evolutionären Kontinuität zwischen den verschiedenen Lebewesen, mit einem Mal diese großartige Gabe der Vernunft als Distinktionsmerkmal auftaucht? Wo und warum kam diese Differenzierung ins Spiel? Hat denn ein neuronales Gewittern das Überhirn des Homo sapiens sapiens bewirkt? Wo findet sich das Moment, das die große Kluft bedingt?

Animistisch inspirierte Historienproduktion bezieht die Ahnenreihe menschlicher und nicht-menschlicher Tiere selbstverständlich in ihre Erzählungen mit ein, sie baut auf deren Gestaltungsmacht und versteht es, ihre mythischen Kräfte lebendig zu halten. Die westliche Geschichtskonstruktion hingegen bedient sich zu einem guten Teil eines Ausmerzens unpassender Elemente, krankt an einer Überwindungs- und Fortschrittsneurose, die sich über das Vorangegangene erhebt, es zerstört oder zumindest der Lächerlichkeit preisgibt:

> Si d'autres peuples savent tenir la veille de leurs ancêtres et resusciter leurs voix á travers les mots qu'ils créent, l'histoire que nous nous sommes inventée est hantée par les fantômes de ceux et celles qu'elle a écrasés, vaincus ou fait

47 Siehe hierzu Latour: Remettre les non-humains dans le coeur de la politique.

plier et aussi par l'ombre de tout ce que nos raisons, nos critères ont détruit, réduit au silence ou au ridicule.[48]

Intrinsische Einfühlung

In einer inklusiven Ahnenreihe, die einen speziesübergreifenden Rückblick gestattet, entsteht das Bild einer Urmutter aller Lebewesen. Ein totemistisch gedachter Animismus verweist auf eine Erdmutter ungewisser Gestalt:

> Im Tier den Ahn wiederzuerkennen, setzt voraus, daß man vom Ahn nur eine flimmernde, überindividuelle Vorstellung einer geneigten Wesenheit auffindet, *der das Gesicht fehlt.* Die Tiere werden so zu den *ganz alten Menschen* – eine These, die heute nur noch innerhalb der Gattung der Anthropinen, also zwischen Mensch und Affe, derlei (‚anthropotheriologische') Beziehungen herstellt (von der totemistischen Art: der Mensch stammt vom Affen bzw. von einer speziellen Affenart ab).[49]

Im mythischen Tierleib der Ahnin, in deren Macht es gelegen hat, die unterschiedlichsten Wesen hervorzubringen – nicht nur in der Variationenvielfalt in Gestalt und Farbgebung, sondern auch in Hinblick auf das Geschlecht – sind gleichermaßen die weiteren Erscheinungsformen der Tiere und Menschen enthalten. Ein Anerkennen dieser Figur als Prinzip der alle verbindenden Mutter impliziert eine „Muttertreue": „Aus dieser Muttertreue würde der radikale Materialismus folgen, die radikale Ökologie und schließlich der Animismus, der die Solidarität mit dem Grund der Emergenz, mit der Natur einschließt."[50]

Wenn man die Bilder der Embryonalentwicklung von Wirbeltieren betrachtet, fällt die große Ähnlichkeit am Lebensbeginn auf. Im phylotypischen Entwicklungsstadium sind die verschiedenen Spezies angehörenden Embryonen schwer voneinander zu unterscheiden. Könnten nicht die wechselnden Gestalten, die bis zur Geburt

48 Stengers: *Cosmopolitiques*, S. 381. „Wenn andere Völker es verstehen, die Verbindung zu ihren Vorfahren aufrechtzuerhalten und deren Stimmen durch ihre Worte aufleben zu lassen, so ist die Geschichte, die wir für uns erfunden haben von den Phantomen derjenigen heimgesucht, die sie ausgelöscht hat, und vom Schatten all dessen, was unsere Vernunft und unsere Maßstäbe zerstört und auf Stillschweigen oder Lächerlichkeit reduziert hat." (Übers. S. K.)

49 Elisabeth von Samsonow: *Anti-Elektra. Totemismus und Schizogamie.* Zürich / Berlin: Diaphanes 2007, S. 103.

50 Elisabeth von Samsonow: Electra Animist oder Ambient Love. In: Albers / Franke (Hrsg.): *Animismus*, S. 144–151, hier S. 148.

angenommen werden und mit ihnen die entsprechenden einhergehenden Empfindungsfähigkeiten als Modi des In-der-Welt-Seins in der jeweiligen Inkorporierung / Inkarnation enthalten sein? Der neu geborene Mensch, könnte er so bereits mit der Fähigkeit zur Welt kommen, wie andere Lebewesen, deren Gestalt er durchlaufen hat, zu empfinden?

Vor der Differenzierung in unterschiedliche Inkorporierungen in menschliche, tierförmige und andere Gestalten wird eine fließende Durchdringung des Selbst und des Anderen als Schwebezustand zu Beginn einer Mythologie gesetzt. Sie geht der Trennung in menschliche und nicht-menschliche Daseinsformen voraus. „Die Mythen sind bevölkert von Wesen, in deren Form, Namen und Verhaltensweisen sich menschliche und tierische Eigenschaften unentwirrbar vermischen und die in einem gemeinsamen Kommunikationsraum existieren, der unserem heutigen Raum zwischenmenschlicher Beziehungen gleicht,“[51] schreibt Viveiros de Castro über die Kultur der Arawaté am Amazonas. Viveiros fasst hier die Differenzierung „menschlich“ und „tierisch“ gemäß einer westlich-rationalistischen Attitude, die Menschen als zivilisierte Wesen im Besitz von überlegenen Kulturtechniken und Tiere als von einer instinktgetriebenen „Natur“ her begreift. In der Konzeption der Arawaté hingegen kommen Akteuren unterschiedlicher Provenienz Bedeutung und Wirkmächtigkeit (Agency) zu, die Geschichten integrieren – Aspekte, die einem anthropozentrischen Blickwinkel notwendigerweise verborgen sind. In der Welt der Arawaté werden die Wesen als Teile eines Zusammenhanges, nicht als Opponenten gesehen.

Die Beeinflussung durch andere Lebewesen ist durch Leugnung ihrer Lebendigkeit und, damit zusammenhängend, ihrer Handlungsfähigkeit nicht aus der Welt zu schaffen. Es gilt vielmehr, sich ihrer Wirkmächtigkeit auszusetzen. Wie im therapeutischen Prozess die Anerkennung des momentanen Status Voraussetzung zu einer Entwicklung ist, wird hier eine Konfrontation mit dem, was außerhalb der für rational und beweisbar gehaltenen, zugelassenen materialistischen Wissenschaftserzählung unleugbar vorhanden ist, verlangt.

51 Viveiros de Castro: Perspektiventausch, S. 73.

Perspektivierungen: Animistische Tiefengrundierung

The Indian feels that he is related to the animal world. That all living things are related.[52]

Prozessuale Subjekte

Wenn man vom gemeinsamen Seinsgrund der Lebewesen ausgeht, alle Lebewesen also mit den als menschlich geltenden Attributen wie Bewusstsein und Seele versehen sind, können sie sich untereinander verständigen. Diese Fähigkeit ist ihrer Inkarnation als unterschiedliche Tiere oder Menschen inhärent. Tiere können so als Menschen aufgefasst werden, die als Tiere erscheinen, sich mit Federn, Schuppen und Fellen schmücken und mit Krallen und Hörnern ausstatten.

Die Möglichkeit des – äußerlich betrachteten – ganz Anders-Seins, wie Tiere solches vielfältig vorführen, kann zur Inspiration werden. Ein mythischer gemeinsamer Ausgangspunkt, wie er in unterschiedlichen Ontologien der amerikanischen Ureinwohner angenommen wird, verweist auf diese Erfahrung:

> The relationship of Native peoples to the earth, their Mother, is a sacred bond with the creation. […] Native peoples viewed many of the products of the natural environment as gifts from the Creator. […] Man, in the Native American conception of the world, was not created to 'lord' over other beings, but rather to cooperate and share the bounty of the earth with the other elements of the creation.[53]

52 N. Scott Momaday: The West. http://politicalquotes.org/node/51324 (Zugriff am 28.05.2014).

53 George Cornell on Perception of the Environment. In: Mary Magoulick: Native American Worldview Emerges. https://faculty.gcsu.edu/custom-website/mary-magoulick/worldview.htm (Zugriff am 02.03.2012).

Die Beziehungen zum Universum werden als Prozesse betrachtet, eine etablierte Beziehung muss aktiv aufrechterhalten werden, sie läuft nicht automatisch weiter. Religiöse und rituelle Handlungen verbinden die Menschen nicht nur mit ihren Familien und Clans, sondern auch mit den größeren Zusammenhängen, den Landschaften, Wäldern und Flüssen. Die spirituelle Übung besteht darin, diese lebendigen Kontakte zu pflegen: sich selbst zu übersteigen, alles Lebendige in Beziehung mit den anderen zu setzen. „He transcends himself in a sense, he expands his awareness to include all of creation."[54]

Die Erde gehört den Menschen nicht, vielmehr sind Menschen, gemeinsam mit den Tieren und Pflanzen, Teilhaber des Universums. Dieser Einstellung folgend, ist ein Tier als jemand zu betrachten, der resonanzfähig ist in dem Sinne, dass mit ihm immer schon eine Welt geteilt wird. Dass ein anderes, mir benachbartes Lebewesen an dem, was sich in der Welt abspielt, an Sichtbarem, Hörbarem, Empfindbarem, Teilhabe hat. Diese Sichtweise macht nicht-menschliche Lebewesen zu Akteuren, sie verleiht ihnen die Fähigkeit zur Resonanz als eine Aktivität, die das Aufnehmen und Wiedergeben in subjektivem Format impliziert, weil ein anderes nicht zur Verfügung steht. Es spielt dabei weniger eine Rolle, ob man als Tier – vom kognitiven Aspekt aus betrachtet – höhere oder tiefere Frequenzen hören kann oder unter bestimmten Lichtverhältnissen blind ist, gemeinsam ist ihnen allen die Teilhabe an der Welt durch Wahrnehmung und Bewusstsein, die sich aus dem Blickwinkel der Einzelnen unterschiedlich zeigt. Diese Sichtweise nimmt eine Einheit der Kultur und eine Vielheit der Körper, Natur, an. Sie geht von dem aus, was allen Lebewesen zukommt, also Bewusstsein und Leiblichkeit, Gestimmtheit und Lebenswille.

> Tatsächlich impliziert der perspektivistische Animismus der Indianer, dass es keine autonomen, natürlichen Tatsachen gibt, denn was wir als Natur sehen, sehen andere Spezies als Kultur (als institutionelle Tatsachen) […] Und eben diese Umkehrung unserer üblichen Gleichsetzung von Natur mit dem Allgemeinen und Kultur mit dem Besonderen ist es auch, was ich als ‚Perspektivismus' bezeichne.[55]

54 N. Scott Momaday: *The Man Made of Words*. New York: Macmillan / St. Martin's 1998, S. 25.

55 Viveiros de Castro: Perspektiventausch, S. 83.

Die Grundlage liegt also nicht darin, dass Tiere und Menschen auf einer materiell-leiblichen Ebene, sondern von ihrer inneren Verfasstheit her vergleichbar sind. Kultur wird auf der Ebene der Verbundenheit angenommen, Natur und die individuelle Erscheinungsform sind das je Spezifische und daher in einer unüberschaubaren Vielzahl von Ausprägungen vorhanden.

Perspektiventausch

Der Perspektiventausch ist ein insofern vielversprechendes Projekt, weil er von einem gemeinsamen Ursprung der Lebewesen und von gleichen Einstiegsqualitäten ins Leben, also der gleichen Begabung hinsichtlich Bewusstsein und Gefühlsqualitäten, ausgeht. Der Ausgangspunkt kann als Teilen kultureller Fähigkeiten gedeutet werden, und diese Gemeinsamkeiten stehen voneinander unterschiedenen körperlichen Ausdrucksformen gegenüber. Das Partikulare bezieht sich also auf die leibliche Ebene, die physischen Erscheinungen differieren, wohingegen Seele universell allen zukommt. Es wohnen vergleichbare Subjekte in verschiedengestaltigen Körpern, könnte man sagen. In der unterschiedlichen Inkorporierung erhält sich aber immer noch das ursprünglich „Menschliche“. Tiere tragen ihre „menschlichen“ Fähigkeiten immer mit sich. Selbstverständlich kann mit ihnen kommuniziert werden, und sie bilden gemeinsam mit anderen Lebewesen einen Modus des In-der-Welt-Seins.

> Wenn Menschsein der gemeinsame Urzustand von Menschen wie Nicht-Menschen ist, so bedeutet das auch, dass die Seele oder der Geist – der subjektive Teil des Seins, ein universelles, voraussetzungsloses Apriori ist (zumal ja die Seelen aller Nichtmenschen menschenartig sind), wogegen die körperliche Erscheinung zu etwas Partikularem, Bedingtem, Aposteriorischen wird.[56]

Die Übernahme einer Position, die das Menschsein als grundsätzliche Seinsform aller Lebewesen versteht, verleiht auch Tierwesen Intentionalität und Subjektivität, einen Modus des Seins, in dem für das Subjekt eine Welt entsteht. Diese Position spricht für die Anerkennung der Agency nicht-menschlicher Tiere.

Das Zugeständnis von Subjektivität ermöglicht ein relationales Verhältnis mit einem Anderen. Erkennt man in einem Anderen – Objekt,

56 Viveiros de Castro: Perspektiventausch, S. 76.

Tier, Mensch – Reflexivität und Resonanzfähigkeit, so wird auch ein Objekt zu einem Subjekt, zur Kommunikation verfügbar. Hier löst die anthropozentrische Trennlinie sich auf.

Die Forderung nach einem Umformulieren von Subjektivität lässt sich mit den Diskussionen über animistische Ontologien engführen. Ein animistischer Subjektivitätsbegriff kommt mit der Prozesshaftigkeit eines weitläufig gefassten Subjekts gut zurecht. Zu einer Abfolge von früheren Ichs, die in der Historie des eigenen Lebens die Subjektpositionen übernehmen, kommt noch der Durchzug der anderen Subjektivitäten, die Teil von uns geworden sind. Die Geschichte und die Qualität der Beziehungen eines Subjektes konstituieren zu einem wesentlichen Teil seine Affizierbarkeit und das Erkennen der Anderen in sich selbst.

> Wenn wir uns an die Vielen erinnern, die wir selbst sind, rücken uns in derselben Struktur des Gedächtnisses selbst – oder ist es eine Eigenschaft des Bewusstseins? – die Anderen nahe. Die Orte, an denen unsere verschiedenen Ichs sitzen, können von anderen, uns selbst repräsentierenden Anderen eingenommen werden.[57]

57 Elisabeth von Samsonow: *Egon Schiele: Ich bin die Vielen*. Wien: Passagen 2010, S. 25.

Interventionsschauplätze

> *Instructed by companion species of the myriad terran kingdoms in all their placetimes, we need to reseed our souls and our home-worlds in order to flourish – again, or maybe just for the first time – on a vulnerable planet that is not yet murdered.*[58]

Mit-Teilungen

Wie lässt sich nun Verbundenheit in einen vom Konzept der Getrenntheit beherrschten Diskurs einführen? Wie lässt sich im Diskurs der Vereinzelten und Einsamen ein Fokus auf das Gemeinsame herausarbeiten?

Die im Wort „Mitteilen" bezeichnete Aktion des Teilens durch Sprechen oder andere Vermittlung setzt voraus, dass die am Mitteilungsprozess Beteiligten fähig zur Teilhabe sind und aufnehmen können, was mitgeteilt wird. Das gemeinsame Teilhaben an etwas setzt die Möglichkeit voraus, miteinander zu tun zu haben. Ein Korrelationspunkt ist also notwendig als etwas, auf das man sich gemeinsam beziehen kann. Es muss bereits etwas wie eine Kommunikationsebene vorhanden sein, die ein wechselseitiges Verständnis ermöglicht. Etwas, was allen Lebendigen zugänglich ist.

Die Gründe dafür, dass Erkenntnisse über gelungene Kommunikation und praktizierte affektive Relationen zwar vorhanden, aber nicht oder nur in geringem Ausmaß verfügbar gemacht werden, sind vielfältig. Sie reichen von Unüberschaubarkeit und mangelnder Organisation in der Zusammenführung relevanter Forschungsergebnisse bis zu politischen und ökonomischen Kalkülen. Philosophie, Kulturanthropologie, Psychologie, Ethologie,

58 Donna Haraway: Sowing Worlds: A Seed Bag for Terraforming with Earth Others. In: Margarete Grebowicz / Helen Merrick (Hrsg.): *Beyond the Cyborg: Adventures with Haraway.* New York: Columbia UP 2013, S. 137–146, hier S. 137.

Umwelttechnologie, Biologie, Ökonomie sind nur ein paar Teilgebiete des Wissens, die Aufsehen erregende Erkenntnisse über einen denkbaren anderen Umgang mit der Mitwelt zur Verfügung stellen.

Eine Grundannahme dieser Arbeit ist es, dass ein In-Resonanz-Gehen mit anderen Lebewesen speziesübergreifend solidarisches Verhalten nach sich ziehen kann. Einer Ontologie der Verbundenheit entspricht eine auf alle Lebewesen ausgedehnte Ethik.

Auf der anderen Seite kann bedingungslose Offenheit ein Überrannt-Werden von Einflüssen und Informationen bedeuten. Daher wird es zunächst um eine Verdeutlichung dessen gehen, was Verbundenheit meint, wie sie sich gestalten lässt, und wie ein Sowohl-als-Auch zwischen einem nötigen Rückzug vor überbordenden Eindrücken und Einflüssen und einer lebensnotwendigen Offenheit stattfinden kann.

Ein hier folgender Überblick wird verdeutlichen, in welchen Szenarien der Topos der Verbundenheit wichtig werden soll.

Kampf um Aufmerksamkeit

Mit dem Terminus „Ökonomie der Aufmerksamkeit“[59] wird der Sphäre der Wahrnehmung ein neuer Wettbewerb angetragen, was eine Vorauswahl bedeutet bezüglich dessen, was ins Wahrnehmungsfeld mit einbezogen wird. Die gesteuerte Einflussnahme generiert so gesehen eine Grundlage, eine Stimmung, auf die sich möglichst viele beziehen. Gleichzeitig gibt sie eine scheinbar objektive Konsensualisierung vor. Themenschwerpunkte werden durch Synchronisierung von Informationsflüssen forciert. Großteils aneinander angeglichene Informationen werden auf verschiedenen Medienkanälen weitergegeben. In einer Art Informationsverwaltung sollen die wohl beobachteten, „gescreenten“ Wissenskonsumenten durch die gleichen Informationszusammenhänge geschleust werden. Dieses Angleichen an einen Mainstream kann freilich insofern nicht gelingen, als die Beeinflussungsapparate nicht auf unbeschriebene und leere Bewusstseinsplatzhalter treffen. Darüber hinaus werden genau diese Kanäle anderen Dynamiken dienlich,

59 Der Begriff bezieht sich auf Georg Franck, wie er ihn in *Ökonomie der Aufmerksamkeit: ein Entwurf*. München: Hanser 1998, verwendet.

die ihre subversiven Praktiken im „virtuellen Raum" organisieren. Somit bewahren eben jene extensiven und sekundenschnellen Qualitäten die digitalisierte Informationsübermittlung vor einer möglichen Intervention.

Die Möglichkeit, mit digitalen Medien gesellschaftlich Isonomie zu schaffen, vergleicht Bernard Stiegler mit dem Umbruch, den das Alphabet in Bezug auf die Etablierung gleichberechtigter Bürger der Polis hatte:

> Or, on pourrait dire qu'à certains égards au moins, l'écriture alphabétique, ouvrant la possibilité de la politeia du droit positif et de l'isonomie, est à l'âge hiéroglyphique de l'écriture ce que les nouveaux médias numériques sont à la production et à la reproduction des objets temporels audiovisuels analogiques: les technologies collaboratives et l'auto-broadcasting installent les conditions d'une isonomie technoculturelle, si l'on peut dire, où le rapport du sujétion hégémonique qu'imposaient les industries culturelles semble pouvoir être renversé, et qui rend possible une autoproduction fondée sur une isoproduction.[60]

60 Bernard Stiegler: Le carnaval de la nouvelle toile: de l'hégémonie à l'isonomie. In: Brigitte Juanals / Jean-Max Noyer (Hrsg.): *Technologies de l'Information et intelligences collectives.* Paris: Editions Hermès Sciences-Lavoisier 2010, S. 75–104, hier S. 81. „Man könnte sagen, dass zumindest in gewisser Hinsicht die alphabetische Schrift, indem sie der Politeia die Möglichkeiten eines positiven Rechts und der Isonomie eröffnet, im Zeitalter der Hieroglyphenschrift so etwas ist wie die neuen digitalen Medien für die Produktion und Reproduktion der temporären analogen audiovisuellen Objekte. Die kollaborativen Technologien und das Auto-Broadcasting bereiten den Bedingungen einer technokulturellen Isonomie den Weg, wenn man so sagen kann, wo der von den Kulturindustrien auferlegte Bezug der hegemonialen Unterwerfung umgekehrt werden kann, wie es scheint, und der eine auf Isoproduktion gründende Eigenproduktion ermöglicht." (Übers. S. K.)

Verwandelte Kommunikation

> *We are what we imagine. Our very existence consists in our imagination of ourselves. Our best destiny is to imagine, at least, completely, who and what, and that we are. The greatest tragedy that can befall us is to go unimagined.*[61]

Mitsprache

Immer mehr Mitspielerinnen und Mitspieler werden in die Informations- und Wissensproduktion mit einbezogen. Die Position der passiv Zuhörenden bleibt dabei unbesetzt, wenn es um mögliche Einflussnahmen, einen möglichen Austausch geht. Kommentare und Diskussionen haben die Einbahnstraße der Nachrichten in mehrere Richtungen hin geöffnet. Der ausschließlich lineare Kommunikationsstrom wird nicht mehr akzeptiert.

Kommunikation lässt sich als Aktivität von mindestens zwei und mehr daran Teilnehmenden vorstellen. Sie schafft nicht nur eine Öffentlichkeit und wagt Auseinandersetzung, sie bezieht Antworten und Überlegungen als aktive Beteiligung in ihr Aktionsfeld mit ein. Sie schuldet sich einem Respekt gegenüber den Beteiligten eines Prozesses, der neben menschlichen Akteuren auch nichtmenschliche Positionen anerkennt.

Das lateinische Wort „communis", das sich in „communicare" wiederfindet, entspricht dem Wort „gemeinsam" und bezieht sich auf ein Verhältnis der Verbundenheit in einem bestimmten Kontext. „Communicare" bezeichnete ursprünglich mehr als den rein verbalen Austausch. Die Bedeutung entspringt eher einem gemeinsamen Tun. Als transitive Wortbedeutungen werden angegeben: „etwas gemeinsam machen, vereinigen, zusammenlegen", dann: „etwas mit jemandem teilen", dann „jemandem etwas mitteilen, mit

61 Momaday: *Man Made of Words*, S. 103.

jemandem etwas besprechen, jemanden an etwas teilnehmen lassen" und schließlich sogar „jemandem etwas geben". In der intransitiven Bedeutung wird zuerst gelistet „sich besprechen, beraten", dann „mit jemandem verkehren".[62]

Die Intention der Handlung, die durch das Verb ursprünglich ausgedrückt werden sollte, findet ihr Echo in einem aktuellen Kommunikationsverständnis, das auch stummes Beteiligtsein bereits als Aktivität versteht, als Agieren in einer Atmosphäre der Aufmerksamkeit. Diese inklusive Auffassung ermutigt zudem Äußerungen auch aus Positionen, die sich nicht unter einer abgesegneten Expertise sammeln lassen, vielmehr bezieht sie Informationen von den Rändern der Diskussion mit ein – Antworten und Erkenntnisse ebenso wie Bedeutung tragende Zeichen aus nicht-sprachlichen Bereichen.

Verflechtungen der Bewusstseine

Die Fähigkeit zum Austausch ist eine mit dem Bewusstsein gegebene Potenzialität. Es geht nicht um ein wohlgeformtes Nacheinander, sondern um eine ununterbrochene Gleichzeitigkeit der Informationsflüsse, so dass ein zeitliches oder ursprüngliches Primat nicht immer auszumachen ist. Eindeutigkeit gerät in Bewegung, es entsteht eine kreative Konfusion, verstärkt durch die Vielfalt der Einflüsse, die nicht auf der versprachlichten Ebene stattfinden, dennoch aber ununterbrochen Nuancierungen und Interpretationen bewirken. Kommunikative Akte sind von vielfältigen und synchron ablaufenden Informationsflüssen geprägt. Das Gehirn fungiert hier als weit mehr als ein nur mechanischer Datenverarbeitungsapparat. Als aus dem gleichen ‚Material' wie die Haut bestehend, hängt es mit der umhüllenden menschlichen Außenfläche, der Haut, direkt zusammen. Gehirn ist also nicht nur das ‚rationalisierende' Organ, sondern ein sensorisches Sammelbecken. Der Anteil der nonverbalen Mitteilungen ist unüberschaubar.

Was diese nonverbale Kommunikation möglich macht, ist 1. ein gemeinsames Da-Sein, die Verfügbarkeit für ein anderes Ich, 2. eine Verbindung, auf die man zurückgreifen kann. Sie kann aktiviert

62 Die Angaben beziehen sich auf das Pons Online-Wörterbuch: http://de.pons.eu/dict/search/results/?q=communicare (Zugriff am. 14.12.2012).

werden wie ein Lichtschalter, den man ein- und ausschalten kann. Ansonsten läuft sie auf Stand-by, steht auf Abruf zur Verfügung, Wie im Stand-by-Modus befindet sich Energie im System. Dieser Zustand lässt sich mit Leibniz' „petites perceptions" beschreiben, die Wahrnehmungen unterhalb der Bewusstseinsschwelle bezeichnen, die dennoch wirksam sind. Nur weil etwas nicht bewusst ist, bleibt es nicht folgenlos, hat es dennoch eine unterschwellige Wirkung auf die Befindlichkeit

Es entsteht eine Art Verbindung, die, eben durch die Abstinenz vom Vorrang des Verbalen, andere Möglichkeiten der Kommunikation sucht und findet. Diese Kommunikationsformen bedienen sich einer zeichenhafteren Vermittlung – wie etwa in der zauberischsten der Künste, der Musik. Oder in der Bilderwelt diesseits und jenseits kultureller Ordnungen: „Zwischen der figurativen Ordnung des Bildes und der diskursiven Ordnung der Sprache gibt es einen Spielraum, der durch nichts aufzufüllen ist."[63] Die Vermittlungsmöglichkeiten jenseits des Sprachlichen eröffnen vielschichtige Ebenen der Perzeption. Sie aktualisieren unabstrahierte Resonanzfähigkeit.

Auch in der Begegnung der verschiedenen Spezies kann Kommunikation stattfinden, und diese entsteht durch schöpferische Konfusion: durch Vermengung der Wahrnehmungen und Empfindungen über die eigene Subjektivität hinaus. In einer solchen prozessualen Auffassung entfällt eine passive Position, denn bereits das Hören ist, wie in der interzerebralen Kommunikation deutlich gemacht wurde, eine wesentlich mit Reflexion und Reaktion verknüpfte Aktivität.

In diesem erneuerten Kommunikations- und Medienhorizont werden Vorschläge und Forderungen, die Umgangsformen auf der Welt anders als bisher, nämlich unter Einbeziehung der tatsächlichen Mitspieler, zu gestalten, artikulierbar. Präsenz und Agency stellen diese Position zur Verfügung. Zur Kommunikation befähigte Wesen sind daher dazu auch aufgerufen.

Die Korrespondenzgeschwindigkeit des digitalen Zeitalters ist ungleich höher als zuvor. Die Übertragung in Echtzeit und die Verteiler-Funktionen, durch die viele schnell erreicht werden können, ermöglichen rasche Reaktionen. Es ist leichter geworden,

63 Sarah Kofman: *Melancholie der Kunst*. Wien: Passagen 1986, S. 22.

auf große Distanzen miteinander zu kommunizieren. Die interzerebrale Konfusion und Kommunikation wird mehr und mehr mit Technik gleichsetzt.

Zuwachs an Akteuren und an Aktivität

Vermeintlich stabile Herrschaftsstrukturen beginnen brüchig zu werden, weil der mediale Raum von mehr Mitspielern gestaltet wird. Einflussnahmen unterschiedlicher Akteure zerstören vermeintliche Selbstverständlichkeiten, indem sie neue Erzählungen über die Welt in Umlauf bringen. Der Ausschluss von Weltzugängen, dies sich nicht dem westlich-aufklärerischen Erbe verschrieben haben, wird undurchführbar. Noch leiten sich viele Konzepte des Ausschlusses ganzer Kosmologien aus diesen Traditionen ab. Sie führen die rationalistische Spaltung in subjektive Erfahrung und objektive Wahrheit fort, stellen sich in die Tradition „der missionarischen Ausrottung von Heidentum und Idolatrie“[64]. Genau jene anderen Perspektiven werden aber als Inspiration gebraucht, weil sie anders in die Welt blicken lassen.
Eine Philosophie, die über Hütefunktionen einer alten Ordnung hinausgehen will, steht vor der Aufgabe, sich mit denjenigen in Kontext zu bringen, die sie zu repräsentieren antritt. Sie geht das Projekt der Weltgestaltung von einem gemeinsamen Verwobensein aus an, in dem sie die Textur der gemeinsamen Welterfahrung am eigenen Leib spürt.

64 Franke / Albers: Einleitung, S. 13.

Wirtschaftsliberalismus als Fortsetzung der Kolonialisation mit anderen Mitteln

> *Before the meal begins, a man will pour his wine not into his own glass, but into his neighbor's. And his neighbor will return the gesture. In an economic sense, nothing has happened.*[65]

Die ausrechenbare Welt

Eine zunehmend das Individuum präferierende Psychologie hat zu einem Rationalismus geführt, der selbstbezügliche Argumente als hinreichend für Motivationen und Positionen betrachtet. Im neoliberal geprägten Argumentationssystem geht es um rational handelnde Menschen, denen Welt als Ressource dient. Alles ist warenförmig, Lebewesen ebenso wie Rohstoffe. Jeder in diesem Denkschema kämpft für sich alleine, jeder andere bedeutet eine Schwächung der eigenen Position. In einem solcherart ökonomisch geprägten Weltverständnis ringt das einzelkämpferische Individuum um Fortschritt und sucht nach seiner eigenen Optimierung. Die Problematik dieses Konzepts besteht zuallererst darin, dass es von den Menschen selbst nur eine rudimentäre Skizze als Gesamtbild hinstellt, als wären sie zur Vereinzelung verdammte Lebewesen, die weder in temporären noch in sozialen Zusammenhängen zu navigieren befähigt wären.

Das neoliberale Verständnis von Welt als Markt teilt die zirkulierenden Güter in materielle und immaterielle; einerseits in reelle, materielle Waren, andererseits ideelle, zu denen Information, Ideen, soziale Fähigkeiten und dergleichen gezählt werden. Diese sollen auf einem extensiv gedachten Weltmarkt für alle gleichermaßen frei verfügbar sein. Gleiche Teilhabe an Gütern findet aber nicht statt,

65 Lewis Hyde: *The Gift. How the Creative Spirit Transforms the World.* Edinburgh: Canongate 2006, S. 59.

was mit unterschiedlichen „Markteintrittsbedingungen" begründet wird, die, gemäß einer traditionell westlich interpretierten Machtdeutung, aus unterschiedlichen Handelsbedingungen, staatlichen Förderungen, unterschiedlichen geografischen und sozialen Gegebenheiten entstehen. In der Entwicklung eines freien Marktes sollten diese Benachteiligungen nun durch die Heilsversprechen einer von liberalen Leitideen gelenkten Ökonomie aufgelöst werden. Tatsächlich findet dieser Ausgleich jedoch nicht statt. Diese fehlende Harmonisierung stellt das Manko dar, das den unausgewogenen Verhältnissen zuspielt, als stünde eine solche Option nicht zur Verfügung, als wären ungleiche Ausgangspositionen Bestandteil einer natürlichen Ordnung, die nicht im Verantwortungsbereich menschlichen Handelns läge. Somit wird von hierarchischen Strukturen ausgegangen, die, quasi gottgegeben, unantastbar sind: „Capital too functions as an impersonal form of domination that imposes laws of its own, economic laws that structure social life and make hierarchies and subordinations seem natural and necessary."[66]
Die Ökonomie stellt sich zwar als verbindungsstiftende zwischenmenschliche Instanz dar, als relevanter Bezugspunkt für alle, die inkludierende Geste erweist sich jedoch als Deckmantel für die (un-)heimlichen Prozesse, die sich auf der Ebene der Verwandlung von Gütern in Handelswaren abspielen.

> Neoliberal government policies throughout the world have sought in recent decades to privatize the common, making cultural products – for example information, ideas, or even species of animals and plants – into private properties.[67]

Um den neoliberalen Vorgaben zu entgehen, um aus dem Reich der kapitalistischen Befehle auszuwandern, wie Hardt und Negri formulieren, wird nicht eine ökonomistische, sondern eine solidarische Grundhaltung notwendig. Diese ermöglicht, dass bisher Ausgeschlossene in die gesellschaftskonstituierenden Diskurse einbezogen werden und auch unerwartete Gäste auftauchen und sich beteiligen dürfen. Eine Ethik der Solidarität folgt aus einer relationalen Ontologie. Die durch die Ökonomisierung etablierten Umgangsformen untereinander müssen einer kritischen Prüfung und konsequenten Änderung unterzogen werden.

66 Michael Hardt / Antonio Negri: *Common Wealth*. Cambridge, MA: Belknap / Harvard UP 2009, S. 7.
67 Ebd., S. viii.

Ökonomistische Spaltungen

Als Medium comparationis gelten nicht Nationalitäten und „Rassen", sondern ökonomische Potenz, aber eben dadurch perpetuieren sich Machtverhältnisse.

> The 'New Industrial Revolution' is producing a new world-wide working class, as well as new sexualities and ethnicities. The extreme mobility of capital and the emerging international division of labour are intertwined with the emergence of new collectivities, and the weakening of familiar groupings. These developments are neither gender- nor race-neutral.[68]

Donna Haraway weist auf „gender- and race"-spezifische Entwicklungen hin, wie sie sich auch in der Welt der Versorgung sehr junger und sehr alter Menschen zeigen: Das erforderliche Arbeitspotenzial wird zunehmend von Menschen aus anderen Ländern gekauft. Diese Menschen ziehen von zuhause fort, hinterlassen aber meist ihrerseits Menschen, die versorgt werden müssen oder zumindest wollen. Oft werden dann deren eigene Kinder oder Großeltern von wiederum aus anderen Bezügen herangezogenen Menschen betreut. Diese sogenannte Arbeitsmigration folgt einer Logik der Finanzierbarkeit und zerreißt soziale Zusammenhänge.[69]

Zu diesen Prozessen entwickeln sich zunehmend auch medial sichtbare Widerstände. Die Methode der Unterdrückung von Kritik durch Verschweigen scheitert an der Anzahl der Beteiligten. Ein Beispiel der jüngeren Geschichte der „Occupy-Bewegung" mag dies illustrieren: Sie bezeichnet sich als Bewegung gegen soziale Ungleichheit und ökonomisch ausgerichtete Politik. „Our one simple demand is: stop the monied corruption at the heart of our democracy."[70] So formulieren „adbusters", Gründungsmitglieder der amerikanischen Occupy-Bewegung, ihre Motivation. Die Besetzung der Wall Street, des ikonisierten Finanzzentrums der westlichen Welt, wurde zum Ausgangspunkt und Sinnbild dieser Bewegung. Als Vorbild für die Durchführung und Inszenierung der

68 Donna Haraway: The 'homework economy' outside 'the home', from "A Cyborg Manifesto: Science, Technology, and Socialist-Feminism in the Late Twentieth Century". In: Dies.: *Simians, Cyborgs and Women: The Reinvention of Nature.* New York: Routledge 1991, S. 166–170, hier S. 166.

69 Vgl. hierzu die Studie von Maria S. Rerrich: *Die ganze Welt zuhause. Cosmobile Putzfrauen in privaten Haushalten.* Hamburg: Hamburger Edition 2006.

70 Adbusters. http://www.adbusters.org/blogs/adbusters-blog/occupy-wall-street-will-lay-siege-us-greed.html (Zugriff am 19.04.2012).

Proteste wurden die Demonstrationen in Kairo im Frühling 2011 gesehen: Mit der friedlichen Besetzung des weitläufigen Tahrir-Platzes im Stadtzentrum hatte der sogenannte Arabische Frühling mit seinen Forderungen nach mehr Demokratie und einer Öffnung des Landes seinen Ausgang genommen. Dieser ausladende Platz mitten im urbanen Gefüge wurde durch die große Menge der Versammelten zum Symbol für die Kraft einer Multitude. Die Occupy-Bewegung nennt dieses Ereignis den „Tahrir-Moment", als Auslöser und Symbolbild für ihre Aktivitäten. Der öffentliche Raum, Argument für Sozietät in der Städteplanung und Architektur, wird hier zum Austragungsort politischer Äußerungen und findet mit den Forderungen der unsichtbaren Architektur, der Architektur einer Gesellschaft nämlich, ein gemeinsames Moment und einen sichtbaren Ort. Der öffentliche Raum wird zur Bühne für eine Demokratiebewegung, nicht zum Verkehrsknotenpunkt, über den Güter hin- und hertransportiert werden. Die Idee des Platzes als Versammlungsort zum Austausch von Ideen und Worten in einer Begegnung, die wiedererstandene Agora, diesmal mit allen Bewohnerinnen der Stadt – dieses Bild entwickelt Dynamik und wirkt inspirierend, wie aus der Eigendefinition hervorgeht:

> Occupy Wall Street is leaderless resistance movement with people of many colors, genders and political persuasions. The one thing we all have in common is that We Are The 99% that will no longer tolerate the greed and corruption of the 1%. We are using the revolutionary Arab Spring tactic to achieve our ends and encourage the use of nonviolence to maximize the safety of all participants."[71]

Ein veränderter Umgang mit Informationsflüssen wird als wesentliche Forderung gestellt. „We are a global network of culture jammers and creatives working to change the way information flows, the way corporations wield power, and the way meaning is produced in our society"[72], erklären „adbusters" weiter. Sinn soll nicht weiter einer utilitaristisch-ökonomistischen Definitionsmacht unterstellt sein und als adaptierbares Produkt missverstanden werden.

71 Mondoweiss. http://mondoweiss.net/2011/10/ready-for-a-tahrir-moment-occupy-wall-street-the-arab-spring-and-israelpalestine.html (Zugriff am 25.01.2012).

72 Adbusters. http://www.adbusters.org/blogs/adbusters-blog/occupy-wall-street-will-lay-siege-us-greed.html (Zugriff am 29.01.2012).

Eine Steuerung durch rein gewinnorientiertes Denken versagt als Gestaltungsmittel für eine vielfältig funktionierende Gesellschaft. Die Tendenz, sämtliche Zusammenhänge in finanziellen Relationen ausdrücken zu wollen, hat sich weit über den tatsächlichen Warenmarkt hinweg ausgebreitet. Was sich nicht errechnen lässt, verliert nach dieser Ideologie seine Daseinsansprüche, ebenso wie all diejenigen, die sich nicht zu verkaufen wissen, denen es nicht gelingt, sich in marktgerechte Waren zu verwandeln, die die Basisregeln des Marketings nicht beherrschen und somit als Analphabeten eines ökonomistischen Systems gelten. Aus dem Unwillen, eine solche Gesellschaftsvorstellung zu teilen, erwächst das Verlangen, Sinnstiftung zu erneuern.

Weisheit der Vielen

„Today we are one big swarm of people."[73] Viele Akteure finden sich wie in einem Schwarm zusammen, die Multitude tritt in menschlichen Schwarmformationen auf. Gerade darin sehen sie ihre Stärke: gemeinsam, als die Vielen, aufzutreten. Der Vergleich mit einem Schwarm bezieht sich auf dessen gemeinsames Agieren – etwa bei den raschen und unversehens eintretenden Bewegungen großer Fischschwärme, die sich ohne von außen erkennbare Vermittlung und daraus folgende Verzögerung vollziehen. Ähnliches lässt sich im Moment des gemeinsamen Abhebens riesiger Vogelscharen beobachten: In einem für den Standpunkt der Beobachtung unvorhergesehenen Augenblick entscheiden sich alle gleichzeitig dazu, davonzufliegen. Diese zeitliche Übereinstimmung zeichnet nicht nur eine Bewegung eigentümlicher Harmonie in den Himmel. Die Koordination fordert in ihrer magischen Anmutung Bewunderung: Jedes einzelne Mitglied scheint über dieselbe Information zur allgemein angestrebten Richtung zu verfügen. Langwierige Kommunikationsprozesse entfallen, es sieht aus, als würden konzertierte Aktionen gesetzt. Diesen wird eine Art von Plan unterstellt, auf den der Schwarm gemeinsam Zugriff hat, weil er ihn selbst entwickelt hat und jederzeit neu entwickeln kann. Forschungen zu kollektiver Intelligenz, als welche die Schwarmintelligenz sich verstehen lässt, verweisen etwa auf die Emergenz von Ideen in einer

73 Ebd.

Gruppe: In einer Versuchsanordnung, in der Lehrende und Lernende sich als miteinander verbundene Neuronen verstehen, wird nach der Ausgabe grundlegender Information nach einer gewissen Zeit das Heraufkommen einer Idee zu beobachten sein.

> Man könnte die einzelnen Menschen als Neurone bezeichnen, die über eine geeignete Kommunikationsstruktur intensiv interagieren, so wie Neurone im Nervensystem. Bei geeigneter Kommunikationsarchitektur können Problemlösungen kollektiv erzeugt werden, wie dies im einzelnen Organismus durch das Gehirn geleistet wird.[74]

Aus einer Gruppe emergiert Wissen, das aus mehr besteht als aus einer Summe der bereitgestellten Informationen. Relevant ist zunächst, dass sich die Teilnehmenden wechselseitig wahrnehmen und die Informationen der jeweils anderen aufnehmen können. Voraussetzung hierfür ist die wechselseitige Anerkennung des jeweils Anderen, dessen Erfahrung dem eigenen Wissen und Erleben wertvolle Elemente hinzufügen kann. In einer Abwertung der anderen Person wäre bereits die Negation von deren Erfahrungen mitvollzogen und deren Wissen würde, als nicht für wert befunden, verworfen. In dieser Anerkennung der anderen stellen Entstehung und Aneignung von Wissen keine persönlichen Errungenschaften dar, sondern bilden sich aus kollektiven Prozessen heraus.

In der Ideengeschichte wird traditionell der Name eines „Entdeckers" an ein bestimmtes Konzept geheftet. Bei näherer Betrachtung erstehen jedoch weitverzweigte Referenzen der sogenannten Begründer und Entdecker.

Im Agieren eines Schwarms ist für Hierarchien weder Zeit noch Energie vorhanden. Die Aufmerksamkeit richtet sich nicht auf individualisierte Einzelne. Gelungene Prozesse wie gemeinsame Flugformationen entstehen in einem gemeinsamen Agieren. Es geht um das Wohlergehen der Multitude, das die Teilhabe, das Interesse der Vielen verlangt.

74 Jean-Pol Martin: Gemeinsam Wissen konstruieren: Am Beispiel der Wikipedia. In: Michael Klebl / Michael Köck (Hrsg.): *Projekte und Perspektiven im Studium Digitale.* Berlin: Lit 2006, S. 157–164, hier S. 157.

Angriff auf den Mythos der Wildnis

> *‚Heute' – das ist eine Zivilisation, in der die ursprünglichen Sinnbilder der Poetik entehrt sind; in der Schlange und Adler in den Zirkus gehören; Auerochs, Lachs und Eber in die Konservenfabrik; Rennpferd und Jagdhund in die Wettarena; und der heilige Hain in die Sägemühle; in der der Mond als erloschener Satellit der Erde verachtet und Frauen als ‚staatliches Hilfspersonal' eingesetzt werden; in der Geld fast alles kaufen kann außer der Wahrheit, und beinah jeden, außer dem wahrheitsbesessenen Dichter.*[75]

Wert ohne Zahlen

Der neoliberalen ökonomischen Praxis ist alles Rohstoff, gleichgültig, ob es sich um über Jahrhunderte entstandene Regenwälder oder teils noch unerforschte Tiefseewelten handelt. Komplexe Lebenssphären werden in finanziellen Einheiten vorgestellt. Neokolonialistisches Hierarchiedenken drängt indigenen Gesellschaften eine als überlegen deklarierte, modernistische Lebensweise auf. Speziezistische Logik macht in einer pseudoalchimistischen Operation aus Getreide Fleisch. Die zugrundeliegende Irrationalität der kurzfristigen Rechnung zeigt sich im Verzicht auf ökonomische Verhältnismäßigkeit: wenn für die Erzeugung einer Ware ein Vielfaches an Energieaufwand benötigt wird im Vergleich zu einem alternativen Produkt, wie es in der Verfügbarmachung von Fleisch als Nahrungsmittel der Fall ist.

Urwälder stehen auf einer konkreten Ebene für Materialität und Lebendigkeit. Auf einer symbolischen Ebene gelten sie als Beispiel für eine Kontinuität des Werdens, in dem viele Verschiedene miteinander leben und die unterschiedlichen Qualitäten des Raumes für sich entdeckt haben. Die Gewalt, die den Wäldern und denen,

75 Robert von Ranke Graves: *Die weiße Göttin*. Reinbek: Rowohlt 1988, S. 15.

die sie bewohnen, entgegengebracht wird, ähnelt in ihrer bedingungslosen Destruktivität einem Kampf gegen das Leben selbst. Als müsste die Wildnis, ihre eigentümliche Schönheit und verstörende Unerbittlichkeit, vernichtet und untergraben werden, bevor man ihrer noch gewahr wird, bevor man sich von ihr noch affizieren lässt.

An diesen zerstörerischen Mechanismen lässt sich der kathartische Zynismus einer Weltsicht festmachen, der die Einstellung „après nous le déluge“ längst überholt hat. Frei von den auferlegten Bedingungen, die Rücksicht auf einen gemeinsamen Lebensraum forderten, kann die nunmehr ungebremste Dynamik des Einverleibens des restlichen Materials vorangetrieben werden. Wie ein groß angelegter Rachefeldzug gegen das Lebendige, der im Namen der Enttäuschung, dass das Versprechen des „Noch-Mehr“ sich in den letztlich relevanten Fragestellungen nach dem besseren Leben nicht erfüllt haben wird, geführt wird. So verblasst das versprochene „Noch-Mehr“ des Lebens als „augmented reality“ ebenso wie das „Noch-Mehr“ der Lust zur erkennbaren Fälschung.

Auch die Potenzassoziation, die sich die Aura des Jagdmythos aneignen möchte, in dem noch die Kraft des frisch getöteten Tieres auf den Menschen übergehen kann, hält ihr Versprechen nicht. Sie gründet auf dem Glauben an eine magische Wendung des Austausches stofflicher und feinstofflicher Energien. Das Wesen des Tieres wird als in seinem Leib inkorporiert gedacht und kann daher durch Verspeisen in einen anderen Leib übertragen werden. Mut, Kraft und Schnelligkeit gehören zu den Eigenschaften, die sich so aneignen oder stärken lassen. Es handelt sich um erstrebenswerte Attribute, deren Erwerb mit einem bewussten Akt der Anerkennung einhergeht. Die gejagten Tiere sind angesehene Träger von wünschenswerten und bewunderten Fähigkeiten und Eigenschaften.

Negation der Lebendigkeit

In den Narrativen der rituellen Transformation von Lebenskräften geht dem Verspeisen jedoch die Jagd voraus. Das Tier muss seinem Lebenszusammenhang in Freiheit und Wildheit erst einmal entrissen werden. Die atavistische Beschwörung von Wildheit und Stärke verfehlt ihr Ziel, wenn sie sich an Tiere richtet, die ihr

Leben als kalkulierbares Material in Produktionsverhältnissen verbracht haben. Die Inkompatibilität einer solchen Idee der Energieübertragung mit den Bedingungen, die moderne Gesellschaften den Tieren, die sie ernähren, auferlegen, könnte evidenter nicht sein. Ein wesentliches Attribut des Lebendigen, seine Beweglichkeit, wird in der sogenannten Nutztierhaltung fast vollständig eingeschränkt. Dem Problem des erforderlichen Raumes für die Tierzucht wird durch extreme Verknappung der Bewegungsmöglichkeiten der Tiere begegnet. Für den Großteil dieses Marktes gilt, dass Tiere zur Immobilität gezwungen werden, nie mit Sonnenlicht in Berührung kommen und über Automaten Futter erhalten. Nur durch die Gabe von Antibiotika und Psychopharmaka können sie für die kurze Spanne, die Wachstumsbeschleuniger vorgeben, bis zur „Schlachtreife" lebendig erhalten werden.

Soziale Aspekte und emotionale Bindungen werden ignoriert, wenn Tiere einzeln, ohne Körperkontakt zu anderen, gehalten und Jungtiere von ihren Müttern getrennt werden. „Das Tier" wird in dieser Maschinerie gänzlich zum verfügbaren Material. Es wird kontinuierlich – entgegen umfangreichen Erkenntnissen aus Kognitionswissenschaft, Ethologie und Psychologie – als Gegenstand behandelt. In einem technologisch-ökonomistischen Universum wird nicht-menschlichen Organismen der Status der Besonderheit aberkannt. Sie werden als Lösung von Produktionsproblemen gesehen. Im Sinne der Biotechnologie muss an der Aufrechterhaltung der Materialverfügbarkeit gearbeitet werden.

> Wissenschafts- und Technologieverhältnisse [...] sind mächtige Techniken zur Intensivierung des Warencharakters aller Dinge, teilweise durch eine Verschiebung und Neuziehung grundlegender Grenzen, durch die die Gegenstände gesellschaftlich konstruiert werden. Zu diesen Gegenständen gehören wir selbst.[76]

Menschliches Material ist nur durch den Schutz des Abgrundes zwischen Tier und Mensch davor sicher, in die Produktlogik eingepasst zu werden, und auch dieser Schutz erweist sich als nicht immer zuverlässig.

76 Haraway: *Monströse Versprechen. Die Gender- und Technologie-Essays.* Hamburg: Argument 1995, S. 177.

Gewalt gegen das Leben

> *It's not as if there are vital human interests at stake which we have to weigh carefully against the similarly vital interests of animals. Most of the time, our mistreatment of animals stems from our letting relatively trivial human interests outweigh even the most vital interests of animals. Nowhere is this more so than in the raising and killing animals for food.*[77]

Verschleierung der Gewalt

Durch welche Strategien wird es möglich, die tägliche Praxis der Produktion zu verbergen? Die unendliche Anzahl von Tieren, die zur Ernährung von Menschen verwendet werden, bleibt im Alltag der meisten Konsumenten unsichtbar. Die produzierten Bilder traditioneller Landwirtschaft haben kaum je mit den Bedingungen der Agrarindustrie zu tun. Die lukrativen Prozesse laufen im Geheimen ab, und ihre Verschleierung dient der Entkoppelung von Tier und Produkt.

Ein erinnerndes Erkennen zwischen Fleisch und lebendigem Tier ist möglichst zu verhindern. Im Englischen und Französischen werden divergierende Bezeichnungen bereits auf der Ebene des unspezifizierten Materiellen, des Fleisches, geltend gemacht: „flesh" oder „meat", im Französischen „chair" oder „viande", deuten unterschiedliche Kontexte, voneinander getrennte Lebensbereiche an. Für den Verkauf selbst wirkt sich eine allzu klare Erkennbarkeit und Benennung der angebotenen Körperteile nachteilig aus. Nicht durch Präparation von ihrer Herkunft abstrahierte Fleischstücke finden weniger Absatz, weil ein ethisches Bewusstsein sich nicht mit deren Anblick konfrontieren will. Die von Gefühlen des Mitleids und der Empathie begleitete Erinnerung an den Akt des

77 Mark Rowlands: *Animals Like Us*. London / New York: Verso 2002, S. 99.

Tötens, ohne den Fleisch nicht zu haben ist, soll tunlichst vermieden werden. Die Assoziation des lebendigen Tieres, das allein aufgrund menschlicher Ernährungsvorlieben getötet wird, mit einer erkennbaren Subjektivität, stellt die alltägliche Praxis der Fleischproduktion in Frage.

Umso mehr gilt dies für Tiere, mit denen ein freundschaftliches Verhältnis gepflegt und denen seelische Nähe zugestanden wird, wie dies im westlichen Kulturkreis bei Hunden der Fall ist. Die anerkannte Verbindung zu diesen Tieren schreckt Menschen davon ab, Hundefleisch zu essen. Hunde genießen eine privilegierte Position gegenüber Schweinen, obwohl Letzteren häufig mehr Intelligenz und Sensibilität als Hunden zugesprochen wird. In einem Hierarchiedenken, das Wertigkeiten aus der Vergleichbarkeit von menschlichen und nicht-menschlichen kognitiven Fähigkeiten herleitet, dürften Schweine längst nicht mehr als lebende Fleischreservoirs angesehen werden. Die Vertretbarkeit der kontinuierlichen Tötung von mit dem Menschen zugesprochenen Eigenschaften ausgestatteten Lebewesen würde damit Einspruch erfahren und gefährdete die Produktionsabläufe. Daher werden diejenigen, die man sich verfügbar machen will, zu Gegenständen umgedeutet. Ein solches System bedient sich, wie auch sexistische und rassistische Argumentationen, eines Rückgriffs auf als solche angenommene ‚Naturgegebenheiten', auch wenn diese immer schon als unhaltbare Konstruktionen durchschaubar sind.

Die Sichtbarmachung von versteckten Abläufen, die sich auf diesem Konsens der Abwertung nicht-menschlicher Tiere begründet, stellt somit immer auch psychopolitische Operationen infrage. Kritik wird erwartet und gefürchtet. Genau die Argumentation über das menschliche Alleinstellungsmerkmal, die Ausstattung mit komplexen psychischen Prozessen, die Gesellschaften verbinden soll, auf die entscheidungsgebende gesellschaftsstrukturierende Abläufe ihre Wertigkeiten stützen, gerät ins Wanken.

Die radikal simple Aktion Martin Balluchs, der sich in der Wiener Innenstadt in einem metallenen Kastenstand ausstellen ließ, erregte große Aufmerksamkeit und entfachte zahlreiche Diskussionen, weil sie eine Vergleichbarkeit von menschlichen und nichtmenschlichen Tieren einforderte und offenlegte. Balluch spielte die Rolle des Fleischlieferanten Schwein in dessen aufgezwungenem

Lebensraum, einem Stahlkerker ohne Bewegungsmöglichkeiten.[78] In der Affizierbarkeit der Passanten traten die kontroversiellen psychischen Prozesse zutage, die durch die Konfrontation ausgelöst wurden. Gleichermaßen Dokumentation und Kunstwerk, verweist die Aktion Balluchs in ihrer Sprachlosigkeit auf die Möglichkeit der Einfühlung.

Die Leerstelle des Todes

Die Veröffentlichung von Informationen über die Praktiken der Tier-Verwertungsindustrie, von psychologischen und medizinischen Labors, über Pelz- und Lederproduktion bis hin zu den Schlachthöfen löst öffentliche Empörung aus. Darin zeigt sich der Unwille einer Gesellschaft, Grausamkeiten in Bezug auf nicht-menschliche Tiere mitzutragen. Die Konstrukteure des tierindustriellen Komplexes bedienen sich offenbar voreilig einer Komplizenschaft in Grausamkeit, ohne sie aber publik zu machen.

Die aufgeladene Atmosphäre, die mit der Infragestellung eines als selbstverständlich erachteten Privilegs der Verfügungsgewalt einhergeht, schuldet sich einer vagen Angst. Sie erwächst aus dem gespenstischen Gefühl, dass die zu Produkten degradierten Tiere doch verwandte Lebewesen sein könnten und dass ihr Leid durch irgendwelche unbekannten Kanäle zurückgespielt würde. Die Furcht, sich am Lebendigen schuldig zu machen, wird immer wieder von in Schlachtbetrieben Tätigen angesprochen. Tiere können also – in der direkten Begegnung, in der ihre Lebendigkeit auf lebendige Wesen hinüberreicht – nicht als bloßes Material betrachtet werden, so lange man sich noch nicht an Prozesse gewöhnt hat, die ihnen ihre Lebendigkeit absprechen. Lebendige Tiere müssen zur abstrakten Verfügbarkeit umgewandelt werden. Als Wesen mit intrinsischen Ansprüchen werden sie aus der menschlichen Lebenswelt hinausgedrängt, damit sie in privilegierte Mensch-Mensch-Beziehungen eingepasst werden können, in denen ihre Relevanz erst im Produktzustand besteht.

In dem Film *Dans le regard d'une bête* lässt Dominique Loreau einen Schlachter von seiner Arbeit berichten, die in den täglichen

78 Vgl. hierzu Martin Balluchs Ausführungen: The show must go on – Kampagne für ein Kastenstandverbot bei Mutterschweinen. http://www.martinballuch.com/?p=619 (Zugriff am 26.02.2012).

Handgriffen zur Beendigung von Leben besteht. Dem Bewusstsein, in eine Todesmaschinerie eingebunden zu sein, entkommt er nie. Ihn begleitet das Element des Unheimlichen, und ständige Selbstkontrolle ist notwendig, um Mitleid und Schuldgefühle zu unterdrücken.[79] Das Leid schafft eine Atmosphäre, der er durch Flucht in Abstraktion zu entgehen versucht. Er versucht sich durch scheinrationale Argumente, die Gefühle eines Tieres als unwichtig bezeichnen, vom deutlich wahrgenommenen Leid und einer unklaren Furcht vor einer obskuren Vergeltungsdrohung emotional zu distanzieren.

Der Kampf spielt sich nicht nur auf der Ebene der tatsächlichen Tötung ab, in der das Leben gewaltsam genommen wird, sondern reicht auch in die psychische Sphäre des Abtötens der Gefühle hinein.

> C'est une guerre au sujet de la pitié. Cette guerre n'a pas d'âge, sans dout, mais, voilà mon hypothèse, elle traverse une phase critique. Nous la traversons et nous sommes traversés par elle. Penser cette guerre dans laquelle nous sommes, ce n'est pas seulement un devoir, une responsabilité, une obligation. C'est aussi une nécessité, une contrainte à laquelle, bon gré ou mal gré, directement ou indirectement, nul ne saurait se soustraire.[80]

Geisterhaft, als hätten sich die Schutzgötter der ihnen anvertrauten Tiere versammelt, legt sich die Präsenz einer forcierten Abwesenheit über die Verrichtungen des Alltäglichen. Das lebendige Tier wird von seinem toten Fleisch abgelöst, der Anteil des Individuellen wird ins Abseits gedrängt. Die Tierperson und ihr Tod werden zur Leerstelle:

79 Vgl. hierzu Dominique Loreau : Dominique Loreau et le monteur Rudi Marten „Dans le regard d'une bête". http://www.dailymotion.com/video/xl1h7w_dominique-loreau-et-le-monteur-rudi-marten-dans-le-regard-d-une-bete_shortfilms (Zugriff am 27.02.2012).

80 Jacques Derrida: *L'animal que donc je suis.* Paris: Galilée 2006, S. 50. „Es handelt sich um einen Krieg um/gegen das Sujet/Subjekt des Mitleids (*guerre au sujet de la pitié*). Dieser Krieg ist, ohne Zweifel, alterslos, durchläuft aber, und das ist meine Hypothese, eine kritische Phase. Wir durchlaufen sie und wir werden von ihr durchzogen. Diesen Krieg, in dem wir uns befinden, zu denken, ist nicht nur eine Pflicht, eine Verantwortung, eine Verpflichtung, sondern auch eine Notwendigkeit, ein Zwang, dem sich, ob man will oder nicht, direkt oder indirekt, niemand entziehen kann." (Jacques Derrida: *Das Tier, das ich also bin*, aus d. Franz. v. Markus Sedlaczek. Wien: Passagen 2010, S. 54.)

> Behind every meal of meat is an absence: the death of the animal whose place the meat takes. The 'absent referent' is that which separates the meat eater from the animal and the animal from the end product. The function of the absent referent is to keep our 'meat' separated from any idea that she or he was once an animal, to keep something from being seen as having been someone.[81]

Auf einer abstrakten Ebene wird die Trennung zwischen Tier und Fleisch als voneinander unabhängige Substanzen, zwischen Mensch und Tier als nicht-verbundene Wesen durchgeführt, um sich von Wirkung und Verantwortung zu distanzieren, die eine empathisch entwickelte Solidarität nach sich ziehen würde. Auf einer atmosphärischen, unartikulierten Ebene bleiben die Vorgänge jedoch miteinander verbunden und wirksam. Das Wissen über die vorangegangene Lebendigkeit lässt sich nicht löschen. Die spezifische Materialität des Fleisches erinnert an seine Leiblichkeit.

Die Atmosphäre des Tötens umgibt den gesamten Produktionsprozess bis in den Verkauf, dringt in die Warenhäuser und Küchen. Weil Atmosphäre, als emotional gestimmter Raum verstanden, Stimmungen beinhaltet und weiterträgt, mischt sie sich wie eine körperlose Information der Wahrnehmung jeglicher Situation bei. Eine Atmosphäre bildet Relationen ab. Gleichzeitig dem Wahrnehmenden und dem Wahrgenommenen zugehörig, bezeichnet sie das, was der Subjekt-Objekt-Spaltung vorausgeht.[82] Sie wird somit nicht als subjektive Stimmungslage aufgefasst, sondern als transpersonal wahrnehmbare Qualität. Sie trägt die Abdrücke des Geschehens mit sich und bildet eine Art Hintergrund der Wahrnehmungen. Atmosphärische Inhalte lassen sich weniger leicht als physische Körper ausgrenzen. Sie reichen hinüber und setzen sich fort.

Todesängste

Der Umgang mit lebendigen Wesen, die Angst und Stress erleben, wirkt sich unumgänglich auf die mit ihnen Arbeitenden aus. Die Atmosphäre ist mit Tod aufgeladen. Der Schlachtprozess ist zudem mit großem Lärm verbunden, mit Gebrüll und Geschrei,

81 Carol J. Adams: *The Sexual Politics of Meat: A Feminist-Vegetarian Critical Theory*. New York: Continuum 2010, S. 13.

82 Vgl. hierzu Gernot Böhme / Gregor Schiemann: *Phänomenologie der Natur*. Frankfurt am Main: Suhrkamp 1997.

mit Maschinenlärm. Die Gefühle der Lebewesen in der Todesmaschinerie übertragen sich atmosphärisch. Aus dem ständigen Umgang mit dieser Aufladung finden manche Menschen nur durch Selbstmord heraus. Das mitgeteilte Leid und die Verzweiflung, mit der gefühlsbegabte Wesen auf Angst und Tod anderer fühlender Wesen reagieren, kann nicht länger ertragen werden.
Die Arbeit des Schlachtens als vergleichbar jeder anderen mechanischen Tätigkeit zu bezeichnen, führt auf mehreren Wege in die Irre. Dieser Vorgang verwandelt die lebendigen Leiber in tote und kann nicht als trivialer Zwischenschritt in einer Produktionskette abgetan werden. Weil davon ausgegangen werden muss, dass Lebewesen danach streben, weiterzuleben, wird das Töten zur Fleischgewinnung immer zu einem gewaltsamen Akt, der den Tieren das Leben entreißt.

> Der Mensch, der sich für die Tötung eines Tieres verantwortlich fühlt, muß dieses ‚Unfaßbare' mit sich selbst ins reine bringen; es gilt nämlich anscheinend auch für die angst- und schmerzlose Tiertötung dasselbe wie für die Zerstörung anderer (natürlicher) Kunstwerke.[83]

Mit dem Gleichsetzen eines Lebewesens mit einem natürlichen Kunstwerk verweist Jörg Peter Luy auf Kants „spiritus destructionis" als Gefahr für den Menschen, die sich gegen ihn selbst wendet.
Die moralische Unbedenklichkeit des Tötungsaktes wird mit einer unterstellten Minderwertigkeit aus Mangel an Kultur begründet, mit der vermeintlichen Sprachlosigkeit der Tiere, mit ihrem Nicht-Antworten-Können, wie Derrida in seinem Kapitel zur Positionierung der Philosophie ausführt. Emmanuel Lévinas erkennt dem Tier sogar die Fähigkeit ab, „gestorben" zu sein, weil es, seiner Meinung nach, die Fähigkeit zu antworten, als relationales und lebensbedingendes Können, niemals hatte: „La mort n'est pas d'abord, selon lui, un passage de l'être en néant, un annihilation, mais, il le dit souvent, le moment oú l'autre ne repond plus."[84]

83 Jörg Peter Luy: *Die Tötungsfrage in der Tierschutzethik*. Berlin: Freie Universität Berlin 1998, S. 160.

84 Derrida: *L'animal*, S. 154. „Der Tod ist, ihm zufolge, nicht in erster Linie ein Übergang vom Sein zum Nichts, eine Vernichtung, sondern, wie er oft sagt, jener Moment, da der Andere nicht mehr antwortet." (Derrida: *Das Tier*, S. 165.)

Das Tier „stirbt“ also nicht, weil es noch nie antworten konnte. Mit der Aberkennung von Teilhabe an elementaren Lebensereignissen wird auch von dieser Seite aus ein großer Graben aufzumachen versucht.

> L'animal est donc privé à la fois du pouvoir et du droit de répondre, certes, donc de la responsabilité (donc du droit etc.); mais il est aussi privé de la non-reponse, du droit de non-reponse qui est accordé au visage humain dans le secret ou dans la mort.[85]

Mit dieser Leugnung ist ein Höhepunkt anthropozentrischer Fiktionen erreicht: Nicht nur das Recht auf Respekt und Unversehrtheit, das einem lebendiges Wesen allein durch sein Dasein zusteht, wird negiert, sondern obendrein wird sein Tod als gehaltloser Vorgang bezeichnet. Solange „das Tier“ nicht als ein Wesen mit intrinsischen Ansprüchen anerkannt wird, hat es als Lebewesen für die privilegierten Mensch-Mensch-Beziehungen keine Relevanz, außer im Produktzustand. Es wird zum Ding.

Distanzkonstruktionen

Die Verhandlungen von Grenzen zwischen Subjekten sind mehrfach gebrochen, teils zutiefst paradox. Den tiefsten Graben zwischen den Lebewesen reißt die speziezistische Abgrenzung auf. Sie macht nicht-menschliche Tiere zu Unterworfenen menschlicher Interessen.

Ein eklatanter Mangel an Bereitschaft, das gesamte Bild, die physischen und psychischen Reaktionen der Tiere zu integrieren, hält ein zwanghaftes Weiterführen der Dichotomien aufrecht. Die Mensch-Tier-Grenze zu verteidigen, ist die einzige Möglichkeit zur Rechtfertigung von wissenschaftlichen Versuchen mit nicht-menschlichen Probanden. Dennoch gehen zahlreiche Versuchsanordnungen von der Vergleichbarkeit und Übertragbarkeit der Ergebnisse von Testergebnissen mit nicht-menschlichen Probanden aus – sinnvollerweise müsste daher die zugrundeliegende Annahme eine mögliche und wahrscheinliche Vergleichbarkeit der Organismen und ihrer

85 Derrida: *L'animal*, S. 154. „Das Tier ist also des Vermögens zur als auch des Rechts auf Antwort, also der Verantwortung (also des Rechts usw.) beraubt; es ist aber auch der Nicht-Antwort des Rechts auf die Nicht-Antwort beraubt, das dem menschlichen Antlitz im Geheimnis oder im Tod zugebilligt wird.“ (Derrida: *Das Tier*, S. 166.)

Reaktionen sein. Die Verbundenheit mit dem Versuchstier kann in dem Maße abgewehrt werden, wie eine Vergleichbarkeit mit menschlicher Empfindungsfähigkeit negiert wird.

Auch in der psychologischen Forschung werden Parallelen zwischen menschlichem und nicht-menschlichem Verhalten als Grundlage für die Durchführung von Versuchen angegeben. Welche Tiere sich besonders menschenähnlich verhalten, mag diejenigen, die von den großen Unterschieden überzeugt sind, überraschen. Gestalt und Lebensraum von Tintenfischen und Menschen könnten unterschiedlicher nicht sein, dennoch finden sich auf der Ebene kognitiver Leistungen viele Übereinstimmungen. In Aquarien ist beobachtet worden, dass Tintenfische nicht nur Deckel von Gläsern schrauben, sondern auch nachts in benachbarten Aquarien Futterreserven plündern und später wieder in ihr eigenes Aquarium zurückkehren. Dass menschenähnliche, intelligente Verhaltensweisen, wie Intention, Planung einer Aktion und deren anschließende Verschleierung, häufig beobachtet werden können und in welch hohem Maße diese Beobachtungen Staunen hervorrufen, gehört wiederum zu den verwunderlichen Ergebnissen eines Wissenschaftsbetriebes, der den Menschen als Inselwesen, umgeben von Abgründen und Schluchten, inszenieren möchte. Als wirke noch immer eine behauptete Darwin'sche Kränkung, gegen die man trotzig opponieren möchte: dass zwischen menschlichen und nicht-menschlichen Tieren eine Kontinuität besteht.[86]

In seinem natürlichen Lebensraum kann ein Tintenfisch in immenser Geschwindigkeit Tarnungen annehmen, etwa die Farben und Formen von Pflanzen, in deren Umgebung er sich versteckt, oder sich der Oberfläche eines Felsens anpassen. Der Computerwissenschaftler Jaron Lanier hält Oktopoden für überragend intelligent. Ihre Fähigkeiten bezeugten ein derartig hohes Niveau mentaler Prozesse, dass eigentlich die Menschen den Tintenfischen als Haustiere zustünden:

> From the point of view of body and brain, cephalopods are primed to evolve into the high-tech-tool-building overlords. By all rights, cephalopods should be running the show and we should be their pets.[87]

86 Vgl. hierzu Martin Balluch: *Die Kontinuität von Bewußtsein. Das naturwissenschaftliche Argument für Tierrechte.* Wien / Mühlheim an der Ruhr: Guthmann Peterson 2005.

87 Jaron Lanier: *You Are Not a Gadget. A Manifesto.* New York: Knopf 2010, S. 188.

Spezies Ding

In vielen Gesetzestexten werden Tiere auf gleiches Niveau wie Gegenstände gestellt, weil ihnen von offizieller Seite weder Bewusstsein noch Emotionen zuerkannt werden. Ihre Lebensbereiche lassen sich eher mit Kisten und Schubladen vergleichen, wie Temple Grandins Anspielung nahelegt: „I am not required to keep a pair of screwdrivers in my toolbox, so that they can socialize with other screwdrivers."[88] Für die Aufbewahrung von Schraubenziehern sei es also nicht notwendig, die Möglichkeit, sich mit anderen Schraubenziehern zu unterhalten, bereitzustellen. Bei Tieren verhält es sich grundlegend anders. Sie empfinden Freude, Angst und Schmerz. Eigene Beobachtungen haben Temple Grandin dazu bewogen, zumindest bessere Bedingungen für die sogenannten Nutztiere zu fordern und zu schaffen. Sie hat deswegen die Architekturen von Schlachtanlagen neu konstruiert und ihren Studien entsprechend Umgebungen geschaffen, die Angst und Stress der Tiere reduzieren können.

Möglicherweise erleben Tiere Gefühle sogar stärker, wie Stacey O'Brien ausführt:

> More and more scientists are beginning to believe that animals do have emotions and that their feelings may be more intense and unfiltered than our own. Emotions arise from the old brain, the limbic system, which birds and reptiles as well as dogs, humans and other mammals share. Humans have additional brain structures and symbolic language to process our feelings and a complex array of psychological defense mechanisms that allay or soften the impacts of our emotions. We repress, deny, subjugate, dissociate, and use all kinds of conscious and unconscious machinations to separate ourselves from our feelings, but animals have no such recourse, so their emotions likely are raw and strong.[89]

Temple Grandin hält aus der Sicht einer experimentellen Psychologin und Tierwissenschaftlerin die Ausgeprägtheit des Empfindungsvermögens für wesentlich abhängig von der Komplexität und der Struktur des Gehirns und des Nervensystems.

88 Temple Grandin: Animals Are Not Things. A View on Animal Welfare Based on Neurological Complexity. Vortrag am Department for Psychology, Harvard. http://www.grandin.com/welfare/animals.are.not.things.html (Zugriff am 14.11.2012).

89 Stacey O'Brien: *Wesley. The Story of a Remarkable Owl.* London: Constable 2009, S. 47.

> When the structure of the brain and nervous system is studied, there is no black and white line between people and higher mammals such as chimps, dogs or cows. The genome project has shown that humans and mice share many genes.[90]

Zwischen den sogenannten Arten, auch zwischen den menschlichen und nicht-menschlichen Tieren, finden sich eher fließende, graduelle Übergänge der einen in die anderen Spezies, sodass sich anhand dieser keine Grenzziehung etablieren lässt. Dennoch werden, wie Grandin ausführt, im rechtlichen Bereich Menschen, auch mit „geringerem intellektuellem Leistungsvermögen", wie etwa Kinder mit einem Entwicklungsrückstand in Bezug auf etablierte Normen, gegenüber Tieren, die ihnen in diesem Bereich überlegen sind, bevorzugt behandelt und vom Gesetz besser geschützt. Grandin verweist auf die Gesetzgebung, die mangelnde intellektuelle oder motorische Fähigkeiten keinesfalls als Rechtfertigung gelten lässt, menschliche Kinder zu töten. Ihre nüchterne Überlegung geht keineswegs dahin, für eine solche Alternative zu plädieren, vielmehr stellt ihre Argumentation die mangelnden Begründungen für die Ungleichbehandlung heraus, die in neurobiologischen Erkenntnissen keine Fundierung findet. Es geht also um eine klar speziezistische Bevorzugung, wie Grandin erklärt: Spezies bevorzugten ihre eigene Spezies, und der Mensch entspreche ebenso diesem Schema. Die rechtliche Bevorzugung aufgrund der Zugehörigkeit zu einer anderen Spezies könne als reiner Willkürakt bezeichnet werden. Die je unterschiedliche Umgangsweise führt Grandin also einzig auf eine biologistische Solidarität mit Artgenossen zurück.[91]

90 Grandin: Animals Are Not Things.

91 Ebd.

Erkenntnisse anerkennen

People who rear the animals (in intensive farming) will go quite some way towards avoiding accepting that these animals have relationships and opinions; animals do certainly have opinions.[92]

Deklaration des Bewusstseins

Die beunruhigende Frage danach, was sich auf den psychischen Ebenen der nicht-menschlichen Lebewesen abspielt, welche Gründe für die Absenz subjektiver Wahrnehmungen und Empfindungen, in der Welt zu sein, vorgebracht werden könnten, verweist letztlich immer auf die Unmöglichkeit zu wissen, was ein Tier fühlt, denkt oder plant – oder ob es dazu gar nicht fähig ist. Wer nie als Tier verkörpert war, kann das nicht wissen. Die Weigerung, dem unbekannten Wesen menschliche Fähigkeiten zuzugestehen, entspringt dem Wunsch nach einer Aufrechterhaltung der menschlichen Herrschaft. Argumente, die der Untermauerung dieses Weltbildes dienen sollen, erweisen sich indes als bloße Setzungen.

Die Negation von Intelligenz, Bewusstsein und Gefühlen bis hin zu Kultur und Gesellschaft bei nicht-menschlichen Lebewesen ist auf Grundlage der Erkenntnisse von Verhaltensforschung und Ethologie nicht länger haltbar. Diese Erkenntnisse werden unaufhaltsam weiter ins gesellschaftliche Bewusstsein vordringen und gravierende Änderungen im Sinne eines Prozesses, der Gesellschaft und Mitwelt als wechselseitig verbunden begreift, nach sich ziehen.

Seitens der naturwissenschaftlich orientierten Neurowissenschaften wie der Neuropharmakologie, Neurophysiologie und Neuroanatomie wird über Forschungsergebnisse berichtet, die eindeutige

92 Thelma Rowell: Interview. In: Vinciane Despret: Sheep Do Have Opinions. http://www.vincianedespret.be/2010/04/sheep-do-have-opinions/ (Zugriff am 13.11.2012).

Nachweise über Bewusstsein, Gefühle und intentionale Handlungen nicht-menschlicher Tiere erbringen.[93]

Ihnen folgend können Menschen nicht (mehr) als einzige im Besitz dieser Fähigkeiten gelten. Im Zuge der Konferenz „Consciousness in Humans and Non-human Animals“, die im Juli 2012 in Cambridge abgehalten wurde, wurde die *Cambridge Declaration on Consciousness* herausgegeben,[94] die eine klare Aufforderung zur Veränderung des Umgangs mit nicht-menschlichen Tieren darstellt:

> Convergent evidence indicates that non-human animals have the neuroanatomical, neurochemical, and neurophysiological substrates of conscious states along with the capacity to exhibit intentional behaviors. Consequently, the weight of evidence indicates that humans are not unique in possessing the neurological substrates that generate consciousness. Non-human animals, including all mammals and birds, and many other creatures, including octopuses, also possess these neurological substrates.[95]

Die Aufrechterhaltung des Status quo des „ancien régime“[96] wird unmöglich, wenn selbst aus den Reihen der naturwissenschaftlichen Fakultäten die offizielle Anweisung ausgegeben wird, Tiere als Lebewesen zu begreifen.

Wenn diese Erkenntnisse ernst genommen werden, ziehen sie nichts weniger als eine große Umwälzung nach sich: Die Grenze zwischen den nicht-menschlichen und den menschlichen Lebewesen wird durchlässig. Eine nicht-menschliche Erscheinungsform bedeutet nicht mehr, dass ihr wesentliche Attribute des Lebendigen – Seele, Lebenswille, Lebensfreude, Verbundenheit zu anderen Lebewesen – abgesprochen werden können. Seele ist damit nicht länger an eine singuläre Erscheinungsform gebunden.

93 Siehe hierzu Philip Low (Hrsg.): Cambridge Declaration on Consciousness 2012. http://fcmconference.org/img/CambridgeDeclarationOnConsciousness.pdf (Zugriff am 27.07.2014).

94 Die Präsentation ist hier zu sehen: Animal Consciousness Officially Recognized by Leading Panel of Neuroscientists. http://www.youtube.com/watch?v=RSbom5MsfNM&feature=plcp (Zugriff am 28.11.2012).

95 Cambridge Declaration on Consciousness.

96 Zur Verwendung des Begriffs vgl. Beatriz Preciado: Queer Bulldogs. Histories of Human-Canin Co-Breeding and Bio-Political Resistance. Vortrag am 10.09.2012 auf der dOCUMENTA Kassel. http://d13.documenta.de/#/research/research/view/on-seeds-and-multispecies-intra-action-disowning-life-beatriz-preciado-queer-bulldogs-histories-of-human-canin-co-breeding-and-biopolitical-resistance (Zugriff am 15.11.2012).

Neue Allianzen gegen die alte Ordnung

Das Potenzial zu neuen Allianzen wird offenbar. Dieser Bedrohung der alten Ordnung wird mit Vehemenz, manchmal mit unmaskierter Aggression begegnet. Auf der einen Seite versuchen Statthalter der Industrien, die mit Tieren als Material arbeiten, ihre Legitimität auf Argumentationen über Tradition und gesundheitliche Erfordernisse zu stützen. Auf Seiten des gedanklichen Überbaus neokolonialistischer Prägung wird der Notwendigkeit das Wort geredet, Wohlstand durch Aneignung von Fremdem, also durch Unterdrückung anderer zu erreichen. Indes kann nur ein dogmatisch untermauerter Glaube die verabsolutierte Alleinstellung des Menschen noch aufrechterhalten:

> Eine Aufhebung speziezistischer, aber auch sexistischer und rassistischer Kulturen ist ohne eine kritische Befragung hegemonialer Kulturen, vor allem auch Sprachkulturen, nicht denkbar. Es gilt die Mannigfaltigkeit von Kommunikationsformen in den Blick zu nehmen, um Umgangsweisen im gegenseitigen Miteinander etablieren zu können, die sich von dem Ungleichgewicht zwischen dem wirkungsmächtigen Subjekt auf der einen und dem verdinglichten Objekt auf der anderen Seite verabschieden.[97]

Tatsächlich entspringt die Überzeugung, es existiere eine klar definierte Grenze zwischen den Lebensformen, die sich durch Vorhandensein oder Abwesenheit signifikanter Eigenschaften ergäbe, einer monotheistisch geprägten Tradition. Den Menschen als Ranghöchsten zu setzen und alles seinem angeblichen Nutzen zu unterwerfen, ist das Bestreben eines solchen, vermeintlich postreligiösen Weltbildes, das jedoch seine Herkunft aus religiösen Hierarchien deutlich zur Schau stellt: An die oberste Stelle hat sich das einst Gott ebenbildlich geschaffene Wesen gesetzt. Es atmet noch den Geist seiner Herkunftsgeschichte. Wenn, wie Friedrich Nietzsche schreibt, der alte Gott getötet wurde,[98] so ist in der Folge Schlimmstes von diesem vatermörderischen Wesen zu erwarten. Einst das bevorzugte Kind, das Ebenbild jenes Schöpfergottes, der gelungenste Sohn, hat er nun durch skrupellose Machtaneignung über andere Lebewesen den obersten Platz an sich gerissen. Wie

97 Marion Mangelsdorf: *Wolfsprojektionen: Wer säugt wen? Von der Ankunft der Wölfe in der Technoscience.* Bielefeld: Transcript 2007, S. 113.

98 Siehe Friedrich Nietzsche: *Die fröhliche Wissenschaft.* Berlin / New York: de Gruyter 1973.

in einem Machtrausch wird, nach der Selbstinthronisation als Herr des Lebens, die in der Genesis beschriebene Szene des Klassifizierens wiederaufgenommen und fortgeführt: in den Entscheidungen über Leben und Tod, nicht nur einzelner Individuen, sondern ganzer Lebensformen. Die Unanfechtbarkeit des Despoten wird aus ihrer mythischen Genealogie abgeleitet.

Der Mensch wird, in einer unerschütterlichen adamitischen, prometheischen, griechischen und jüdischen Überlieferung, derjenige sein, der „den Tieren" ihre Namen gibt, wie Derrida in seiner Analyse der Schöpfungsgeschichten expliziert.[99] Der menschlichen Erscheinungsform mit ihren relativ geringfügigen Varianzen steht eine Fülle unterschiedlichster Lebewesen gegenüber, die nonchalant im Begriff „Tier" zusammengefasst werden, ohne auf die verschiedenen Gestalten und Potenziale einzugehen. Es ist dieses Fehlen einer Diversifikation, die Derrida kritisiert, und das auch im Kanon der Philosophie:

> C'est un mot, l'animal que les hommes se sont donné le droit de donner. Ils se sont trouvés, ces humains, à se le donner, le mot, mais comme s'ils l'avaient reçu en héritage. Ils se sont donné le mot pour parquer un grand nombre des vivants sous ce seul concept: L'Animal, disent-ils. Et ils se le sont donné, ce mot, en s'accordant du même coup, à eux mêmes, pour se le réserver, à eux les humains, le droit au mot, au nom, au verbe, à l'attribut, au langage de mots, bref à cela même dont seraient privés les autres en question, ceux qu'on parque sur la grande territoire de la bête: L'Animal.[100]

Der christlich-jüdische Schöpfungsmythos lässt den Menschen denjenigen sein, der seine nicht-menschlichen Gefährten ihrer Bestimmung zuführt. Darin ähnelt er seinem göttlichen Vater, der ihn, sich selbst ähnlich, erschaffen hat, als einen Herrschenden, als

99 Siehe Derrida: *L'animal.*

100 Ebd., S. 54. „Tier, das ist ein Wort, das zu geben Menschen (*hommes*) sich das Recht gegeben haben. Sie, diese Menschen (*humains*) fanden sich in einer Lage, es zu geben, das Wort, aber so, als ob sie es als Erbe empfangen hätten. Sie haben sich das Wort gegeben, um eine Vielzahl an Lebenden unter diesem einen Begriff zusammenzupferchen. *Das* Tier (*L'Animal*), sagen sie. Und sie haben es sich gegeben, dieses Wort, indem sie gleichzeitig sich selbst, den Menschen, um es für sich zu reservieren, das Recht auf das Wort, den Namen, auf das Verb, auf das Attribut, auf die Worte der Sprache gewährten, kurzum auf eben das, dessen die in Frage stehenden anderen beraubt wären, jene, die man auf dem großen Territorium des Tiers (*la bête*) zusammenpfercht: Das Tier (*L'Animal*)." (Derrida: *Das Tier*, S. 58–59.)

einen, der die anderen erleben lässt, was Unterwerfung bedeutet, was Macht ist:

> Il a créé l'homme à sa ressemblance, pour que l'homme assujettisse, dompte, domine, dresse ou domestique les animaux nés avant lui, et assoie son autorité sur eux. Dieu destine les animaux à éprouver le pouvoir de l'homme, pour voir le pouvoir de l'homme, en acte, pour voir le pouvoir de l'homme à l'œuvre, pour voir l'homme prendre le pouvoir sur tous les autres vivants.[101]

Sprachlosigkeit?

Durch das Sprechen wird eine Machtposition beansprucht, die auf eine Verknüpfung von Sprache und Geist, auf Gedankenarbeit hinauswill. Was sich nicht sprachlich positionieren lässt, gilt in dieser Hierarchie nichts. Mit dieser Setzung werden die vermeintlich sprachlosen Tiere mit einem Schlag ins Abseits gedrängt. Wie um sich zu versichern, dass Tiere nichts Vergleichbares, in linguistische Kategorien zu Fassendes haben, wertet die Betonung der menschlichen Sprache andere Kommunikationsmöglichkeiten in ihrer Funktionalität weitgehend ab.

> Das wäre ein linguistischer Rationalismus: das heißt dass das Sprechen die ausschlaggebende Konstitutionsbedingung für einen Geist sei. Wenn für den menschlichen Geist gezeigt werden kann, dass das Haben von Gedanken, das Ausführen von Handlungen oder die Bildung von Begriffen auf die Sprache angewiesen ist, so folgt daraus nicht, dass dies auch auf den Geist der Tiere zutrifft. Es könnte sein, dass die fraglichen kognitiven Momente bei Menschen lediglich durch den Besitz einer Sprache vertieft, verfeinert und erweitert werden. Es könnte jedoch durchaus sein, dass Tiere über vergleichbare kognitive Fähigkeiten verfügen. Erhebt man die Sprache zum Kriterium, muss man die fraglichen Fähigkeiten und die Sprachverwendung miteinander verknüpfen. Aufgrund der Verknüpfung zwischen dem Sprechen einer Sprache und zentralen Aspekten des Geistes werden den nicht-sprachlichen Tieren Gedanken, Handlungsgründe und Begriffe abgesprochen. Das bedeutet, dass Sprache auf irgendeine Weise Bedingung für den Geist ist. Darin besteht die geforderte Verknüpfung.[102]

101 Derrida: *L'animal*, S. 36. „Er hat die Menschen ihm ähnlich geschaffen, *damit* der Mensch die vor ihm geborenen Tiere *unterwerfe, zähme, beherrsche, dressiere* oder *domestiziere* und seine Autorität über sie ausübe. Gott bestimmt die Tiere dazu, die Macht der Menschen zu spüren, um die Macht des Menschen in actu zu sehen (*pour voir*), um die Macht (*pouvoir*) des Menschen am Werk zu sehen, um zu sehen, wie der Mensch die Macht über alle Lebewesen ergreift." (Derrida: *Das Tier*, S. 38.)
102 Markus Wild: *Die anthropologische Differenz*. Berlin: de Gruyter 2006, S. 14.

Und wenn die Lautäußerungen oder Bewegungsabläufe verschiedener Tiere doch offensichtlich darauf verweisen, dass sprachliche bzw. körpersprachliche Kommunikation stattfindet? Das Mammal Communication Lab in Wien arbeitet mit Tonaufzeichnungen und Lautanalysen so unterschiedlicher Tiere wie Elefanten und Geparden und bezeichnet die beobachteten Kommunikationsfolgen als Sprache. Die Verwendung von Lauten und Bewegungsmustern gehört zu diesem komplexen Sprachbegriff.

> Elephants are long-lived social mammals that exhibit a complex communication system making use of all senses at their disposal – hearing, vision, chemical (taste and smell), and touch (including seismic vibrations from the substrate).[103]

Die verschiedenen Mitglieder einer Elefantengesellschaft begrüßen und rufen einander, und es ist nachgewiesen, dass sie sich wechselseitig über große Distanzen an der Stimme erkennen können und dass sie trauern, wenn Angehörige des Clans sterben.

Übertragene Atmosphären

Komplementär zu naturwissenschaftlichen Überlegungen bezüglich Sprech- und Denkfähigkeit von Tieren – und immer schon über sie hinausweisend – bringt die Frage nach Empfindungs- und Leidensfähigkeit eine Verantwortlichkeit in die Diskussion, die auch für nicht versprachlichte Vorgänge Existenzansprüche stellt. Die eigentliche Frage in Bezug auf andere Lebewesen, wie sie Derrida in Bezug auf Jeremy Bentham wiederholt, bleibt daher: „Can they suffer?" An der eindeutigen Antwort auf Benthams Frage setzt der Anspruch an eine Veränderung des Umgangs mit nicht-menschlichen Tieren an. Der utilitaristische Staatstheoretiker Bentham stellte zu Beginn des 19. Jahrhunderts die Forderung nach Berücksichtigung der Leidensfähigkeit ins Zentrum der Überlegung über den Umgang mit Tieren:

> Why should the law refuse its protection to any sensitive being? The time will come when humanity will extend its mantle over everything which breathes. We have begun by attending to the condition of slaves. We shall finish by softening that of all the animals which assist our labours or supply our wants.[104]

103 Angela S. Stöger-Horwath: *Vocal Learning and Vocal Ontogeny in African Elephants.* Dissertation, Fach Evolutionsbiologie, Universität Wien, 2006, S. 5.

104 Jeremy Bentham: *Principles of Penal Law.* Edinburgh: William Tait 1838, S. 562.

Die oftmals jedoch aufrechterhaltene Negation eines evidenten Leidens zieht dessen Weiterführung nach sich. Obwohl aus dem Bewusstsein verdrängt, haftet seine transportierte Atmosphäre an der Gesellschaft und durchzieht sie. Dass die Spur von Gewalt und Tod nicht einfach in den gefluteten Abflüssen der Schlachthöfe weggeschwemmt, nicht durch das Verschließen der eisernen Gittertüren zu den Ställen und Laboren aus dem Bewusstsein ausgeschlossen werden kann, dass die Verheimlichung der gewalttätigen Anordnungen nicht zur Nivellierung von deren Auswirkungen in der Atmosphäre führt, leuchtet ein. Wie gewohnt, kehrt das Ausgeschlossene wieder. Wie das unsichtbare Blut an den Händen der Lady Macbeth sich nicht entfernen lässt, so löst sich auch der Gehalt dieses Elends nicht auf. In einer Welt der Relationen bleiben Handlungen und Empfindungen, wenn auch transformiert, vorhanden. Sie stehen, als Atmosphären, zur Bearbeitung an und machen die in ihnen enthaltenen Stimmungen für alle verfügbar.

Wenn man den Gehalt an lebensvernichtenden Stimmungen und die als Unterbau der Gesellschaft des 21. Jahrhunderts fungierenden gewalttätigen Prozesse visualisiert, erscheinen psychische Verstimmungen als schlüssige Reaktionen. Die Konfrontation mit dem atmosphärisch vermittelten Leid wird als Kränkung der Seele verstanden. Um mit den Zumutungen dieser vermittelten Gewalttätigkeiten umgehen zu können, zieht sich die empathische Psyche zurück oder erstarrt in einer gepanzerten Abwehr gegen die inneren und äußeren affektiven Anwürfe. Konsequent mutet daher eine seitens der World Health Organisation konstatierte Zunahme depressiver Beeinträchtigungen an, die sich nicht allein auf veränderte Diagnosemodalitäten und Interessen der Neuropharmakologie reduzieren lässt. „The burden of depression and other mental health conditions is on the rise globally."[105]

Die auf einer rationalistischen Ebene geführte Argumentation, die sich gegen Stimmungseinflüsse abzugrenzen versucht, führt einen weiteren Schlag gegen die resonanzfähige Seele aus: Einfühlung soll nur in beschränkten Dosierungen und nur einer beschränkten Auswahl anderer Lebewesen zuteil werden. Die seelische Tendenz zur Hinwendung wird unterdrückt und einer Negation anheimgestellt.

105 World Health Organization: Depression. Fact Sheet. http://www.who.int/mediacentre/factsheets/fs369/en/ (Zugriff am 07.08.2014).

Der Impuls zum Mitgefühl wird pathologisiert. Die Kommunikation mit dem anderen entfällt gerade im Zustand der Depression. Sie kommt zum Stillstand. Bewegung aber ist Zeichen der Lebendigkeit, und genau die Starre und der Stillstand gehören zum inneren Erleben depressiver Zustände. Die seelischen Prozesse scheinen wie vernichtet. Der Psychiater Pierre Fédida schreibt:

> S'il existe une *maladie du vivant humain*, ce serait par définition la dépression. Et si, chez l'humain, cette maladie constitue une désappropriation de l'apparance d'humain, alors on peut tenir pour vital cet affect d'anéantissement psychique.[106]

Die psychische Vernichtung zeigt sich im Verlust der Verortung in einer Subjektivität. Es besteht kein Bezugspunkt im Selbst:

> On peut avancer l'idée que la depression est un affect dont la caracteristique serait l'altération des temps, la perte de la communication intersubjective et, corrélativement, un extraordinaire appauvrissement de la subjectivité.[107]

Als Folge unterdrückter Resonanz erscheint eine Zunahme von Zuständen, die Lebensfreude hemmen und verhindern, als ein plausibles Ergebnis.

106 Pierre Fédida: *Des bienfaits de la dépression: éloge de la psychothérapie.* Paris: Odile Jacob 2001, S. 10. „Wenn es eine Krankheit des menschlichen Lebewesens gibt, so wäre diese per definitionem die Depression. Und wenn sich diese Krankheit als eine völlige Entleerung der menschlichen Erscheinung darstellt, kann man diesen Affekt als psychische Vernichtung verstehen." (Übers. S. K.)

107 Ebd. „Man könnte so weit gehen zu sagen, dass die Depression ein Affekt ist, deren Charakteristikum die Veränderung der Zeitabläufe und der Verlust der intersubjektiven Kommunikation wäre, und die dementsprechend eine außergewöhnliche Verarmung der Subjektivität bedeutet." (Übers. S. K.)

Animalische Kunst

> *Je voudrais donner à entendre le pluriel d'animaux dans le singulier: il n'y a pas l'Animal au singulier général, séparé de l'homme par une seule limite indivisible. Il faut envisager qu'il y ait des « vivants » dont la pluralité ne se laisse pas rassembler dans la seule figure de l'animalité simplement opposée à l'humanité.* [108]

Künstlerische Kommunikation zwischen Schweinen und Menschen

Die Abwertung des nicht-menschlichen Tieres führt zu innerer Entfernung. Die Resonanz im Anblick des nicht-menschlichen Tieres wird negiert, denn im Zwiespalt des eigenen Angesprochenseins durch ein anderes Lebewesen wird strikte Abwehr notwendig. Die Distanz zum Gegenüber wird durch Dissoziation von Gefühlen und Wahrnehmungen erreicht. Zuneigung darf sich in den Beziehungen nur zu privilegierten anderen zeigen, den übrigen wird sie versagt.

Dieser Liebesentzug, die völlige Absenz emotionaler Relationen, soll zum Normalfall erklärt werden. In einer Auffassung, die das Wort als sachlichen Bedeutungsträger und den fühllosen Intellekt favorisiert, wird ein inneres Beteiligtsein, weil es unsichtbar ist, geleugnet, und über den sichtbaren Anteil taktiler Bezugnahmen wird hinweggesehen, weil diese leibliche Dimension von vornherein als nebensächlich, als Relikt einer überwunden geglaubten, tiernahen mythischen Periode bewertet wird. Gerade nicht-menschliche

108 Derrida: *L'animal*, S. 73. „Ich möchte im Singular den Plural an Tieren zu verstehen geben: Es gibt nicht das Tier (*l'Animal*) im allgemeinen Singular, das vom Menschen durch eine einzigen Figur der Tierheit (*animalité*) versammeln läßt, die der Menschheit (*humanité*) schlicht entgegengesetzt wäre." (Derrida: *Das Tier*, S. 79.)

Tiere kommunizieren miteinander, indem sie einander berühren oder sich auf den Leib rücken.
Wie Gerda Schorsch im Zuge ihres Kunstprojekts bei der Vienna Art Week 2011 beobachtet hat, stellen Schweine Kontakt sehr stark über Berührung her. Gemeinsam mit Matthias Mollner realisierte sie Performances, in denen dem Publikum Begegnungen mit Schweinen in einem städtischen Stall und im öffentlichen Stadtraum ermöglicht wurden. Diese Schweine wurden spazieren geführt und erwiesen sich im Zusammentreffen mit Hunden diesen an Selbstbewusstsein überlegen. In der Beziehung zu Künstlerin und Künstler zeigten sie individuelle Züge. Sie kletterten übereinander und über Schorsch selbst, schoben sich gegenseitig hin und her oder schmiegten sich aneinander. Die Künstlerin war selbstverständlich in das Leben der Schweine einbezogen. Schorsch sprach vom Potenzial leiblicher Kommunikation, das in seiner Direktheit auf eine andere Wertung von Körpergrenzen hindeutet: Wie eine kontinuierliche Bewegung floss die verbindende Kommunikation durch verschiedene leibliche Entitäten, ohne fragen zu müssen, ob man den Körper des anderen berühren dürfe.[109]
Jedes Schwein sei anders, eine eigene Persönlichkeit, sagte Gerda Schorsch. Nach einer zeitlichen Trennung hätten sich die Schweine über ein Wiedersehen mit ihnen gefreut, und die Begegnungen miteinander seien emotional verlaufen. Matthias Mollner beschreibt das Verhalten der Schweine als improvisationsfreudiger und schwerer vorhersehbar als das von Hunden und bezeichnet sie als selbstbewusste, wiedererkennbare Persönlichkeiten. Jedes Schwein hörte auf seinen eigenen Namen.
Ein Name bedeutet Zuwendung. Jenseits vom bestimmenden Benennen steht der Name auch für den Aspekt des Interesses. Jemand hat sich die Mühe gemacht, sich in der verbindenden Beziehung für den anderen einen Namen einfallen zu lassen. Namensgebung schafft ein Band zwischen dem, der ihn gibt, und dem, der ihn bekommt. Er schafft in diesem Sinne Verantwortlichkeit. Wer einen Namen hat, kann antworten, wenn er gerufen wird.
In den tierindustriellen Zusammenhängen wird auf diesen relationalen Akt verzichtet. Abgesehen vom Aufwand, der sich nicht lohnt, weil das Tier nur kurz leben wird, möchte man diese

109 Telefongespräch mit Gerda Schorsch und Matthias Mollner am 29.11.2011.

magische Bindung nicht schaffen, die eine Namensgebung in sich trägt. Wer einen Namen gibt, personifiziert denjenigen, den er damit benennt.

Reservate der Verbundenheit

In Gesellschaften, die Welt als aufeinander bezogene Ensembles lebendiger Erscheinungsformen verstehen, wird mit nicht-menschlichen Tier-Personen in Selbstverständlichkeit kommuniziert. Die Churro-Schafe der Diné (bei uns meist als Navajos bezeichnet) tragen Namen, weil sie in deren Leben mit einbezogen sind, wie Donna Haraway in ihrem Vortrag „Staying with the Trouble: Xenoecologies of Home for the Companions in the Contested Zones“[110] berichtet. Die Beziehungen zwischen Bevölkerung, neu Siedelnden und ihren Tieren verweisen auf die widersprüchlichen Positionierungen in der Welt. Eine mit Tier- und Geistwesen bereicherte Mythologie setzt auf ein Zusammenspiel von Einflüssen jenseits rein menschlicher Wirkmächte und steht linearen Hierarchien, wie sie von den neuen Siedlern vertreten wurden, entgegen. Die parallel laufende Vertreibung der früheren Bevölkerung der amerikanischen Länder und ihrer speziellen Schafe durch die neuen Siedler zeigte ein deutliches Ineinandergreifen von speziezistischen und rassistischen Ordnungen. Die Churro-Schafe, mit drahtigem Haar und vier Hörnern, wurden als „niedere Rasse“ herabgewürdigt und beinahe ausgerottet.

> In the 1850, thousands of Churro were herded into the West to supply the people of the gold rush. The U.S. army slaughtered most of the Navajo flocks in the 1860 in retribution for Indian resistance to conquest and relocation to Bosque Redondo, and 'improved' European sheep breeds and stock reductions were forced on the Navajo throughout the early decades of the twentieth century.[111]

Als Gegenmaßnahme zu ihrer Weigerung, sich umsiedeln zu lassen, sollte den Diné die Lebensgrundlage entzogen werden.

110 Vgl. hierzu Donna Haraway. Staying with the Trouble. Xenoecologies of Home for the Companions in the Contested Zones. In: *Fieldsights – From the Editorial Office, Cultural Anthropology Online*, 27.07.2010. http://www.culanth.org/fieldsights/289-staying-with-the-trouble-xenoecologies-of-home-for-companions-in-the-contested-zones (Zugriff am 25.07.2012).

111 Haraway: *When Species Meet*, S. 99.

Ursprünglich hatten spanische Siedler die Churro-Schafe nach Amerika mitgebracht, später nahmen die Diné sie in ihr tägliches Leben auf. Das Leben mit den Schafen, ihre Wolle, ihre Milch und ihr Fleisch galten als ökonomische Grundlage. Aus ihrer Wolle wurden und werden die kunstvollen bunten Decken und Teppiche gewebt. Die Lebensweise der Diné wird als mit den Schafen verwoben betrachtet wie dicht gewebtes Tuch, und die Schafe gelten als Symbol für ein gutes Leben in Harmonie und Balance mit dem Land.[112] Später weist die Dramaturgie der Macht die Diné in Reservate ein. Grenzen werden festgelegt, Zäune errichtet. Der Idee von Verbundenheit mit Landschaften, Pflanzen, Flüssen und Tieren wird Hohn gesprochen, Land wird als vermessbare Ressource verstanden und parzelliert. Wo die Kräfte vielgestaltiger mythologischer Referenten die angestrebte Unterwerfung unter einen monotheistisch-anthropozentrischen Fortschrittsgedanken ins Leere gehen lassen, versucht man die vielschichtigen Traditionen ins Folkloristische abzudrängen. In einer neokolonialistischen Wiederaufnahme der Zurschaustellung des Exotischen werden in Folge Objekte einer „anderen Kultur" verkauft und deren Vertrieb wird unterstützt. Die „indigene Kultur" wird so zum lebenden Museumsinventar, zu etwas aus Zeit und Vernunft Herausgefallenem, das bloß noch Repräsentation ohne Substanz ist. Das Reservat als hässliche Seite der eventhaften, bunten „Indianermärkte" assoziiert sich mit der Vorstellung einer neokolonialen Schutzmacht. Ohne sie könnten die Unmodernen, wie in Tierreservaten, nicht ausreichend geschützt werden. Die Praxis des Reservats möchte den ideellen Horizont gleich mit einzäunen. In einem offeneren Horizont hingegen, der sich von den provinziellen Vorurteilen einer westlich rationalistischen Überlegenheitsposition frei gemacht hat, könnte eine gemeinsame Suche nach einer weltlichen ontologischen Choreografie[113] begonnen werden.

112 Vgl. hierzu http://www.cowboysindians.com/Cowboys-Indians/October-2011/The-Navajo-Churro-Sheep/ (Zugriff am 27.07.2012).

113 Siehe Haraway. Staying with the Trouble.

Taxonomien aus fernen Zeiten

Verständnislosigkeit und Feindseligkeit erzeugen Schranken, geschlossene Welten, in denen die jeweilige Gruppe, befangen in ihrem paranoischen Selbstschutzsystem, sich vorstellt, ein ‚Reich im Reich' zu sein.[114]

Beherrschen durch Einteilen

Die Taxonomien für die Einteilung der Welt in Länder und deren Bewohner in Menschen und Tiere unterschiedlicher, bestimmbarer Rassen, der Tiere in Nutz- und Haustiere, die Entwicklung von zu bestimmten Zwecken gezüchteten Rassen und Privilegierung der einen vor den anderen entstammt einer Zeit des aufstrebenden Klassifizierens. Ende des 19. Jahrhunderts kann eine wahre Taxonomierungswelle festgestellt werden. Die vorgenommenen Taxonomien spiegeln naturgemäß die Hierarchien, die einer Fortsetzung der aufklärerischen Forderung nach Klarheit und Distinktion folgen. Übersichtliche Ordnungen werden angestrebt, der Kosmos wird sortiert, seine Erscheinungsformen voneinander abgegrenzt und klar identifiziert. Auf dem Gebiet der Naturwissenschaften, besonders in der Biologie, werden Spezies bestimmt, festgelegt und deren Abweichungen voneinander definiert. Der anthropozentrische Ausgangspunkt legt zwar von vornherein die menschliche Überlegenheit fest, kann aber die Erkenntnisse der Darwin'schen Forschungen, die eine Kontinuität in der Entwicklung der Lebewesen feststellt, nicht ignorieren. Um in einer unüberschaubaren Auffächerung der Möglichkeiten von Lebendigkeit dennoch die Oberhand zu bewahren, gewinnt die deutliche Unterordnung

114 Sarah Kofman: *Schreiben wie eine Katze. Zu E. T. A. Hoffmanns „Lebens-Ansichten des Katers Murr"*. Wien: Passagen 1985, S. 26.

der anderen „Spezies“ in Bezug auf das am weitesten entwickelte „Tier“, den Menschen, an Bedeutung.
Klassifikationen werden nach ihrer Einkleidung in wissenschaftliche Diktion immer wichtiger für ein Ordnungsbestreben, das Überblick schaffen soll. Die Idee einer „Norm“ gewinnt an Gewicht. Die Pathologie steht auf der anderen Seite, drohend hält sie ihr Szepter über errechnete Werte und klassifiziert, wer sich innerhalb der Norm befindet und wer nicht. Überschaubarkeit und Kontrolle legitimieren sich durch gezeichnete Schreckensbilder einer unberechenbaren unzivilisierten Gesellschaft, deren Ausufern es zu befürchten und zu verhindern gilt. Die Idee eines inneren Feindes der Gesellschaft vereint zeitweilig vormals Konkurrierende gegen chaotische Elemente. Strategien der Ordnung werden weiterentwickelt, um dem Ansteigen der menschlichen Bevölkerungsanzahl in den industrialisierten Städten auf immer strikter eingeteiltem Raum strukturierend gegenüberstehen zu können. Individuen sollen sich als berechenbare Bürger lesen und dirigieren lassen. Die fortschreitenden Regulierungen folgen dem Drängen einer Furcht vor den Vielen.
Auch die immer rigider strukturierte Arbeitswelt bildet ein Regulativ. Lange Arbeitszeiten erschweren politische und intellektuelle Aktivitäten. Auf der anderen Seite erheben die anhaltende Industrialisierung und Technisierung Arbeit, einst Distinktionsmerkmal der Minderprivilegierten, mehr und mehr in den Adelsstand. Arbeit wird so zum Zeichen der Weltteilhabe, und die aktive Teilhabe an der Produktionssteigerung verheißt paradiesische Zustände schon vor dem Tod.

Geregelte Wünsche

Psychotechnische Instrumentarien entwerfen die Wunschbilder zu dieser wohlgeordneten konsumistischen Weltkonstruktion. Individuen werden zu einer klassifizierbaren Population zusammengefasst gedacht, deren Konsumbedürfnisse berechnet, errechnet und maßgeschneidert werden können. Die Wechselwirkung aus dem Beobachten von Bedürfnissen und dem Anstreben ihrer Befriedigung sind dabei nur ein Teil des Prozesses. Den zweiten Teil, bildet das „Marketing“, die neu gewichtete Domäne der Ökonomie, die an der Erschaffung von Bedürfnissen arbeitet. Der Verkauf nicht benötigter Produkte und die Veranlassung zu deren Kauf machen in diesem Ökonomiesystem bis heute einen großen Teil des Umsatzes aus. Dic Befriedigung nicht vorhandener Bedürfnisse bildet nunmehr das Feld, um das gerungen wird. Durch psychotechnisches Eingreifen werden aus genuin fiktionalen Begehrlichkeiten tatsächliche Wunschvorstellungen.

Bereits 1883 arbeitete der Manager Mouret in Emile Zolas *Paradies der Damen* im großen Pariser Luxuskaufhaus mit der Aufmerksamkeit von Kindern:

> Er schuf eigene Abteilungen für Knaben und Mädchen, hielt die Mütter im Vorübergehen an, indem er den Kleinen Bilder und Ballons überreichen ließ, rote Luftballons, auf denen der Name seines Geschäftes zu lesen stand und die bald in allen Straßen für ihn Reklame machten.[115]

Dekoration und schöne Worte, die immer ein besseres Leben und den Zustand Glück andeuten, begleiten die neu auf den Markt geworfenen Produkte. Man schert sich nicht um den Widerspruch zwischen einem im Vorhinein fixierten und normierten Warendesign, das zugleich einem ganz individualistischen Anspruch entgegenkommen soll. Die Kunst tritt in den Dienst des Kaufmanns, stellt Walter Benjamin fest und meint die Tempelarchitektur der großstädtischen Kaufhäuser.[116] Die Ware erhält metaphysische Dimensionen, sie wird mit ihrer Marke zum Erkennungszeichen von Gläubigen unterschiedlicher Konfessionen.

Normen für das Lebendige

Taxonomie und Normierung beziehen sich zu keiner Zeit nur auf materielle Objekte, sondern immer auch auf Lebewesen. Vielleicht ist die erste Taxonomie überhaupt die Unterscheidung zwischen Mensch und Tier, jedenfalls ist die Mensch-Tier-Grenze älter als viele weitere Taxonomien. Als dienliches Konstrukt im Dienste einer Biopolitik stellt sie sowohl religiös deutbare als auch profane Argumentationszusammenhänge zur Verfügung. Ihre Durchführbarkeit im täglichen Leben beruht auf einem psychischen Opfer,

115 Emile Zola: *Das Paradies der Damen.* Frankfurt am Main: Fischer 2004, S. 211.

116 Vgl. hierzu Walter Benjamin: Paris, die Hauptstadt des XIX. Jahrhunderts. In: Ders.: *Das Passagen-Werk. Gesammelte Schriften*, Bd. V.1, hrsg. v. Rolf Tiedemann. Frankfurt am Main: Suhrkamp 1982, S. 45–59, hier S. 45.

einer Amputation oder einer Stilllegung eines für Koexistenz lebenswichtigen Sinnes: der Fähigkeit, sich in ein anderes Wesen einzufühlen. Um diesen konkreten, quasi automatisch arbeitenden Sinn abzuschalten, wird bereits Kindern, die spontan starke Bezüge zu verschiedensten Tieren zeigen, die Normalität des Umgangs mit nicht-menschlichen Tieren antrainiert. Die Unterscheidung trennt solche Tiere, die es wert sind, dass man ihnen Achtung und Beachtung schenkt, von solchen, deren Lebensrecht einzig in Zweckhaftigkeit liegt.

> Wenn man die Beobachtungen verallgemeinern darf, dass Kinder ab einem gewissen Alter in einem weitreichenderen Maße als Erwachsene zur Rücksichtnahme auf Tiere motiviert sind bzw. motiviert werden können, stellt sich natürlich die Frage, was diesen Rücksichtnahme-Verlust bei Älteren bewirkt. Paradoxerweise scheint die sich im Kind entwickelnde und in unserer Gesellschaft besonders geförderte Fähigkeit zu zweckrationalem Denken das größte Hindernis für einen vernünftigen, d.h. moralische Aspekte mitberücksichtigenden Umgang mit Tieren darzustellen.[117]

Ein geisterhaft fiktionales Normwesen, das „man", begleitet die Eingliederung in eine Gesellschaft, die Gefühle als luxuriösen Ballast im Konkurrenzkampf versteht. Diesem konstruierten Wesen gelingt es, in verschiedenen Gestalten in den Bereich des Erstrebenswerten einzudringen. All die Narrative, die über Trends, Moden und Stile immer schon Gesellschaften begleiten und steuern, werden nun verschärft: Es gibt Must-haves, Must-dos, Not-to-be-misseds etc. Abweichung gerät immer mehr in einen negativ konnotierten Bereich. Psychische Sanktionen sind die mindeste Bestrafung. Individualität, obwohl nach außen hin als Ziel definiert, ist in einer wachsenden Weltgesellschaft, von der hierarchischen Warte aus gesehen, als gefährlich einzustufen.

Die Idee eines Durchschnitts als erstrebenswerter Markierung wirft ihren phantomhaften Schatten nicht nur auf medizinische Berechnungen zu Norm und Abweichung unterschiedlicher Werte wie Gewicht, Größe oder Geschlecht. Auch die als Lebensmittel verkauften Lebewesen werden mit einem Normschema versehen. Auf Vielfalt wird daher zunehmend verzichtet, Monopole schaffen Monotonie.

117 Jörg P. Luy: Fragen zur Mensch-Tier-Grenze („the great divide"). Interview in Briefen (unveröffentlicht). 2011, o.P.

Umdeuten von Zuschreibungen

Als biopolitische Fiktionen eines Gesetzesdiskurses verklammern wissenschaftliche Taxonomien die Entwicklungsgeschichten städtischen Lebens mit einer damit parallel laufenden Reglementierung des Alltagslebens, wie Beatriz Preciado in ihrem Vortrag auf der dOCUMENTA 13 ausführt.[118] Darin verfolgt sie die Geschichte der französischen Bulldogge, der „kleinen Schwester der englischen Bulldogge". Letztere war der Jagd und dem aristokratischen Leben zugeordnet, die französische Bulldogge wird hingegen zu Ende des 19. Jahrhunderts zur Lebensgefährtin von Prostituierten, Lesben, Flaneuren und Untergrundkünstlern. Auf Schiffen mit Spitzenklöpplerinnen aus England in die Normandie gekommen, wurden die „zu hässlichen", „zu flachnasigen" Tiere gerne von Prostituierten als Wachhunde und Gefährten aufgenommen, so die Legende. Lesben und Prostituierte galten quasi als gesonderte „Rasse", die man auch morphologisch und charakterlich zu klassifizieren versuchte. Weil sie den gängigen Attributen weiblicher Identität – der Reproduktionsarbeit und der Häuslichkeit – zuwider handelten, galten sie als Monstrosität, und mit dieser Zuschreibung sollten sie in ein gesellschaftliches „Abseits" abgedrängt werden.

Tierzucht und Rollenbilder lassen sich in ihrer zeitlichen Korrespondenz mit der Vorstellung von sexuellen Identitäten und Merkmalen von Rasse gegengelesen. Die kleine Bulldogge kann als Wesen außerhalb der Ordnung gesehen werden: aus dem Wegwerfmaterial der aristokratischen Rasse gezüchtet, als Antwort auf die strengen Reglements, die nur den oberen Gesellschaftsschichten gestatteten, große Hunde zu halten. Sie ist klein genug, um im meist beengten Wohnraum jener Platz zu finden, die am Rande der Gesellschaft stehen, außerdem kann sie Wärme spenden, wenn man mit ihr das Bett teilt. Einige dieser Hunde finden sich auf Porträts von Toulouse-Lautrec: Sie waren ihren Besitzerinnen so wichtig, dass sie als Bildsujet entweder mit ihren Herrinnen oder sogar als alleiniges Motiv abgebildet wurden, wie im Bild *Bouboule, die Bulldogge der Madame Palmyre* aus dem Jahr 1897, das im Museum Toulouse-Lautrec in Albi zu sehen ist.

118 Siehe Beatriz Preciado: Queer Bulldogs. Histories of Human-Canin Co-Breeding and Bio-Political Resistance. Vortrag am 10.09.2012 auf der dOCUMENTA Kassel.

Die Frage nach den wechselseitigen Beziehungen stellt sich als konstruktiver heraus als die Frage nach den Grenzen und Unterschieden zwischen den Lebewesen. Ein willentliches Zurücklassen überkommener Taxonomien bietet neue Allianzen an. So lässt sich nach der Bedeutung von Beziehungen in einem Gefüge von Lebenswirklichkeiten fragen und erkennen, dass Subjekte immer mit ihren relationalen Konstitutionen verbunden und ihnen nicht vorgeordnet sind. Es geht um „feedback relationships“: Beziehungen, die in „performative terms“ ausgedrückt werden, die sich nicht auf Sprache beschränken und Verbindungen ermöglichen, die sich über die Speziesgrenzen hinwegsetzen.

Nur ein Mangel an Verbindungen

When we see that we are actors in natural cycles, we understand that what nature gives to us is influenced by what we give to nature.[119]

Imaginierte Restriktion

Taxonomien haben die politischen, ökonomischen und speziezistischen Spaltungsdiskurse wesentlich mitgetragen. Sie generieren ein Weltverständnis, das sämtliche Vorgänge ökonomisieren, steuern und verwalten möchte und auf der Prämisse beruht, dass jeder letztlich alleine ist und für sich alleine kämpft. So ist jeder potenzieller Konkurrent des anderen, den es zu übertreffen gilt. Es gibt tatsächlich letztlich kein Gesellschaft begründendes Konzept, weil es kein Gemeinsames gibt, nichts, worauf man sich beziehen kann.

Das Konkurrenz-Schema ruht auf dem Dogma der Ressourcenknappheit. Der Mangel erscheint darin als die vorrangige Charakteristik einer auf einem Zeitvektor reisenden Welt. Das Argument der Verknappung wird strategisch eingesetzt, um einen Wettlauf zu generieren. Ein Umgang mit Ressourcen, der von natürlichen Zyklen weiß, kann sich vom Stress der Plünderungen zurückziehen. In einen weniger gehetzten Lebensrhythmus kann der Anspruch an eine Verhältnismäßigkeit einbezogen werden, an ein Bewusstsein über Zusammenhänge, denen alle ausgesetzt sind, die sich den Lebensraum teilen. Es ist keine Frage der Wahl, ob die Welterscheinungen miteinander verbunden sind.

Aus dieser Position wird es möglich und notwendig, dem ökonomiepolitisch gesteuerten Mangelargument mit Alternativen zu begegnen. Das Bild eines Kriegszustandes um die Eroberung der

119 Hyde: *The Gift*, S. 19.

Weltschätze beseelt ebenso das kolonialistische wie das christlich geprägte kirchliche Denken. Es korrespondiert darüber hinaus mit der Idee eines linearen Zeitablaufs und mit der Idee des Fortschritts als Optimierung. Der spätere Zeitpunkt ist dem vorigen in diesem Glaubenssystem tendenziell überlegen.

In diesem Denken nimmt sich derjenige, der etwas verschenkt, die Chance, als Verkäufer reüssieren zu können. Daher wird auf die Geste des Schenkens und Verteilens verzichtet, und das unverkaufte Produzierte verrottet oder wird zerstört. Die Vernichtung wird der Schenkung gegenüber bevorzugt, um das Wirtschaftssystem nicht zu gefährden. So wird Mangel produziert und künstlich aufrechterhalten. Wie plausibel und zukunftsträchtig kann aber ein Wirtschaftssystem sein, das vom Produktions- zum Destruktionsprozess übergehen muss, um sich nicht durch alternative, unvorhergesehene Konsumenten selbst zu gefährden oder zu zerstören?

Wer hingegen auf Zusammenhänge setzt, sieht sich vor die Aufgabe gestellt, wechselseitige Abhängigkeiten als Verantwortlichkeiten zu verstehen. Es spielt dann eine Rolle für das gesamte Universum, wenn an abgelegenen Orten Schaden entsteht. Bezugspunkte außerhalb der unmittelbar persönlichen Lebensführung, der Fokus auf eine Korrespondenz mit anderen, die Zeit und Raum teilen, schafft Bezüge und Verbundenheit jenseits ökonomistischer Verpflichtungen. Weil man miteinander auf der Welt ist, teilt man nicht nur das Leben, sondern auch die Lebensmittel. Die Anwesenheit anderer Lebewesen steht nicht für eine grundlegende Bedrohung und einen dadurch quasi natürlich bestehenden Kriegszustand, sondern für Erfahrung und Bereicherung. Begegnung und Verbundenheit mit anderen werden als Ausdehnung der Welterfahrung interpretierbar.

Verbundenheit – eine Annäherung

Nun bewirkt diese Verbindung oder Anpassung aller geschaffenen Dinge an jedes und eines jeden an alle anderen, daß jede einfache Substanz Beziehungen hat, die alle anderen ausdrücken, und daß sie folglich ein immerwährender lebendiger Spiegel des Universums ist.[120]

Ein Lebensraum

Verbundenheit bezeichnet eine allen Lebewesen zugrundeliegende Fähigkeit, das Leben mit anderen zu teilen. Wie kann diese beschrieben werden? Und wodurch ist sie gegeben?

In aktuellen Weltbeschreibungen herrschen unterschiedliche Ideen darüber, ob und welche Zusammenhänge es unter den Lebewesen gibt. Tendenziell lassen sich zwei Hauptstränge wie folgt beschreiben: Während es eine Seite der Diskussion als erwiesen betrachtet, dass allein durch die Materialität der Erde und die materielle Erscheinungsform der Lebewesen eine miteinander geteilte Anwesenheit bedingt wird und diese notwendig Verbundenheit mit den anderen Lebewesen bedeutet, wehrt die andere Seite eine solche grundlegende Verbundenheit ab und sieht keinen daraus ableitbaren Zusammenhang – gleichzeitiges Dasein wird als zufällig beschrieben und bedeutet damit nicht, dass man auf irgendeine Art miteinander zu tun hätte.

Weltmodelle, die von Verbundenheit ausgehen und auf sie setzen, sind von der Vorstellung eines gemeinsamen Lebens in einem miteinander geteilten Universum getragen. Elemente des Zusammenlebens beinhalten geteiltes Eigentum, partizipatorische Entscheidungsfindung und schonenden Umgang mit den Ressourcen, außerdem die Einbeziehung aller Lebewesen in eine spirituelle

120 Leibniz: *Monadologie*, S. 41.

Sphäre, wie Annette Jaimes in Bezug auf indigene Gesellschaften schreibt:

> In terms of economics, the Native peoples tend to have communal property, subsistence production, barter systems, high-impact technology, and competitive production. In terms of political relations, Native people have consensual processes, direct 'participatory' democracy, and laws embedded in oral traditions. On the other hand, modern society has centralized executive authorities, representative democracy, and written laws. In respect to their social relations, they differ, generally, in terms of matrilineality versus patriarchy, extended versus nuclear families, and low versus high population density. Finally, regarding differences in world view, the Native peoples are polytheistic, derive an understanding of the world from the natural order's rhythms and cycles of life, and include animals and plants as well as other natural features in their conceptions of spirituality, which the cultural anthropologists call animism and totemism.[121]

Aus dem Verständnis einer Verbundenheit folgt die notwendige Annahme, dass Ausgewogenheit und wechselseitiges Bezugnehmen aufeinander allen zuträglich sind. Werden Teilbereiche eines Systems von ungünstigen Entwicklungen betroffen, wirkt sich das auf die Allgemeinbefindlichkeit aus. Wie im Bild des Mobiles sind alle Teile miteinander verbunden, weshalb auch jede Veränderung, die an einem beliebigen Ort des Systems stattfindet, die Gesamtbefindlichkeit beeinflusst.

Dieser Auffassung liegt die Idee einer umfassenderen Art von Weltzusammenhang zugrunde als die der Unterwerfung anderer Lebewesen und der Jagd nach Ressourcen. Im Verweis auf Zusammenhänge in der Welt, die andere Dimensionen als die des Kalküls ins Spiel bringen, wird von Prozessen der „Alter-Globalisation" und „autre-mondialisation"[122] gesprochen. Die weltweiten Zusammenhänge werden darin als tatsächlich Stattfindendes gedeutet, etwas, mit dem man sich befassen muss, dem man durch Leugnung nicht entkommt. Es geht um einen möglichen Perspektivenwechsel, der einer ökonomisch geprägten Auffassung von Welt als plünderbarem Ressourcenlager entgegentritt.

121 M. Annette Jaimes, zit. nach Mary Magoulick: Native American Worldview Emerges.

122 Vgl. hierzu Preciados Verwendung des Begriffs als Gegenposition zur ökonomisch gedachten „Globalisation" im Vortrag „Queer Bulldogs. Histories of Human-Canin Co-Breeding and Bio-Political Resistance" am 10.09.2012 auf der dOCUMENTA Kassel.

Verantwortung

Wenn die vorhandenen Relationen nicht beachtet werden, kann ein Bewusstsein von Verantwortung nicht entwickelt werden. Es finden keine wechselseitigen Bezugnahmen statt, keine Situationen des Austausches. Das relationale Moment, das in der Verantwortung steckt, als Möglichkeit und Wahrscheinlichkeit, dass aus einer gesetzten Aktion etwas entsteht, das mit ihr im Zusammenhang steht, wird vernachlässigt oder geleugnet. Auf diese Weise ist vermeintlich Freiheit von Verantwortung zu erreichen. Diese Auffassung führt zur Vereinzelung in einer Welt, in der niemand für jemand anderen als sich selbst zuständig und verantwortlich ist.

Verantwortung, „response", soll hier als Kategorie aktualisiert werden. Sie wird als horizontal wirksame Aufgabe verstanden. Es gibt nicht den einen, den Obersten, der für seine Untergebenen verantwortlich gemacht wird, sondern wechselseitige Verbindlichkeiten. Verantwortung zeigt sich nicht als wählbare, sondern als zwingende Bezugnahme auf andere. So ermächtigt sich das Subjekt gleichzeitig, indem es sich als wichtig und einflussreich genug sieht, um Verantwortung tragen zu können. So erhält es Handlungsmöglichkeiten, weil es fähig und dazu aufgerufen ist, Verantwortung zu tragen. Es ist nicht einem unbeeinflussbaren Treiben ausgesetzt und zur Tatenlosigkeit verdammt. Es ist nicht das unterworfene, manipulierte Subjekt, das ferngesteuert wird.

Wer Verantwortung übernimmt, stellt sich in einen Zusammenhang, ist bereit, sich in ein Wechselspiel zu begeben. Im Grimm'schen Wörterbuch wird für das Substantiv „Verantwortung", das als Wort erst ab der zweiten Hälfte des 15. Jahrhunderts belegt ist, eine Bedeutung aus dem Verb „antworten" angegeben, auch im Zusammenhang mit der Bedeutung „apo-logia" (Entschuldigung) und „defensio" (Verteidigung). Eine Rechtfertigung dessen, was getan wird, ist in dieser Bedeutung enthalten, sogar eine Rechtfertigung vor Gericht könnte gemeint sein: „rechtfertigung überhaupt. wie verantworten zunächst eine mündliche rechtfertigung in sich schlieszt, so ist verantwortung meist persönliche rechtfertigung in eigener sache oder in einer, die ich zur meinigen gemacht."[123] Eine klare Beschreibung einer Beziehung, ein Kontext

123 Jacob Grimm / Wilhelm Grimm: *Deutsches Wörterbuch*, 16 Bde. in 32 Teilbänden. Leipzig: Hirzel 1971, Bd. 25, Sp. 81–85.

von Verbundenheit macht Verantwortung möglich und notwendig. Im Etymologischen Wörterbuch wird zusätzlich die Bedeutungsvariante „Rechenschaft“ angeführt, ein Hinweis auf eine zeitliche Einbindung von Tun und möglichen Wirkungen, die argumentierbar sein sollen.

Auch im englischen Wort „response“, das dem lateinischen „respondere“ entstammt, klingt dieser Zeithorizont hinein: für „respondere“ listet das Pons Wörterbuch: „ein Gegenversprechen leisten, versichern, zusagen“. Die Anbindung an das vorherige Geschehen ist stärker und deutlicher als in der Bedeutung des Antwortens, das erst als zweite Bedeutung angeführt wird: „antworten, erwidern“.[124]

Die Bedeutungen dieses Wortumfeldes bezeichnen Beteiligung am Geschehen und stellen die Möglichkeit bereit, zu agieren und auf Aktionen zu reagieren. Einerseits gestaltend Teil der Welt zu sein, andererseits sich zu bereits Gestaltetem und Vorgefundenem zu verhalten und Einfluss zu nehmen. Man tritt in ein Kontinuum des Lebendigen, in dem weder alles vorgegeben noch alles erst zu konstruieren wäre. Das setzt voraus, sich einzulassen, sich berühren zu lassen, Fragen zu stellen und Antworten zuzuhören. Ein Teil der Welt zu sein wird als Praxis gedacht. „How is ‘becoming with’ a practice of becoming worldly?“[125]

Es geht hier um ein Bewusstsein, das Teil der Welt sein will, ihr angehören will auf einer Ebene der Unmittelbarkeit, das keine gemeinsame Sprache im linguistischen Sinne braucht, um mit anderen zu kommunizieren. Von dieser grundlegenden Möglichkeit geht ein gemeinsames In-der-Welt-Sein aus. Das heißt, Lebewesen haben die Möglichkeit, miteinander in Kontakt zu treten und sich auszutauschen.

124 Die Angaben beziehen sich auf das Pons Online-Wörterbuch. http://de.pons.eu/latein-deutsch/respondere (Zugriff am 20.03.2013).

125 Haraway: *When Species Meet*, S. 3.

In und von der Welt

We are involved with the world around us. We are in it and of it.[126]

Eingewoben

Ein Teil der Welt zu sein, nicht ein abgespaltenes Einzelwesen, geht mit der Erfahrung des In-der-Welt-Seins einher. Das Verlangen nach einem direkten Teilhaben korrespondiert mit einer immer schon in der Welt verorteten Seinsweise. Wie könnte man sich entziehen, wo man doch als Teil der Welt in ihr lebt? Dennoch geht es beim Verständnis, als Lebewesen der Welt zugehörig zu sein, um eine Aufmerksamkeitsverschiebung. Sie verlangt eine Aufwertung ausgeschlossener Anteile, eine Versöhnung der materiellen, intellektuellen und spirituellen Anteile als eine Verbindung der zentralen Einflusspunkte der Welterfahrung. Man kann sich nicht beliebig von der leiblichen Sphäre wegbewegen und sich ihrer entledigen. Man bleibt als resonanzfähiges fühlendes leibliches Wesen ein leiblicher Teil des universalen kosmischen Zusammenhanges, eingewoben zwischen die Existenzen.

> We are in the midst of webbed existences, multiple beings in relationship, this animal, this sick child, this village, these herds, these ecologies linking natures and cultures without end. This is a ramifying tapestry of shared being/becoming among critters (including humans) in which living well, flourishing, and being 'polite' (political/ethical/in right relation) mean staying inside shared semiotic materiality, including the suffering inherent in unequal and ontologically multiple instrumental relationships.[127]

126 Noë: *Out of Our Heads*, S. 82.
127 Haraway: *When Species Meet*, S. 72.

Weg- und Tischgefährten

Im direkten Bezug konkreter Lebensgeschichten wird Verbindung zu den Geschehnissen der Welt hergestellt. In dem Moment, in dem andere als zur gleichen Zeit in einem gleichen Horizont Lebende gesehen werden, werden sie zu „Kumpanen" – zu solchen, die gleichzeitig dem Abenteuer der Weltlichkeit ausgesetzt sind. Haraway spricht von „companion species" und verweist auf die Potenzialität des gemeinsamen Erlebens und Werdens. Das gemeinsame Essen, das in der ursprünglichen Wortbedeutung von „Kumpan" bzw. „companion" enthalten ist, verweist auf Nähe in der Lebensführung: Cum panis – es geht um jemanden, mit dem man „das Brot teilt". Etymologisch abgeleitet und seit dem 13. Jahrhundert bezeugt, bedeutet es im Mittelhochdeutschen:

> kompān, kumpān; von altfranzösisch: compain = Genosse, entlehnt; aus mittellateinisch: companio = Brotgenosse, Tischgenosse, Gefährte; aus dem lateinischen Präfix com- = zusammen, mit und panis = Brot.[128]

Darüber hinaus bezeichnet „companion" eine Beziehung, in der Hierarchien, falls vorhanden, nicht direkt abzulesen sind. Haraway nimmt hier auf eine Tradition Bezug, in der Hund und Mensch als miteinander Lebende und Arbeitende betrachtet werden, in der ein Hund nicht bloßer Befehlsempfänger, sondern ein aktiv ins Geschehen Involvierter ist.[129]

Der Akt des gemeinsamen Essens, ein Gemeinschaft stiftendes Ritual, wird bei Haraway fast wie eine säkulare Form der Kommunion bedeutsam. Darin wird eine „spezies-übergreifende" Zusammengehörigkeit postuliert. Darüber hinaus kann das Kumpane-Sein als grundlegende Erkenntnis einer Seinsweise gelten: wenn man sich die Welt als lebendig vorstellt, immer im Wandel begriffen, in der alles in allem enthalten ist bzw. alles andauernd zu etwas anderem wird. Das bedeutet eine Allianz mit den anderen Lebewesen. Wie mit jedem Ausatmen ein Teil Atmosphäre durch das Wirken der Pflanzen von verbrauchter wieder zu qualitativ hochwertiger Luft verwandelt wird, so erhalten sich Lebewesen ununterbrochen wechselseitig, ständig durch Umgestaltung und Einverleibung der Umgebung.

128 Vgl. http://de.wiktionary.org/wiki/Kumpan (Zugriff am 08.03.2012).

129 Vgl. hierzu Haraway: *When Species Meet.*

Eine großzügige Definition der Kumpane lässt vielgestaltige Lebewesen an der Tafel der Welt Platz nehmen. Es gilt zu verstehen, dass die Einladung zu dieser Teilhabe nicht einseitig von Menschen ausgesprochen werden kann, sondern wechselseitig aneinander ergeht. In einer inklusiven Geste werden die versteckten Teilnehmer endlich auf sichtbare Positionen gestellt, und es wird sich zeigen, dass sie unterschiedlichen, nicht nur menschlichen Herkünften entstammen. Symbolisch wird so die immer schon größere Welt erweitert um Akteure aus entlegen anmutenden und unerwarteten Gegenden; Begegnungen gehen über dichotomisches Sicherheitsdenken hinaus.

Begegnung

Accountability, caring for, being affected and entering into responsibility are not ethical abstractions; these mundane, prosaic things are the results of having track with each other.[130]

Das Ich entsteht durch Bewegung

Gemeinsames Leben besteht in der Begegnung mit anderen Lebewesen. In einer Welt, die sich aus Begegnungen entfaltet, kann es Freiheit von Verantwortung nicht geben. Begegnung wird hier als Moment verstanden, in dem sich ein Subjekt erst konstituiert: In der Begegnung mit dem anderen entsteht das Subjekt erst, in jeder Begegnung neu. Die Begegnung mit einem anderen Ich ermöglicht eine Bewegung, die das eine Ich als verändert zu sich zurückkehren lässt – angereichert durch die Begegnung mit dem anderen Ich. In diesem Akt der Begegnung anerkennt das Ich ein anderes Ich. Für Lévinas bedeutet eine Begegnung immer zugleich bereits Verantwortung, weil sie die Möglichkeit bereitstellt, einen Subjektstatus zu generieren. Daher ist diese Begegnung für das Subjekt notwendig.[131]

Begegnung bezeichnet also einerseits eine Notwendigkeit, da sich das Subjekt ohne sie nicht formen kann. Darüber hinaus bedeutet sie Verantwortung, denn die Bewegung zum anderen hin anerkennt dessen Relevanz. Der Auffassung, dass Bewegung auf der physischen Ebene den lebendigen Leib ausmacht, entspricht hier, auf der psychischen Ebene, eine Bewegung im Subjekt. Materielle wie psychische Bewegung sind Zeichen der Lebendigkeit. Und wie der Leib Spuren seines Lebens trägt und erinnert und sich dabei ständig

130 Haraway: *When Species Meet*, S. 36.

131 Vgl. hierzu Katharina Pewny: *Das Drama des Prekären. Über die Wiederkehr der Ethik in Theater und Performance.* Bielefeld: Transcript 2011.

verändert, so nimmt auch das Subjekt die Spuren seiner Begegnungen in sich auf. Es ist nach der Begegnung nicht mehr das gleiche wie vorher.

> The partners do not proceed the meeting; species of all kinds, living and not, are consequent on a subject- and object-shaping dance of encounters. [...] As ordinary knotted beings, they are also always meaning-making figures that gather up those who respond to them into unpredictable kinds of 'we'.

Gewöhnliche Wesen sind immer gleichzeitig Bedeutung tragende Figuren, die in sich diejenigen versammeln, die mit ihnen in Resonanz treten, die auf sie reagieren, die wechselseitig Verantwortung übernehmen. Resonanzfähigkeit, eine ursprünglich akustische Potenz, wird zu einer wesentlichen Eigenschaft. Sie bezeichnet die Möglichkeit, andere Wesen als sich selbst wahrzunehmen, zu hören und zu berühren, zu sehen und zu fühlen. Und ihr gelingt darüber hinaus ein Hereinholen dessen, was diese und was man selbst aussendet, in den Prozess der Kommunikation. Die Fähigkeit, mit dem Ausgesandten zu korrespondieren, wird mit Resonanz beschrieben.
Begegnungen lassen das Subjekt verändert zu sich zurückkehren. Durchdrungen von Elementen anderer Erfahrungswelten, formiert es sich immer wieder neu. Auf der anderen Seite wird ein komplementärer Vorgang geschehen.

> In der Mimesis liegt eine Komplementarität der Perspektiven: Man sieht den Anderen als gleich an und nimmt sich vom anderen als gleich gesehen an. Körperliche Vorformen der Komplementarität bestehen in einem Anschmiegen an einen Anderen; dieses ist ein sinnlicher, körperlicher Akt, aber er ist bereits von Ordnung durchzogen: der Andere wird an die Welt desjenigen angeglichen, der sich ihm anschmiegt. Diese Metapher drückt auch das in der Mimesis enthaltene Affektive aus.[132]

Hiermit wird nicht gesagt, dass die mimetische Einfühlung sich diktatorisch über die ihr gebotene Erfahrung hermacht, sie bestimmt aber die Perspektive, zu der zurückgekehrt wird, um einem psychotischen Abgleiten zu entgehen. Die Rückkehr ins eigene Subjekt und die eigene Interpretation der erworbenen Erfahrung bilden den Punkt der Stabilität des prozessualen Subjekts. Die erwähnte Ordnung bestimmt eben jenen Ort, an dem das Subjekt zu sich

132 Gunter Gebauer / Christoph Wulf: *Mimesis. Kultur – Kunst – Gesellschaft.* Reinbek: Rowohlt 1992, S. 13–14.

selbst zurückkehrt, um nicht von den einströmenden Einflüssen überschwemmt zu werden und sich aufzulösen.
Die Atmosphäre füllt sich mit wechselseitigen Beeinflussungen. Wie in einem kammermusikalischen Ensemble fließen im Resonanzraum die Töne der einzelnen Spieler ineinander, entfalten die einzelnen Melodie- und Klanglinien einen Gesamtklang, der auf alle Beteiligten wiederum unterschiedlich wirkt.
In einer spielerischen Wettbewerbssituation wie dem von Donna Haraway beschriebenen Agility-Training,[133] entsteht durch gemeinsames Agieren völlig anderer Art ein ähnlicher gemeinsamer Raum, in dem Mensch und Hund als Team auftreten und ihr freundschaftliches Verhältnis auf seine Elastizität hin prüfen. Die ineinander übergehenden Bestrebungen der gemeinsam am Wettkampf Teilnehmenden erzeugen notwendig ein kommunikatives Feld, denn in der hohen Geschwindigkeit steht keine Sekunde für eine Strategieplanung zur Verfügung. Alles geschieht unmittelbar. Durch langes Training und gemeinsames Erlernen der Spielregeln sind Haraways Hündin und sie dafür gerüstet. Wechselseitige Einfühlung und intuitive Vorwegnahme der folgenden Aktionen gestalten den Spielverlauf. Das gemeinsame Bestreiten des Spiels beschreibt Donna Haraway als genuine Beziehungserfahrung, die sie verwandelt: „Love's undoing me"[134]. Die eindeutige beiderseitige Hingabe an die Spielsituation beschreibt sie als klaren Liebes- und Freundschaftsbeweis. Wie in einer musikalischen Darbietung, die sich auf die tragende Beziehung der tonalen und atonalen Abmachungen verlässt, wird hier Verständigung in eine nicht-sprachliche Ebene verlegt. Wie im Tanz, in dem Bewegungen wortlos miteinander kommunizieren und Sinn und Bedeutung performativ umsetzen.
Die Frage nach Unterscheidungen zwischen den Spielenden verliert ihre zentrale Stellung, wenn ein gemeinsames Ziel in den Vordergrund rückt. Mit der Favorisierung der verbindenden gegenüber den trennenden Elementen kann eine Beziehung etabliert werden, die Differenzen aushält. Auf dem Boden eines gemeinsamen Urgrundes können unterschiedliche Wesenheiten miteinander zu

133 Vgl. Haraway: *When Species Meet.*

134 Donna Haraway: Encounters with Companion Species: Entangling Dogs, Baboons, Philosophers, and Biologists. In: *Configurations* 14,1–2 (2006), S. 97–114, hier S. 101.

tun haben. Differenz trennt nicht in feindliche Lager, sondern kann als Ergänzung des eigenen Clans verstanden werden.

Integration verschiedener Herkünfte

Im Prozess des Spiels kommt es zu einem gegenseitigen Ineinander-Übergehen. „Love's undoing me": Das Subjekt löst sich auf und setzt sich wieder zusammen, allerdings aus veränderten Bestandteilen. Liebe ist als diejenige Kraft, die auseinandernimmt und wieder neu zusammensetzt, Schöpferin des Neuen. Lebewesen sind von vornherein auf Kontakt angewiesen. Umso mehr Freundschaft und Liebe in diesen Kontakt hineinfließen, umso leichter lässt sich eine Verbindung aufbauen, weil die positiv aufgeladene Hinwendung Kommunikation beschleunigt. Liebe als Gefühl, das Lebewesen auf den Lebensweg mitgegeben ist, wirkt als Kraft, als Vektor, der das Leben selbst vorantreibt. Egal, in welcher Inkarnation, egal, wie das Wort Liebe anders versprachlicht wird oder eben jenseits der Verbalität wirkt. Die Inkarnation in die menschliche Erscheinungsform hat unterschiedliche Lebensformen integriert. Wie in der Anatomie des Gehirns sich Überbleibsel aus fernen Zeiten auffinden lassen, etwa die echsenartige Gehirnstruktur im menschlichen Kopf (Stammhirn), so kann man sich die Überlagerung unterschiedlicher Seinsweisen mit unterschiedlichen Körperstrukturen, eben Inkarnationen, als im Menschen vorhanden, vorstellen. So erklärt sich ein Bild des Menschen, in dem unterschiedliche Spezies vereinigt sind: ein Treffpunkt, ein Begegnungs- und Auseinandersetzungsort. Eine „multispecies-crowd"[135].

Diese Idee der multispecies-crowd kann auf die unterschiedlichen neu erworbenen Ich-Anteile ebenso angewendet werden wie auf das Vorhandensein unterschiedlicher Spezies in einer vertikal vorgestellten Inkarnation. Die Bewegung der auflösenden und zusammenfügenden Liebeskraft spiegelt Entfaltung in der Begegnung wider.

So trifft man in der geschilderten Szene auf eine neue Version eines Ich, hat mit einer erneuerten Hündin, einer erneuerten Forscherin zu tun, die vom Agility-Training mit ihrer Herzenshündin („dog of my heart") zurückkommt und überlegt, wie viele Anteile der jeweils anderen ihre vorherige Zugehörigkeit verlassen haben.

135 Vgl. hierzu die Einleitung von Haraway: *When Species Meet.*

Ichverwandlungen

Ein solches prozessuales Ich widerspricht der Idee einer starren Identität. Das Ich gibt es nicht als reines, abteilbares, selbstidentisches Element. Begegnung kann nicht gewährleisten, dass man zur gleichen Verfassung, zum gleichen Ich zurückkehrt. Affiziertheit bedeutet, sich dem Risiko einer Verwandlung auszusetzen. „Ich bin, ich existiere in dieser gemischten Kontingenz, die für Veränderung sorgt durch den Gewittersturm des anderen, durch die Möglichkeit seiner Existenz. Wir bringen uns wechselseitig aus dem Gleichgewicht, machen uns unser Dasein gegenseitig riskant."[136]

Eine aus dieser Bewegung entstehende Verantwortung, die sich bei Lévinas, willkürlich und theoretisch anmutend, exklusiv auf menschlich-göttliches Miteinander bezieht, lässt sich, in einem weitreichenderen Blick, auch auf den Umgang mit anderen Lebewesen ausdehnen. Lévinas' Fokus liegt auf der Fähigkeit des Antworten-Könnens und beschränkt diese Korrespondenzebene auf anthropozentrische Bezüge. Das Ausklammern der nicht-menschlichen Relationen, die bereits in einem Blickwechsel entstehen, aus philosophischen Überlegungen des gemeinsamen In-der-Welt-Seins, verzichtet auf wertvolle Perspektivenwechsel. Philosophie steht Tieren immer noch zumeist in einer vermeintlichen Überlegenheit, zuschreibend und absprechend gegenüber. Mit einer Intensität des Blickes wird Relation aber bereits wesentlich initiiert. Auf der Seite der Sehenden ersteht eine Welt, in der das Verhalten der Akteure sich abbildet. Das bedeutet, den Aktionen Relevanz beizumessen, weil diese erstehenden Welten Teil der gesamten Welterscheinungen werden – in Atmosphären, in Dispositionen.

Tiere als diejenigen zu begreifen, die ihrerseits Blicke werfen auf ihre Gegenüber, eröffnet Spekulationsfelder über Inhalte und Interpretationen. Diesen Ausgangspunkt wählt Derrida für seine Überlegungen: Das große Manko der Philosophie nach Michel de Montaigne bestehe in dieser Auslassung, dass sie sich nämlich Tieren nur als Beobachtende, nicht aber als Beobachtete gewidmet habe. Montaignes Überlegung – „Wer weiß, wenn ich mit meiner Katze spiele, ob sie sich die Zeit nicht mehr mit mir vertreibt, als ich mir dieselbe mit ihr vertreibe? Wir treiben wechselweise mit

136 Michel Serres: *Die fünf Sinne: Eine Philosophie der Gemenge und Gemische.* Frankfurt am Main: Suhrkamp 1996, S. 28.

einander Possen. Gleichwie ich nach Gefallen anfangen oder aufhören kann: so kann sie es auch"[137] – gesteht der Katze klar eine Subjektposition zu. Montaigne sieht seine Katze mit Absichten ausgestattet und erkennt wechselseitige Bezugnahmen. Von wem die Initiative zum Spiel ausgeht, ist nicht wichtig, weil er sich auf ein Miteinander einlassen kann und nicht die dominante Position für sich beansprucht. Er riskiert es, nach Laune für das Spiel der Katze zur Verfügung zu stehen und fürchtet nicht, sich dabei lächerlich zu machen. Oder anders gesagt: Er riskiert es, sich in einer undefinierten Position wiederzufinden.

> Il y aurait d'abord les textes signés par des gens qui ont sans doute vu, observé, analysé, réfléchi l'animal mais se sont jamais vus vus par l'animal: ils n'ont jamais vu le regard d'un animal posé sur eux (sans même parler de leur nudité); si même il se sont vus vus un jour, furtivement, par l'animal, ils n'en ont tenu aucun compte (thématique, théorique, philosophique); ils n'ont pu ou voulu tirer aucune conséquence systématique du fait qu'un animal pouvait, leur faisant face, les regarder, vêtus ou nus, et, en un mot, sans un mot, s'adresser à eux; ils n'ont tenu aucun compte du fait que ce qu'ils appellent « l'animal » pouvait les regarder et s'adresser à eux depuis là-bas, depuis une origine tout autre.[138]

Sich als gesehen zu sehen bedeutet eine andere Aufmerksamkeit als die des Beobachtens von einer vorgeblich unsichtbaren objektiven Position aus. Sich als gesehen zu sehen bedeutet, in eine dialogische Situation einzutreten, in der damit gerechnet werden muss, dass man angesprochen wird, auch ohne Worte. Es bedeutet ein Sich-verfügbar-Machen für das Anliegen dessen, der einen ansieht und an-geht. Die überlegene Position wird darin aufgegeben.

137 Michel de Montaigne:: *Essais II.* http://www.textlog.de/30942.html (Zugriff am 23.10.2012).

138 Derrida: *L'animal*, S. 31. „Da wären zunächst einmal die Texte, die von Leuten signiert sind, die das Tier zweifellos gesehen, beobachtet, analysiert, reflektiert haben, die sich aber nie vom Tier *gesehen sahen*; sie haben nie den Blick eines Tieres gekreuzt, der auf ihnen lag (von ihrer Nacktheit ganz zu schweigen); selbst wenn sie sich eines Tages flüchtig vom Tier gesehen sahen, haben sie das nicht in (thematischen, theoretischen, philosophischen) Betracht gezogen; sie konnten oder wollten aus der Tatsache, daß ein Tier, indem es ihnen gegenüberstand, sie, bekleidet oder nackt, anblicken konnte, und sich mit einem Wort, ohne ein Wort, *an sie richten* (*s'adresser*) konnte, keinerlei systematische Konsequenz ziehen; sie haben überhaupt nicht in Betracht gezogen, daß das, was sie Tier nennen, von dort aus, von einem ganz anderen Ursprung aus, *anblicken* und sich *an sie wenden* (*s'adresser*) konnte." (Derrida: *Das Tier*, S. 34.)

Spiegelfunktionen

In her dreams the earth, eagles, fishes, coyotes, tortoises, mice and spiders instructed her. In her dreams she knew of things that had long since been lost to others. [139]

Weltrepräsentationen

Im Spiegel mit anderen Wesen finden sich die inspirierenden Facetten, in denen man sich selbst nahekommt. In Verdoppelungen und Vervielfachungen lernt man, sich zu sehen. Vielgestaltige Wesen, nicht nur menschliche, stehen für diese Selbst- und Welterkundungen zur Verfügung. Selbst auferlegte Beschränkung des Erfahrungshorizonts, in dem auf Kontakt mit nicht-menschlichen Tieren verzichtet wird, mag ein Verlust auf einer persönlichen Ebene sein. Die Erfahrungen im Austausch mit nicht-menschlichen Tieren entbehren der Vorstellung einer verbalisierten Kommunikation, wie sie mit der Sprache fähigen Menschen stattfindet. Kommunikation inter species bedient sich anderer Ausdrucksmittel, und zwischen Angehörigen unterschiedlicher Tierarten finden sich Mitteilungen ebenso wie unter ihresgleichen. Montaigne schreibt: „Selbst bei denjenigen Tieren, die keine Stimme haben, können wir aus den gegenseitigen Dienstbezeigungen leichtlich schließen, dass sie durch irgend ein anderes Mittel ein Verständnis miteinander unterhalten müssen. Ihre Bewegungen reden.“[140]

Die Sprache der Bewegungen bleibt großteils an die leibliche Repräsentation gebunden. Sie bietet eine Bereicherung der verbalen Kommunikationsebene, die immer bereits die der Sprache innewohnende Abstraktion beinhaltet und zu weiteren, unendlichen Abstraktionen einlädt. Blickwechsel und Berührungen finden im

139 N. Scott Momaday: *The Ancient Child.* New York: Harper Perennial 1990, S. 101.

140 Montaigne: *Essais II.*

Augenblick statt und verbinden mit dem Augenblick, der gerade erlebt wird. Vielleicht ist diese Verbindung die einzige Garantie, nicht zu träumen. Die Verankerung in einen Prozess des Lebens, das immer anders erscheint: als grelles Federkleid im Frühling, als verschneites Fell bei Kälteeinbruch. Als skalierender Blick, dem ein Sprung folgt. Als Ehrfurcht gebietende Geometrie eines Spinnennetzes.

Eine Verringerung der Vielfalt der nicht-menschlichen Tiere, durch Verfolgung oder Lebensraumverlust, bedeutet immer auch einen Verlust an Ausdrucksmöglichkeiten. Jedes Wesen werde benötigt, um das Gesamte ausdrücken zu können, heißt es bei Leibniz. Jede einfache Substanz habe Beziehungen, die alle anderen ausdrücken.[141] Leibniz legt Wert auf die Materialität dieses Ausdrucks.

> Obwohl so zwar jede geschaffene Monade das gesamte Universum vorstellt, stellt sie doch den Körper, der insbesondere für sie bestimmt ist und dessen Entelechie sie ausmacht, deutlicher vor: Und wie dieser Körper das gesamte Universum durch den Zusammenhang aller Materie im Vollen ausdrückt, so stellt auch die Seele das gesamte Universum vor, indem sie den Körper vorstellt, der ihr in einer besonderen Weise angehört.[142]

Wie die einzelnen Instrumente eines Orchesters drücken einzelne Lebewesen unterschiedliche Stimmungen und Charaktere aus, durch die Vielfalt in Form und Erscheinung, in Größe, Körperbau und Lebensweise. Genau ihre Unterschiedlichkeit lässt sie schließlich zu einem gemeinsamen Ausdruck, wie einem endlos strömenden Orchesterklang, beitragen. Auch im buchstäblichen Sinne ergeben die Äußerungen einen akustischen Raum. Bernie Krause bezeichnet die Summe akustischer Ausdrücke als „Soundscape“, der sich in drei Sphären unterteilen lasse: „Geophony“ beinhaltet Audiosignale nicht-biologischen Ursprungs wie Wetter-, Erd- oder Meeresklänge, „Biophony“ die Gesamtheit der Klangäußerungen nicht-menschlicher Lebewesen wie Laute von Tieren etc. und „Anthrophony“ die Summe menschlich erzeugter akustischer Phänomene – Gespräche, Gesang – inklusive musikalischer oder elektromechanischer Geräusche, Verkehrs- und Maschinenlärm. Krause erforscht die Soundscapes unterschiedlicher Habitate zu verschiedenen Zeitpunkten, etwa vor und nach der selektiven Schlägerung einzelner Bäume. Er

141 Vgl. hierzu Leibniz: *Monadologie*, § 56.
142 Ebd., S. 47.

vergleicht die akustischen Aufzeichnungen mit Partituren, aus welchen sich minimale Veränderungen wesentlich umfassender darstellen lassen als durch visualisierende Aufzeichnungsmethoden.

> Like the rings on a tree, these recordings serve as multilevel biohistorical markers. When natural cycles, disasters, or destructive acts of human intercession occur, the events are quickly and powerfully articulated through changes in the biophony. The living collection of sonic organisms responds appropriately. Non-human animals will try to recalibrate their voices to accommodate the altered circumstances.[143]

Die Darstellung der akustischen Umwelt zeigt die Verbundenheit der sie bewohnenden Lebewesen deutlich. Jede Stimme besetzt wie in einem Orchester einen eigenen Bereich der Frequenzen, Tonhöhen und Rhythmen, so dass alle gehört werden können. Solchen Klängen eignet nichts Ziseliertes und Dressiertes, keine Zwangsharmonik. Sie beinhalten die umfassenden Klänge aller Ebenen, von rhythmischer Unterlegung, tief tönenden Einwürfen bis zu den umfassenden Klängen der Obertonreihen.

Unendliche Vielfalt, die dennoch einen Korrelationspunkt hat: wie in den musikalischen Variationen eines Themas dasselbe oft fast bis zur Unkenntlichkeit ausdifferenziert wird, mit neuen harmonischen oder rhythmischen Konnotationen versehen. Das Thema wäre hier: das Lebewesen, die Variationen, die unzähligen Erscheinungsformen. Sie zeigen meisterlich, welche unterschiedlichen Charakterausdeutungen Melodien bieten – kaum lässt sich nachvollziehen und noch erkennen, dass sie alle einem Thema entspringen.

Eine Verringerung auf der Seite der Musizierenden (Individuen) und der Instrumente (Spezies) im Orchester, um im Bild zu bleiben, bedeutet eine Reduktion des Klangreichtums. Das Entfallen eines Individuums einer Instrumentengruppe im Orchester wird schmerzlich bemerkt, aber es gibt immerhin Nachfahren, solche, die dasselbe Instrument spielen, wenn auch nicht in der individuell ausgeprägten Art und Weise. Das Wegfallen oder Aussortieren eines Instruments entspricht hingegen der Ausrottung einer Spezies und bedeutet eine Reduktion der Möglichkeiten, sich in einer charakteristischen Stimmung wiederzufinden, die einem bestimmten Instrument in besonderer Weise zu eigen ist. Als wäre aus der

143 Bernie Krause: *The Great Animal Orchestra. Finding the Origins of Music in the World's Wild Places.* New York: Little, Brown / Hachette 2012, S. 74.

Partitur die Notierung dieser Stimme ausgeschnitten worden, so verstummt dieser einzigartige Ausdruck. Beim Verlust einer Spezies widerfährt also den Zurückbleibenden der Verlust einer Ausdrucksform. In einigen Fällen mag dies kaum auffallen, weil die, die verschwunden sind, zu klein oder zu weit weg waren. Von denen, die diesen Verlust als solchen verstehen, wird versucht, diese verlorene Spezies, die fehlende Stimme zu rekonstruieren, was nicht immer gelingen mag. Gesellschaften, die sich mit „bedrohten Arten" beschäftigen, tun dies nicht allein aus Neigung, sondern aus einem Verständnis des drohenden Verlustes, der eine Erschütterung des gesamten Zusammenhanges darstellt.

Mit dem Verschwinden einer Lebensform schwindet ein Teil dessen, was sie lebendig darstellt, sei es ein besonderer Gesang oder eine einzigartige Färbung, ein skurriles Muster oder akrobatische Körperbeherrschung. Zudem geht allen anderen die Möglichkeit verloren, mit genau diesem einzigartigen Lebewesen zu kommunizieren und Eindrücke zu finden, die durch keine andere Begegnung zu ersetzen sind.

Kein Außerhalb der Natur

Natur als ihr Angehörige zu verstehen, bedeutet einen Anspruch zu erfüllen, der an Selbsterkenntnis gestellt ist: sich in ihr zu spiegeln, um alle Ausdrucksformen, wie Leibniz das Bild entworfen hat, zur Verfügung zu haben. Um der Relevanz dessen, was hier unter „Natur" verstanden wird, zu entsprechen, gilt es genau diese Wechselposition einzunehmen. Als lebendige, leibliche Wesen gehören Menschen der Natur an. Es kann also von menschlicher Seite keinen Blick von außen und schon gar nicht von oben auf die Natur geben. Zum anderen finden sich in der nicht-menschlichen Natur Ausdrucksformen des Lebendigen, die im Menschen selbst nicht angelegt sind. Sie gilt also als erweiterter Erfahrungsraum, der über rein anthropomorphe Deutungsmöglichkeiten weit hinausgeht.

Die Entstehung des Menschen bedeutet kein Heraustreten aus der Natur. Mit einem den Menschen inkludierenden Naturverständnis werden Menschen einerseits von der Position des Widersachers der Natur befreit, andererseits von der Hybris, die Natur als schwach zu betrachten, als etwas, über das Menschen hinausgehen, dem sie überlegen sind. Daran schließt sich die Aufforderung an, einen Naturbegriff zu verabschieden, in dem Menschen sich als Hüter der Natur verstehen, die von außen analysieren und eingreifen. Nur ein die Menschen integrierender Naturbegriff, in dem Natur den Menschen nicht als Objekt gegenübersteht, kann eine angemessene Ebene von Aktion und Reaktion bereitstellen. Das gleiche gilt für den von menschlicher Seite üblichen Akt der Objektivierung anderer Spezies: Sobald diese nicht mehr aus der Perspektive der Überlegenheit und Abgetrenntheit betrachtet werden, wird eine Begegnung zwischen Subjekten möglich.

Wenn man, entgegen der Trennung in Materie und Geist, von einem grundlegenden Elan vital ausgeht, der sich in unendlichen Ausdifferenzierungen verkörpert, gelangt man zu einem gemeinsamen Bezugspunkt des Lebendigen. Auch in der Idee des Urknalls, der am Beginn gängiger physikalischer Weltentstehungsmodelle steht, entwickelt sich die Vielfalt aus einem vorherig Dagewesenen, das sich in Formenvariabilität auslebt. Dieser Stoff manifestiert sich in unterschiedlichen Modi, Verdichtungen, Varianten: in Subtilitätsgraden, wie es bei Leibniz heißt. Das bedeutet einerseits, dass es auf der physischen Ausgangsebene, auf der Ebene des handgreiflichen Materials, Zusammenhänge zwischen den Manifestationen gibt. So wären die Lebewesen alle miteinander verbunden, weil sie Ausgangsmaterial teilen. Und selbst Steine, überlegt Leibniz, könne man nicht ausschließen.

In diesem gedachten Ausgangsmaterial steckt also schöpferische Potenzialität, die Möglichkeit, die, laut Aristoteles, bereits in der Passivität enthalten ist, die er als „dynamis“ bezeichnet. Wirklichkeit kommt nicht mehr nur der platonischen Idee zu, auch Geformtes besitzt Wirklichkeit, ist durch „energeia“ geschaffen, aus der Kraft, die aus Materie Gestalt zu entwickeln imstande ist. Sie ist Entelechie-Kraft, eine Substanz, die ihr Ziel in sich trägt. Dem Physischen eignet eine solche gestalterische Kraft. Wie sich Form zu Materie verhält, so Seele zu Leib: „Somit ist die Seele die Entelechie des Leibes.“[144] Dieser Entelechie-Begriff bezeichnet die zielstrebige Kraft eines Lebewesens, sich seinen Anlagen gemäß zu entwickeln. Sie wohnt dem Lebendigen inne.

Das Lebendige ist also durch das Streben nach Entfaltung gekennzeichnet und daher immer der Veränderung unterworfen. Der

144 Erhard Holze: *Gott als Grund der Welt im Denken Gottfried Wilhelm Leibniz. Studia Leibnitiana*. Stuttgart: Steiner 1991, S. 127.

Antrieb, sich zu verändern, wohnt dem kleinsten Teil des Lebendigen inne, ist quasi sein bestimmendes Moment als lebendiges Wesen. Jedes Lebewesen strebt nach seiner Vollendung – das heißt, das Samenkorn weiß, welche Pflanze es werden soll/will und bildet die entsprechenden Blätter und Blüten aus, ebenso wie das menschliche und das nicht-menschliche Tier nach und nach die bereits angelegten Organe und leiblichen Attribute aus sich selbst herstellen oder ausbilden.

Lebewesen sind demnach keine austauschbaren Folien, aus denen sich beliebige Inkarnationen machen lassen. In Leibniz' Denkweise kommt das Lebewesen niemals als Tabula rasa ins Spiel und in die Welt. Gemäß der Entelechie ist jedes Lebewesen, wie auch jede Monade, bereits mit Inhalt gefüllt: wie im menschlichen Kind bereits die Fähigkeit zum Gehen vorhanden ist, wie in den Bewegungen der kleinen Gazelle bereits die Geschwindigkeit enthalten ist, wie das schwarze Samenkorn bereits alle Informationen zur Ausbildung der scharlachroten Mohnblüte enthält.

Fülle der Lebendigkeit bedeutet Reichtum an Wissen. Aus einem solchen reichen Universum kann nichts und niemand herausfallen. An diesem Reichtum haben Menschen, als Teil der Natur, Anteil. Nur so, niemals als Antithese, können Menschen eine Haltung der Achtsamkeit innerhalb der Natur einnehmen. Eine solche Hinwendung vollzieht sich nicht als wohlwollend herablassender Gnadenakt, sondern als affizierte Hinwendung und aus dem Verständnis der eigenen Mitbetroffenheit.

Natur-Kultur-Technik

Only just now, as a strange loneliness, it occurs to me that this creature has, for some years, been of some consequence in the life of my mind. And I wonder if, in the dark night of the sea, the octopus dreams of me.[145]

Der Natur entsprungene Technik

In ähnlicher Weise wird die Gegenüberstellung von Technik und Natur als antithetische, feindliche Kräfte infrage gestellt: Wie kann man zu konstruktiveren Sichtweisen gelangen als mit jenem Antagonismus, der in einer vorgeblichen Alternativlosigkeit Höhlenunterkünfte gegen technoid-destruktive Weiterentwicklung ausspielt? Man könnte Technik als Kunst aufrufen und von ihr die Entwicklung von Lösungen erwarten. So wird es möglich, Forderungen an sie zu stellen, weil sie nicht a priori als zerstörerisch gilt, sondern mit Intentionen bestückt werden kann. Wo also bisher oft von den systemimmanenten Kollateralschäden die Rede war, die angeblich jede Technisierung, quasi naturgemäß, nach sich zieht, kann fortan verstärkt das überwältigende technische Wissen zur Vermeidung unerwünschter Folgen eingesetzt werden. Diese technik-optimistische Sichtweise sieht die Entwicklung nicht von einem Standpunkt des reinen Mangelwesens, das sich zu helfen weiß, weil es das muss. Sie macht sich eher daran, Erfindungsgeist und Phantasie anzuerkennen. Damit wird keineswegs einem naiven Technik-Dogma das Wort geredet, das Menschen als Abhängige darstellt, als könnten sie ohne Technologien nicht überleben. Mehr Technik bedeutet oft nur eine Verschiebung der Ebenen, auf denen agiert wird. Eine wache Haltung macht sich Technik zum Komplizen, und zwar nicht gegen eine feindliche Natur, sondern in ihr. Die

145 Momaday: *Ancient Child*, S. 57.

technischen Gerätschaften als fiktive Körperverlängerungen sollen erleichtern und verschnellern.
Die Geister der Maschinen als Verbündete aufzurufen, bedeutet aber, den Fatalitätsgestus gegenüber den Technologien aufzugeben. Wer sich den Technologien wie göttlichen Mächten unterworfen sieht, glaubt nicht mehr an die Möglichkeit einer Einflussnahme, sondern tritt den Rückzug in den Modus der Reaktion an: als hätte die Technik die Macht an sich gerissen und beherrsche nun den früheren Meister, eine geläufige literarische und filmische Vision. Wenn man nicht in eine Position der Abhängigkeit von technischer Vorrichtung abgleiten will, steht also zunächst eine Entgöttlichung des Maschinischen an. Es geht darum, Technik als Medium zu begreifen, das korrespondieren lässt und eingesetzt werden kann, um Verbindung zu schaffen, ohne Intentionen im Prozess zu verlieren und in eine Schleife von Selbstläufen zu geraten.
Das Ausprobieren, Entwickeln und Verwenden von Geräten und Instrumenten gehört den Menschen – und auch vielen Tieren – wesentlich zu. Lange galt die Vorstellung, auch Tiere würden sogenannte „tools“ und „gadgets“ als Verlängerungen der körperlichen Reichweite oder Kraft verwenden, als unseriöser Anthropomorphismus. Beobachtungen von Affen erwiesen diese Ansicht schon längst als unhaltbar und führten zum Zugeständnis, dass – evolutionär gesehen – nahe Verwandte der Menschen bereits Problemlösungsdenken entwickelten. Beobachtungen von verschiedenen Tieren zeigen jedoch, wie gezielt sie mit Werkzeugen umgehen oder Arbeit delegieren. Krähen in Städten lassen häufig das beschwerliche Öffnen harter Nüsse durch Autos erledigen, wie eine Beschreibung Josef H. Reichholfs aus Tokio veranschaulicht:

> Ampeln regeln den langsamen Fluss der Autos. Die Krähen lernten, die so gehaltvollen, aber harten Nüsse nicht einfach irgendwo abzuwerfen, wenn der Moment gerade günstig erschien, sondern sich an die Verkehrsregeln zu halten. Bei ruhendem Verkehr tragen sie die Nüsse auf die Fahrbahnen. Der nächste Schub von Autos überfährt diese; wenn nicht gleich beim ersten Mal, dann beim nächsten Schub. Sobald der Verkehr wieder von den Rotampeln angehalten wird, holen sich die Krähen die aufgedrückten Nüsse.[146]

146 Josef H. Reichholf:: *Rabenschwarze Intelligenz. Was wir von Krähen lernen können.* München: Herbig 2009, S. 210.

Bei Bedarf werden aber auch Werkzeuge hergestellt. Zweige, Dornen oder Metall dienen als Material, auch wenn sie zunächst in die geeignete Form gebracht werden müssen. So bog sich die neukaledonische Krähe „Betty“, einen Haken aus einem geraden Drahtstück zurecht, mit dem sie ein Stück Fleisch aus einem Glaszylinder herausangelte.

Aus aristotelischer Sichtweise bilden technische Hilfsmittel keinen Widerspruch zum natürlichen Körper. Die Natur hat nicht nur Entelechien, sie stellt sie auch bereit. Sie bietet Möglichkeiten zur Gestaltung. Und als Angehörige dieser Natur folgen Menschen diesem Streben.

Freiheit der Kunst

Als ineinander Verwobene lassen sich Natur, Kultur und Technik nicht klar voneinander trennen. Ein vom Spaltungsdogma befreiter Blick macht die Beobachtung möglich, dass nicht nur Menschen sich in dem üben, was „Kulturtechniken“ genannt wird. Kommunikationsfähigkeit und Sprachen, soziale Interaktion, Spiele und Kunstwerke im Sinne von ästhetisch inspirierten intentional arrangierten Kompositionen gehören zum Leben von menschlichen wie von nicht-menschlichen Tieren.

Die beiden russischen Künstler Vitaly Komar und Alexandr Melamid gründeten im Jahr 1998 in Thailand eine Kunstschule für arbeitslos gewordene Elefanten. Zuvor in den Wäldern zum Holzfällen eingesetzt, verloren Elefantenhalter und Elefanten ihre Arbeit, als die Waldabholzung vom thailändischen Staat verboten wurde. In der spirituellen Überlieferung gilt der Elefant in Thailand als göttliches Wesen, als Symbol des Königtums und des Glücks, mit der magischen Fähigkeit des Regenmachens ausgestattet. Auf einer weltlichen Ebene waren Elefanten ihrer Intelligenz und Körperkraft wegen in die menschliche Arbeits- und Lebenswelt eingebunden. Das Schicksal der Elefanten und ihrer Betreuer erfährt daher aus spirituellen und lebensweltlichen Gründen großes Interesse.

Komar und Melamid verstehen die Gründung der Kunstakademien als Wohltätigkeitsakt gegenüber den Elefanten und ihren menschlichen Begleitern. „The project is grounded on the basis of art functioning as charity, or art for the betterment of people as a whole.“[147] Im Asian Elephant Art and Conservation Project (AEACP) begannen die Künstler, mit den Elefanten zu malen. Das Projekt beruht auf der Idee, Elefanten mit dem Erlernen der Kunst des Malens vor Langeweile zu bewahren:

> Elephants are extremely intelligent animals and were originally taught to paint in the US as a way to keep them cognitively active and mentally stimulated. The teaching process is based strictly on positive reinforcement. Each elephant definitely has their own distinct style and technique.[148]

Die entstandenen Werke werden als so spektakulär betrachtet, dass einige im Auktionshaus Christie's verkauft und auf der Kunst-Biennale in Venedig ausgestellt wurden. Komar und Melamid bezeichnen sich selbst als „heilige Narren“[149]. Die selbstauferlegte Aufgabe eines heiligen Narren in der russischen Tradition beschreibt Renate Lachmann als

> Protest gegen das regulative Christentum (wobei der Versuch nicht-institutionalisierter Beziehungen zu Gott die Glaubenshelden in die Nähe häretischer Bewegungen brachte). Die Spezifik dieses, Formen des Asketentums radikalisierenden, Selbstheiligungsmodus besteht in der Simulation von Narrheit, der Strategien der Selbstverleugnung, Dissimulation sozialer Herkunft und die Herkunft und die Absage an Eigen- und Familienname vorausgehen.[150]

Wenn Komar und Melamid auf diese Figur verweisen, setzen sie sich mit ihrem Elefanten-Kunst-Projekt ausdrücklich in kritische Distanz zum institutionalisierten Kunstbetrieb und stellen ihn infrage. Es geht also weniger darum, den Elefanten beizubringen, menschlicher Kunstproduktion möglichst nahe zu kommen, als vielmehr durch die Aufsehen erregenden Werke einen anthropozentrisch verengten Kunstbegriff zur Diskussion zu stellen. „Our work is less about the humanization of animals than the animalization of

147 Vitaly Komar / Aleksandr Melamid: The Asian Elephant Art and Conservation Project. http://www.elephantart.com/catalog (Zugriff am 09.03.2012).

148 Ebd.

149 Vgl. Vitaly Komar / Aleksandr Melamid / Mia Fineman: *When Elephants Paint: The Quest of Two Russian Artists to Save the Elephants of Thailand.* New York: Harper Collins 2000, S. 200.

150 Renate Lachmann: Der Narr in Christo und seine Verstellungspraxis. In: Peter Moos (Hrsg.): *Unverwechselbarkeit: Persönliche Identität und Identifikation in der vormodernen Gesellschaft.* Köln / Weimar / Wien: Böhlau 2004, S. 379–410, hier S. 379.

humans."[151] Man kann das Projekt als Einladung zu einem künstlerischen „becoming with" verstehen. Tiere werden aus dem symbolischen Raum der bloßen Repräsentanz des Anderen befreit, in dem sie nur als illustre Metapher gedient haben. Ein im menschlichen Feld kontextualisierter Kunstbegriff wird geöffnet. Die Elefantenkunst wendet sich in einer Doppelbewegung zum Menschen hin und von ihm ab. Sie macht aus den Elefanten keine hochrangigeren Mitglieder der Weltgesellschaft, indem sie ihre bildnerischen Fähigkeiten zur Schau stellt. Sie übersetzt diese ansonsten weitgehend verborgenen Fähigkeiten nur in eine den Menschen geläufigere Form.

Blaustufige Galerien

In einer von Interventionen aus dem menschlichen Kunstbereich gänzlich unbeeinflussten Situation gestaltet ein schillerndes australisches Wesen sein Atelier. In Eukalyptus- und Regenwäldern, aber auch in Parks lebt ein Vogel, dessen physische Gestalt an blaugrün irisierende Amseln oder Rabenvögel erinnert. Seidenlaubenvögel betätigen sich als Architekten und künstlerische Gestalter ihrer Domizile, sie bauen Lauben und sammeln Objekte, die sie darin präsentieren. Sie gestalten intentional ihren Lebensraum. Der männliche Seidenlaubenvogel hat blauschwarzes Gefieder, das zusätzlich mit ultravioletten Farbnoten ausgestattet ist. Für das menschliche Auge sind diese Schattierungen nicht bemerkbar, die Vögel verfügen jedoch über die Fähigkeit, kurzwelliges Licht zu sehen. Für den weiblichen Laubenvogel mit grüntönigem Gefieder sind die Leucht- und Glanzeffekte deutlich erkennbar.

Die Konstruktion der Laube als Schauraum einer künstlerischen Sammlung wird als Liebeswerben interpretiert. Man hat beobachtet, dass die präsentierten Ausstellungen das Interesse der weiblichen Seidenlaubenvögel erregen. Die präzise Konstruktion der Ateliers folgt einem Plan, demgemäß auf dem Boden, in akkuratem Maßstab und in Nord-Süd-Richtung ausgerichtet, eine Laube aus Zweigen errichtet wird. Die Wände sind mithilfe von Stempeln aus Borkenstücken, die in Blüten- oder Beerensaft getränkt

151 Komar / Melamid / Fineman: *When Elephants Paint.*

wurden, blau gefärbt. Diese Laube wird mit gesammelten Gegenständen gefüllt.

> Das können die Federn anderer Vögel, Blüten oder Schneckenschalen sein, die der Vogel der natürlichen Umgebung entnimmt, aber ebenso Scherben, Lumpen, Kronkorken oder andere Produkte, die der Mensch in der Nähe seiner Siedlungen verteilt hat.[152]

> Um die Lauben, die in der Nähe von Siedlungen oder Campingplätzen von Nationalparks liegen, besteht die Dekoration nur aus ein paar wenigen natürlichen Dingen, hauptsächlich aber aus Plastikgegenständen: Trinkhalme, Spraydosendeckel, Becher, Kämme, Wäscheklammern, Spielzeugautos, Babyschnuller und so weiter. Plastik hat gegenüber Blumen den Vorteil, daß es haltbarer ist und nicht dauernd ausgewechselt werden muß.[153]

Dieses zielgerichtete Agieren, der Einfallsreichtum und das komplexe architekturale Verständnis lassen sich als ein Errichten von kulturellen Räumen verstehen. Die Überschreitung von instinktgeleiteten, rein reproduktiven Verhaltensweisen verweist auf komplexe Motivationszusammenhänge, auf spielerische und spekulative Gestaltung von Lebensräumen. Die Bevorzugung einer Farbe in Relation zum eigenen Gefieder verweist dazu deutlich auf die Fähigkeit, sich von außen zu betrachten, von einer Innenansicht zu einer Außenperspektive zu gelangen. Der Vogel agiert wie jemand, der weiß, wie er aussieht und welche Farben mit seiner eigenen korrespondieren. Entsprechend statten unscheinbarer gefärbte Laubenvögel ihre Lauben auch bunter und prächtiger aus. Beide Geschlechter zeigen eine deutliche Vorliebe für die Farbe Blau: „Erstaunlich ist dabei die grenzenlose Vorliebe für blaue Farbtöne, die so gedeutet werden kann, daß hierdurch die Wirkung des eigenen blau-violetten Gefieders verstärkt werden soll."[154] Wie um diese Neigung zu unterstreichen, weist selbst die Iris eine auffallend blaue Färbung auf.

Die Intention, die Sammlung bestmöglich zu präsentieren, geht mit einem kritischen Potenzial einher. Der Abstand zum eigenen

152 Seidenlaubenvogel. In: *Tierlexikon.* http://www.world-of-animals.de/Tierlexikon/Tierart_Seidenlaubenvogel.html (Zugriff am 08.03.2012).

153 Hans Dionys Dossenbach: Die Liebeslaube der Laubenvögel. In: *Der Tages-anzeiger Magazin*, Nr. 24, 14.06.1986, S. 30. http://www.himmelblau.de/blumen/index.htm (Zugriff am 17.07.2014).

154 Seidenlaubenvogel. http://www.world-of-animals.de/Tierlexikon/Tierart_Seidenlaubenvogel.html (Zugriff am 19.02.2012).

Werk und ein zweiter Blick darauf spiegeln sich in der Gegenüberstellung von Alternativen: „Die Anordnung der Dekorationsstücke wird immer wieder kritisch geprüft und häufig verändert."[155] Zudem wird perspektivisches Sehen beobachtet, wie Laura Kelley und John Endler schreiben: „Er [der Vogel, S. K.] drapiert größere Gegenstände in weiterer Entfernung der Laube, kleinere Gegenstände direkt vor ihrem Eingang."[156] Sie folgern,

> dass dadurch der Eindruck entstehe, alle Gegenstände seien in etwa gleich groß. [...] Der dekorative Eingangsbereich aus hellgrauen Sammelstücken wirke so zwar insgesamt kleiner [...] durch die helle Färbung aber auch intensiver. Für die angelockten Weibchen, die den Laubengang betreten, entstehe eine sogenannte erzwungene Perspektive.[157]

Die Ausstellungen des Seidenlaubenvogels sind nicht anders als geplante und zukunftsorientierte Handlungen mit künstlerischem Anspruch interpretierbar, die Natur, Kultur und Technik aufs Engste verbinden. Der Seidenlaubenvogel setzt Natur-Kultur-Grenzen außer Kraft und macht diese Bereiche als klar in seiner Weltteilhabe sichtbar. Die symbolischen Instrumentarien der Begriffssphären Kunst und Technik lassen sich nicht von derjenigen einer Natur trennen. Sie gehören unterschiedlichen Lebenssphären an und stehen unterschiedlichen Zugriffen zur Verfügung.

155 Dossenbach: Liebeslaube der Laubenvögel, S. 30.

156 John Endler / Laura Kelley: Illusions Promote Mating Success in Great Bowerbirds. In: Pia Heinemann: Laubenvögel haben ein Händchen fürs Interieur. http//www.welt.de/wissenschaft/umwelt/article13823577/Laubenvoegel-haben-ein-Haendchen-fuers-Interieur.html (Zugriff am 19.02.2012).

157 Ebd.

Vielgestaltigkeit des Lebens

Der Körper, der zu einer Monade gehört, die seine Entelechie oder Seele ist, konstituiert mit der Entelechie das, was man ein Lebewesen nennen kann, und mit der Seele das, was man ein Tier nennt. Nun ist dieser Körper eines Lebewesens oder eines Tieres immer organisch; da nämlich jede Monade auf ihre Art ein Spiegel des Universums ist, und das Universum eine vollkommene Ordnung besitzt, muss es auch eine Ordnung in dem Vorstellenden, d. h. in den Perzeptionen der Seele und folglich in dem Körper geben, der gemäß des Universums vorgestellt wird.[158]

Bedeutsame Andere

Wenn Wesenheiten nicht durch scharfe Klüfte einer wechselseitigen enigmatischen Unerreichbarkeit voneinander getrennt sind, kann an Freundschaften gedacht werden, die nicht von den vorab gesetzten Grenzen zwischen menschlichen und nicht-menschlichen Tieren eingeschränkt sind und auch nicht unter der Prämisse der menschlichen Überlegenheit geführt werden. Es geht darin um einen wechselseitig aufeinander bezogenen Umgang. Freundschaft erfordert Anerkennen des Anderen in der Begegnung. Sie ist nicht erzwingbar, und ihre Entwicklung lässt sich nicht vorhersehen: Erst im Prozess der Herausbildung von Gefühlen, Handlungen und Eindrücken, die zu einem freundschaftlichen Verhältnis führen, entstehen die als Freunde zu Bezeichnenden. Das Freunde-Sein entsteht, während Freundschaft sich entfaltet. So wird die Potenzialität einer freundschaftlichen Beziehung in Aktualität übergeführt.

Was bedeutet das nun im Hinblick auf die Begegnungen von menschlichen und nicht-menschlichen Tieren? Hierarchische Beziehungen lassen eine solche Begegnung inter species nicht zu, weswegen das Zugestehen und Erkennen von Agency unabdingbar

158 Leibniz: *Monadologie*, S. 47.

ist. Traditionelle Hierarchien geraten in Aufruhr. Donna Haraway besteht im Sprechen über Beziehungen mit einem wichtigen Gegenüber, einem „significant other", auf die Verwendung des Interrogativ- bzw. Relativpronomens „wer" anstelle von „was" bzw. „der" oder „die" anstelle von „das", wie sie in *When Species Meet* festhält.[159] Eine Verdinglichung von Tier-Personen wird somit bereits auf der linguistischen Ebene klar abgelehnt. Das Subjekt, das agieren kann, ist „jemand", nicht „etwas" und kann unterschiedliche Gestalten haben. Differenzen im Körperbau oder in der Sprache sind dabei kein Hindernis. Im Gegenteil, die Vielgestaltigkeit des Lebens wird als klarer Vorteil gesehen.

> Under the material-semiotic sign of companion species, I am interested in the ontics and antics of significant otherness, in the ongoing making of the partners through the making itself, in the making of bodied life in the game. Partners do not preexist their relating; the partners are precisely what come out of the inter- and intra-relating of fleshly, significant, semiotic-material being.[160]

„Significant otherness" hebt die Freundschaft mit der nicht-menschlichen Bezugsperson als wesentlich und bedeutsam hervor. Zudem wird durch die Verwendung des Ausdrucks „significant other" eine Figur hereingeholt, die umgangssprachlich zwei Lebens- und Liebespartner bezeichnet. In einer psychologischen Verwendung konzentriert sich die Bedeutung auf eine wichtige individuelle Bezugsperson, die eine sinnstiftende Beziehung markiert. Die emotionale Nähe zeigt sich in Haraways Ausdruck „dog of my heart"[161]. Damit wird die einflussreiche Rolle ihrer Hündin Cayenne expliziert. Die „otherness" verweist ausdrücklich auch auf die Verwandlung, die durch die Begegnung stattfindet – dass beide nach ihrer Begegnung andere sind als zuvor.

Schwellenwesen

Eine Symbolfigur für Verwandlungen, für die wechselnden Gestalten an der Schwelle menschlicher und nicht-menschlicher Beziehungen, findet sich in der Figur Coyote. Als paradigmatischer

159 Siehe hierzu Haraway: *When Species Meet*, S. 72.

160 Ebd., S.165.

161 Ebd.

Grenzgänger zwischen den Kulturen und im Zwischenreich von Natur-Kultur beheimatet, gilt Coyote, Trickster der Mythologie der indigenen Völker Amerikas, als magisches Wesen. In den Erzählungen des westlichen und südwestlichen Nordamerika kommt Coyote als ein Wesen zwischen den Welten vor, als jemand, der Schwellen bewohnt und übertritt. Die Figur ist oft zwiespältig gezeichnet und benimmt sich selten erwartungsgemäß. Coyote kann sich verwandeln, kann sprechen, spricht oft verworren, fast als hielte er sich an die Devise des Narren: Wenn du sie nicht überzeugen kannst, verwirre sie! In Schlüsselszenen provoziert er die anderen oder stellt ihnen eine Falle. Weil er unvorhersehbar ist, initiiert und forciert er neue Verhaltensweisen. Er gilt als Kulturbringer, allerdings nicht in der Tradition einer Kultur-/Natur-Dichotomie, denn er bewegt sich immer schon in einer Welt, die nicht rein menschlichen Kategorien unterworfen ist.

> Coyote is about a world that is active in terms that are not particularly under human control, but it is not about the human, on the one side, and the natural, on the other. There is a communication between what we would call 'nature' and 'culture', but in a world where 'coyote' is a relevant category, 'nature' and 'culture' are not the relevant categories. Coyote disturbs nature/culture ontologies.[162]

Coyote steht zwischen den Kategorien und ist in vielen Welten zuhause, immer ein anderer und doch immer er selbst. Seine Trickster-Eigenschaften machen ihn zum willkommenen Begleiter von Philosophien, die sich von einer rationalistisch-düsteren endzeitlichen Geschichtsauffassung abwenden. Der Trickster als Schwellenwesen beherrscht die Fähigkeit des Perspektivenwechsels und steht daher mit der Möglichkeit des Neuen in direktem Kontakt. Durch Umschichten, Umdeuten von Begriffen und Zusammenhängen werden Situationen in ein anderes Licht geschoben. Neu ist dabei immer als neue Zusammensetzung zu verstehen, als neue Möglichkeit, neue Erscheinungsform.

Die Trickster-Figur macht die Konstruiertheit von Grenzen deutlich, schert sich selbst allerdings nicht um Dichotomien, sie gelten ihr nichts. Die entscheidende Frage an Coyote wäre also: Wie

162 Donna Haraway: Cyborgs, Coyotes and Dogs. A Kinship of Feminist Figurations. In: *The Haraway Reader.* New York / London: Routledge 2004, S. 328.

entgeht man der Zuordnung? Wie gelingt es ihm, in einander ausschließenden Weltwahrnehmungen eine Rolle zu spielen?

Seine mimetischen Fähigkeiten machen ihn zum Vertrauen erweckenden Adressaten. Man glaubt einen parteiischen Zuhörer in ihm gefunden zu haben, bis man bemerkt, dass auch die Gegenseite ihn als loyal empfindet. Indem er unterschiedliche Gestalten in sich zum Wirken bringt, kann er keiner Seite zugesprochen werden. Diese raffinierte Art der Kommunikation schafft die Voraussetzung dafür, andere Wesen und Welten zu erreichen. Sie bedeutet nichts anderes als das momentane Übergehen der eigenen Wesenheit in die andere. Der Zugang zum Wesen des/der anderen ermöglicht einen Austausch, eine Vermittlung von Gefühlen und Gedanken. Darin werden andere als die eigenen Erfahrungsquellen zugänglich: eine tatsächlich verfügbare „augmented reality".

Solch eine Wandlungsfähigkeit steht nicht für Beliebigkeit, sondern fordert eine Öffnung der Perspektive: Sie bietet ein inklusiveres „Sowohl-als-Auch" und macht sich daran, das ausschließende „Entweder-Oder" auszurangieren. Um die Kultur-Natur-Dichotomie dekonstruieren zu können, muss eine Umwertung des Naturbegriffs stattfinden – vom gängigen Bild des triebgesteuerten, seelenlos gedachten Ablaufs der Lebens- und Arterhaltung zu den unterbewerteten Aspekten der Kommunikation und Kontinuität zwischen den Lebewesen.

Diese Prozesse laufen nicht in einer öden, harmoniesüchtigen Toleranzsphäre ab. Sie enden auch nicht in einem vorgezogenen, ereignislosen Nirwana. Vielmehr stehen sie für die Provokation, Vielheit als Erscheinungsform der Dynamis zu begreifen, sich mit ihr auseinanderzusetzen, sie anzunehmen und sich von ihr herausfordern zu lassen.

> Die Kraft der Differenz, die das Erdsystem bestimmt und zu dieser Vielheit von Arten geführt hat, ist als die erdbestimmende Kraft etwas, das ihr vorausgeht, oder besser: durch sie hindurchgeht. Die Differenz kommt in die Welt, um es einmal so zu sagen, entstammt ihr aber nicht, wird nicht von ihr selbst hervorgebracht.[163]

163 Samsonow: *Egon Schiele. Ich bin die Vielen*, S. 75.

Anbetungswürdige Vielfalt

In dieser Affirmation der Vielfalt gibt es genügend Raum, so dass man sich bei einer Begegnung nicht unbedingt gegenseitig nach dem Leben trachten muss. Vielmehr waltet hier eine Großzügigkeit, die sich gegen Begrenztheit und Kategorisierungen stellt, die anderen zugesteht, etwas (anderes) zu können oder einen speziellen Zugang zu Kenntnissen zu haben. Tatsächlich sind Tiere den Menschen in vielem überlegen.

> Aus diesem Grund lag es für die Ägypter nahe zu denken, dass sie mit Schakalen, Katzen, Stieren und Falken etwas vor sich hätten, das die transzendentalen Eigenschaften der Erde selbst beweist. In poetischer Opposition zum Darwinismus kamen sie auf die Idee, diese Tiere als Vertreter eines transhumanen Raumes, als Andersweltvertreter, Extraterrestrische oder eben Götter anzuerkennen und zu verehren. Ihr Reflex lief nicht darauf hinaus, die Tiere als minder herabzuwürdigen, indem sie sie zum Gebrauch des Menschen bestimmten.[164]

Im pharaonischen Ägypten sieht man klar vergöttlichungsfähiges Potenzial bei den Tieren. Die Faszination der altägyptischen Ikonografie, ihren unendlich fein geschwungenen Zeichnungen und der selbstverständlich anmutenden Eleganz ihrer Figuren suggeriert eine Organizität der Gestalten, die auch in ihren Tier-Mensch-Mischformen nichts Monströses an sich haben. Den Übergang der Wesenheiten darzustellen, muss den Zeichnern und Steinmetzen leicht von der Hand gegangen sein. Die Figuren erscheinen nicht zusammengesetzt aus Fragmenten, nicht maskenhaft.

> Die stattlichen und auch weniger stattlichen Vertreter des Tierreiches auf der Erde legten daher die Vermutung nahe, dass ihre relative Autonomie und ‚Nischenangepasstheit' ein exquisites Wissen voraussetzt. Es war nicht auszuschließen, dass dieses Wissen dem menschlichen überlegen sei.[165]

Es gibt keine absteigende Darstellungshierarchie von der Menschen- zur Tiergestalt, sonst könnten Götter sich wohl kaum als Tiere oder Mischwesen manifestieren. Die Mensch-Tierwesen, als welche die ägyptischen Göttinnen und Götter dargestellt werden, weisen auf einen über den jeweiligen, der einen oder anderen Spezies vorgezeichneten Erfahrungshorizont hinaus und legen Kommunikationsmöglichkeiten nahe.

164 Samsonow: *Egon Schiele. Ich bin die Vielen*, S. 76.
165 Ebd.

Diese gottnahen Mischwesen entstammen einem Verständnis, das ohne festgelegte Mensch-Tier-Hierarchie auskommt, das eben gerade Verschiedenartigkeit als Qualität versteht. Wer zudem ein Naheverhältnis zu verschiedenartigen Gestalten unterhält, kann sich die Schnelligkeit, das scharfe Auge oder die kluge Vorsicht ausleihen. Erfahrungen aus einer anderen Seinsform können in die eigene hineingezogen werden, wie Melodien aus einem Musikstück ins Innere aufgenommen und integriert werden. Die Fähigkeit der Wahlverwandtschaft entzieht sich leiblichen wie temporären Restriktionen.

Auch die indischen und griechischen Götterwelten sind reich an vielgestaltigen Wesen. Götter können willentlich Tiergestalt annehmen, um sich unauffällig unter Menschen zu mischen, wie man von Zeus oft gehört hat. Oder ein Mensch verwandelt sich in Tiergestalt, wenn eine gewisse Eigenschaft vorherrschend wird. In den keltischen Mythen wird häufig über die Verwandlung in Raben- oder Wolfsgestalt erzählt, auch in Erzählungen der amerikanischen Ureinwohner kommen Rabe und Wolf vor. Sein kleinerer Bruder Coyote kommt häufig ins Spiel, und dieser hat, wenn schon nicht göttliche, so doch magische Kräfte.

Hundegestaltige Wesen bevölkern die Mythologien als Begleiter der Göttinnen, als Mondhunde und als Geisterseher. Anubis, der ägyptische Seelenführer, erscheint in Gestalt eines Schakals oder als Mensch mit Schakalskopf: Er hat die Herzen der Verstorbenen gegen eine Feder abzuwiegen. So besitzt er großen Einfluss über das Schicksal der Seelen im Totenreich. Die intuitiven Fähigkeiten hundeartiger Wesen machen sie seit je zu geeigneten Begleitern von Göttern und Menschen.

Diese Naheverhältnisse befinden sich jenseits einer strengen Etablierung von Dichotomien, der Trennung in Wesensklassen, die den Menschen an die Spitze der Schöpfung stellt. Als Mythen gehören sie einem vergangenen Horizont an, der von einer stärkeren Frequenz von Identitäten zeugt. Ordnungsrufe einer separatistischen Vernunft verhallen darin ungehört und unbeachtet. Als Nachhall der Mythen lassen sie Assoziationen mit anderen Wesenheiten zu, die aus einer entzauberten Welt ausgewiesen werden sollen. Die Erzählungen handeln vor dem Moment des erzwungenen Eintritts in ein dualistisches System, das der Abgrenzung, der Trennung bedarf, um zu erkennen, was man selbst sein mag. Schattierungen sollen darin zugunsten harter Kontraste geleugnet und fixe Identitäten verordnet werden. Tatsächlich zeigen sich aber ineinander überfließende Farbspektren und Positionen, die unerwartete Klänge erzeugen. Die Welt entwindet sich der menschlichen Kategorisierung, weswegen man immer auch andere Gestalten gebraucht hat, um sie erfahrbar zu machen. Im anthropozentrischen Kreisel mag die narzisstische Begeisterung zunächst anhalten, nach einer Weile jedoch macht sich der Mangel bemerkbar. Weltarmut entsteht, wenn auf die Anerkennung anderer Lebewesen verzichtet wird.

Tiere in Verbindung mit Göttinnen und Göttern oder als Träger von speziellem Wissen zu verorten, anerkennt sie als unverzichtbar wertvolle Wesenheiten. Ihr gleichzeitiges Dasein mit dem eigenen wird als Potenzial gedeutet, als Ausdruck einer unendlichen Vielfalt, einer kreativen Ausdruckskraft des Lebens.

Mit einer fortschreitenden Verachtung der Tierwesen verliert das immer exklusivere menschliche Feld auch seine Repräsentationsmöglichkeiten für Göttliches und göttliche Mittler. Der Mensch findet sich isoliert, eigen-sinnig und abgeschnitten vom Sein wieder, fühlt sich verdrängt und an die Wand gedrückt, wie Rudolf Kassner formuliert: Der Mensch „ohne Himmel“ sei einer, dem zu wenige Einflüsse zuteilwerden, der wie ein wetterseitig ausgesetzter Baum nur eine Sturmrichtung kenne.[166]

In einer ausgreifenden Geste, die der Phantasie als Verteidigerin des nicht Expliziten ihre Macht zugesteht, werden menschliche und nicht-menschliche Wesen in Göttergestalten vereinigt – schließlich sind sie mit den Menschen gemeinsam und gleichzeitig auf der Welt. „In der Verehrung ist die Ungewissheit darüber, mit welcher Form der Intelligenz man denn nun konfrontiert ist, optimistisch gewendet.“[167] Imagination, Bewunderung und Begeisterung als schöpferische Kräfte spielen darin eine bedeutsame Rolle. Die Hingabe an das Staunen selbst schafft erst die Voraussetzung für Wissen. Das Eingeständnis der Existenz eines unerklärbaren, opak bleibenden Anteils und dessen Würdigung in den Künsten geht der Philosophie voraus, ist ihr vorgeordnet. Es bezeichnet den Eros der poetischen Weltauffassung, die mit der Zuerkennung von Agency

166 Vgl. hierzu Rudolf Kassner: *Transfiguration*. Erlenbach-Zürich: Rentsch 1946, S. 20.

167 Samsonow: *Egon Schiele. Ich bin die Vielen*, S. 77.

trotz uneindeutiger Identitäten involviert sein möchte. Sie weiß, dass es nie gelingen wird, alles zu Ende zu erklären – oder, wenn es gelänge, dann alles zu Ende wäre, wie ein Feuerwerk, dessen Glanz im Moment wahrgenommen werden muss, um seinen Gehalt zu erleben, und das längst erloschen ist, wenn die Farbkonstellationen chemisch nachberechnet sind.

Die Idee, Tiere als Wegweiser in ein erweitertes, von den Signaturen des Anthropozentrismus befreites Universum zu verstehen, kann als Anregung und Einstieg zum Perspektivenwechsel dienen.

Wer spricht für den Wolf?

An embodied communication is more like a dance than a word.[168]

Positionen bereithalten

Ein Märchen des indigenen Stammes der Oneida erzählt vom Zusammenleben von Wölfen und den Menschen des Clans, das einst friedlich und freundschaftlich verlief. Die Menschen erfreuten sich am Gesang der Wölfe, die für alle singen: für den Mond, für sich selbst und für alle, die ihnen zuhören wollen. Auch ohne Worte wird der Gesang als für alle erfahrbarer Ausdruck von Schönheit und Lebensfreude verstanden.

Die Erzählung berichtet von der Suche nach neuen Siedlungsgebieten, weil der Clan sich vergrößert hat. Trotz der Einwände eines Mannes, der sich Wolfsbruder nennt, wird ein von Wölfen bewohntes Gebiet besetzt. In der Folge werden die Menschen häufig angegriffen, sodass sie sich vor die Wahl gestellt sehen, entweder die Wölfe zu töten oder das Gebiet aufzugeben. Sie entscheiden sich gegen das Töten der Wölfe, denn die Wölfe umzubringen, würde sie zu Menschen machen, die sie nicht sein wollen: solche, die lieber töten als sich bewegen und weiterziehen. Um in Zukunft Zwistigkeiten zwischen Wölfen und Menschen zu vermeiden, wird für die kommenden Versammlungen eine zusätzliche Stellungnahme, nämlich die Repräsentation der Wolfsinteressen beschlossen: Jemand soll die Position dessen einnehmen, dessen Interessen missachtet werden könnten, der vielleicht verdrängt und verjagt würde. „Who speaks for wolf?“, fragt seither eine Stimme in der Versammlung und fordert Gehör.[169]

168 Haraway: *When Species Meet*, S. 26.

169 Vgl. hierzu Paula Underwood-Spencer: *Who Speaks for Wolf?* Austin: Tribe of Two 1983.

Die vernachlässigte Position des Wolfes wird stellvertretend eingenommen, weil ersichtlich geworden ist, dass ein wichtiger Akteur bei den Überlegungen zur Besiedlung des Jagdgebiets gefehlt hat. Er wird fortan als berechtigter Teilnehmer des Entscheidungsprozesses wahrnehmbar sein. Wiewohl die Repräsentation durch menschliche Vertreter eine projizierte Position schafft, eine eigene Stellungnahme des Wolfes vorwegnimmt, etabliert sie doch Raum und Sichtbarkeit für einen zuvor unbeachteten Aspekt. Durch den Platzhalter wird ein Bewusstsein dafür erzeugt, dass es eine relevante Position gibt, deren Vertreter nicht körperlich anwesend ist. Die der Repräsentation innewohnende Gefahr der Parteilichkeit in der Vertretung der Wolfs-Position kann nicht ausgeschlossen werden. Dennoch eignen ihr Vorteile im Vergleich zur vorherigen Konstellation. Anders ausgedrückt: So lange die Konversation zwischen den Spezies nicht expliziter geworden ist und daher die direkte Vertretung des Wolfes in der Versammlung nicht stattfinden kann, soll ein Vertreter ausgewählt werden. Der Verzicht auf Perfektion ist der mit mangelnder Perfektion begründeten Untätigkeit vorzuziehen.[170]

Die Erkenntnis der Zusammenhänge durch den Perspektivenwechsel, in den sich der Vertreter des Wolfes begeben hat, muss aus Einfühlung und aus nonverbalen Informationskanälen bezogen werden. Ihre Ergebnisse sind nicht vorgefertigt und abrufbar. Einfühlung erfordert das Zulassen einer medialen Position, in der auch Unvoraussagbares sich vermittelt. Der Mut, betroffen zu sein, fordert ein ethisches Bewusstsein heraus, das sich nicht durch Phrasen über Irrelevanz irritieren lässt. Sich einlassen, sich affizieren lassen, geht einher mit Verantwortung. „Touch, regard, looking back, becoming with – all these make us responsible in unpredictable ways for which worlds take shape.“[171]

In einer Weltordnung, in der nicht der Mensch das Maß aller Dinge ist, lässt sich Unvorhergesehenes erwarten. Zuvor Ignorierte werden in den Status von Akteuren gehoben. Nie waren freilich

170 Siehe hierzu den Artikel von Birgit Bauer: Wer spricht für den Jaguar? Donna Haraways antispeziezistischer Ausflug nach Anderswo. In: Tierrechts Aktion Nord (Hrsg.): *Leiden beredt werden zu lassen, ist die Bedingung aller Wahrheit – Reflexionen zum Mensch-Tier-Verhältnis.* http://www.tierrechts-aktion-nord.de/texte/haraway.html (Zugriff am 27.06.2014).

171 Haraway: *When Species Meet*, S. 36.

diejenigen, die ignoriert wurden, untätig. Aber wenn ihnen, etwa als erste Siedler („first nation") oder als Tiere, nicht zugestanden wurde, überhaupt eine Position einzunehmen, wurden ihre Aktionen eben nicht in die offizielle Weltinterpretation mit aufgenommen.
Mit Unerwartetem wird zu rechnen sein, sowohl in Bezug auf die Forderungen und Sehnsüchte der verschiedengestaltigen Zeitgenossen als auch in Bezug auf deren Erfüllung, mit ihren weitgestreuten Folgen.

Gestaltwandel

> *In indianischen Erzählungen taucht Coyote als ein Wesen auf, das für die Welt, wie sie ist, Sorge tragen muß. Für solch eine unmögliche Aufgabe muß Coyote ständig Gestalt und Namen wechseln, mal Tier, mal Mensch, mal Mann, mal Frau, muß listig, subversiv, humorvoll und immer in Bewegung sein.* [172]

Repräsentation anderer Wesen

Gestaltwandel vollzieht sich durch ein Eintauchen in das Wesen des anderen. Damit wird ein Prozess initiiert, der zunächst in einer Annäherung der Kommunikationspartner besteht. Sie setzt sich so weit fort, dass allmählich die eine Gestalt in die andere übergeht, deren Wahrnehmungen und Empfindungen nachfühlen bzw. übernehmen und selbst empfinden kann und dann um diese Erfahrung reicher in ihre eigene Gestalt zurückkehrt. Sie selbst hat sich dabei ebenfalls verändert. Erfahrungen werden zu Motoren der Veränderung, die wiederum als eine Grundlage des Lebens verstanden wird.

In schamanischen Praktiken stellt Gestaltwandel die Möglichkeit dar, Wissen aus anderen Ebenen als den unmittelbar verfügbaren zu erlangen. In Traditionen, die von unterschiedlichen Weltebenen ausgehen, wird durch die schamanische Reise die Möglichkeit geschaffen, Informationen aus den unterschiedlichen Weltbereichen zusammenzuführen. Eine prozessuale Qualität des Lebendigen ist dafür Voraussetzung. Das Hinausreichen über das individuierte Subjektbewusstsein kann sich als Eintauchen in eine andere Wesenheit verstehen lassen.

172 Haraway: *Monströse Versprechen*, S. 3.

> I propose that shamanism utilizes through metaphoric extension, the modules for social perceptions of 'other', their intentionalities (mind reading) and animal behavior to represent spirits, animal familiars and totemism.[173]

Der Übergang in eine andere Gestalt kann sich beispielsweise beim Durchqueren eines Gewässers vollziehen oder spontan erfolgen, auch die Gestalten, die angenommen werden, sind vielfältig. Ein solcher Übergang bedeutet auch einen Bewusstseinsübergang, in dem auf die Erfahrungen der anderen Wesenheit zugegriffen werden kann. Die Assoziation mit mächtigen Tiergeistern dient einer Erweiterung des menschlichen Horizontes, Erfahrungsbereiche durchdringen einander und die Durchlässigkeit zwischen den Erscheinungsformen steht für die Kontinuität: „The human and animal categories are themselves continuous rather than discrete, and their interpenetration seems to preclude stable representation of causality or sociality in hunter-prey interactions."[174] Weil der Gejagte vom Jäger nicht klar zu unterscheiden ist, der eine leicht die Position des anderen annehmen kann, ist respektvolle Begegnung eine Voraussetzung für jegliche Interaktion, gleich, ob sie als zwischenweltlich oder zwischenleiblich verstanden wird.

Die Variabilität der Erscheinungsform und das Fehlen eines fixen speziezistisch definierten Identitätszentrums führt nicht selten dazu, dass ein Tier im Traum einen Menschen repräsentiert und umgekehrt.

> Animals and other entities frequently but not invariably are perceived in human form in dreams. Reciprocally, dreams of animals may be interpreted as prophesysing future events of interaction with humans.[175]

Robert Brightman berichtet von einem Rock Cree-Jäger in Manitoba, dem im Traum das Jagdwild erscheint und ihm die Erlaubnis erteilt, es zu jagen. Von seinem mächtigen Schutzgeist bewacht, wird das gejagte und erlegte Tier nicht als tot verstanden, sondern man stellt sich vor, dass seine Seele wieder inkarniert. In einer anderen Erzählung träumt der Jäger von einer Frau, die sich entkleidet und dann verschwindet. Der Jäger beobachtet sie genau, versucht ihr zu folgen, findet sie aber nicht. Er nimmt die Kleider an sich und

173 Winkelman: Spirits as Human Nature, S. 29.

174 Robert Brightman: *Grateful Prey. Rock Cree Human-Animal Relationships*. Berkeley / Los Angeles: University of California Press 2002, S. 98.

175 Ebd., S. 98.

wartet vergeblich auf ihre Rückkehr. In seiner eigenen Traumdeutung sieht der Jäger die Erscheinung als Vorläufer der Elchfrau, die er später jagen wird: Ihre Seele verschwindet, ihr Gewand – ihr Leib – bleibt dem Jäger.

Die Verwobenheit der materiellen und nicht-materiellen Elemente benötigt Aktivitätsinputs zu ihrer Aufrechterhaltung. Wie Nahrungsmittel zur Erhaltung des Leibes dienen, wird nicht-stoffliche Nahrung für den mentalen und psychischen Fortbestand des Lebens benötigt. Auf intellektueller Ebene finden ähnliche Umwandlungsprozesse wie auf der leiblichen statt. Die grundsätzliche Möglichkeit des Umwandelns und Verwandelns von einem Stoff in einen anderen behält als Lebensbedingung auch jenseits von religiösen Transsubstantiationsvorstellungen eine mystische Note. Die Verwandlungskraft durch chemische, physikalische oder intellektuelle Prozesse ermöglicht es, aus einem etwas anderes werden zu lassen, bildet den Motor des Lebendigen.

Jedes Lebewesen vollführt diese zauberischen Verwandlungsakte – und stellt einen Konzentrationspunkt / Versammlungsort für materielle und geistige Einflüsse dar. So ließe sich etwa die Farbanpassung eines Chamäleons als Kommunikation mit seinem Untergrund auffassen Die nicht-stoffliche oder zuweilen feinstofflich vorgestellte Kommunikation ist mindestens ebenso von Bedeutung wie die materielle. Möglicherweise markiert fehlende Teilhabe am nicht-materiellen Lebensfluss den Ort des Ausstieges aus dem Verbindungsstrom des Lebendigen. Wo dieser Austausch, dieses Ineinander-Übergehen nicht (mehr) stattfindet, wo es also keine Begeisterung, keine Anregung und kein Staunen mehr gibt, kommt das Leben zum Stillstand. „To grow old is to give up surprises; to insist on surprises is, in a way, to stay young.“[176]

176 Noë: *Out of Our Heads*, S. 52.

Der Reichtum des Subjekts

> *Traum, Dichtung, schweigende Besinnung sind diejenigen Zustände, in denen man der musikalischen Harmonie der Natur eher innewerden kann als im lauthalsen Geschwätz einer vermessenen Sprache.*[177]

Situierte Forschung

Der Versuch, den Erfahrungen anderer über die Welt nahezukommen, die flüchtigen Bilder, wenigstens für einen Augenblick, aus anderen Perspektiven zu erhaschen, verlangt zunächst das Durchdringen des selbst angelegten Schleiers, der uns von den anderen und der Welt zu trennen scheint. Der Prozess des Beobachtens und Beschreibens enthält als Gegenläufer zu etwaigen Objektivitätsansprüchen immer schon wesentlich subjektive Anteile. Verschiedene Beobachter kommen zu verschiedenen Ergebnissen, weil im Prozess des Beobachtens und Beschreibens notwendig Interpretation stattfindet, um zu einer Struktur zu gelangen, die Sinn und Zusammenhänge entstehen lassen. Interpretation meint zunächst die Sinngebung für und durch das betrachtende Subjekt ohne willentliche Ausrichtung.

Im Forschungsprozess finden sich also auch unter größtmöglich neutralen Bedingungen bereits zwei das eindeutige Ergebnis verfälschende Elemente: Zum einen werden die durch Beobachtung nicht vollständig erfassbaren Abläufe mangelhaft wiedergegeben, weil sie durch ein Subjekt mit spezifischen physiologischen Voraussetzungen erfolgen, dessen kognitive Leistungsfähigkeit einiges nicht erfasst – spezielle Licht- und Tonfrequenzen oder Duftnuancen sind für menschliche Rezeptoren nicht wahrnehmbar. Zum anderen: im Interpretationsprozess – zunächst in der bloßen

177 Kofman: *Schreiben wie eine Katze*, S. 35.

Beschreibung, die, als sprachliche, immer mit dem Mangel und dem Zauber der Sprache zu kämpfen hat, dass Worte nicht über eine reine Bezeichnung hinaus bedeutungslos sind, dass sie immer Konnotationen mit sich tragen, die Denkrichtungen beeinflussen. Innerlich wie auch äußerlich bedingte Vorgänge wirken in den Erkenntnisprozess hinein.

Alles, was geschieht, beobachtet, wahrgenommen wird, ruft assoziative Inhalte auf. Bei jeder Wahrnehmung werden Seitengedanken evoziert, die aus der je eigenen, subjektiven Geschichte stammen. Ohne diese Prozesse finden keine Gedankenentwicklung und keine Wissensproduktion statt. Sie stehen für die poetischen Anteile der Theoriebildung und zeigen sie in ihrer Entfernung von linearer Kausalität. Die individuelle Perspektive ist immer schon notwendig eingebunden.

Ein traditionelles Verständnis von wissenschaftlicher Objektivität suggeriert vielerorts immer noch die Möglichkeit, von subjektiven Komponenten, wie der Person des Forschers, dessen Einstellungen und Vorurteilen, unberührt zu sein. Sie behauptet Anspruch auf eine Allwissenheitsposition, aus der Welt erklärt werden kann. Mit dem Gestus des auktorialen Erzählers, der gerade in der klassischen Naturwissenschaft weit verbreitet ist,[178] werden Sinneseindrücke vermessen und versuchsweise objektiviert. Das, was nicht messbar ist, geht dabei verloren: Details wie Atmosphären, Farbschattierungen und Gefühle werden ignoriert. Auf sie kann aber nicht verzichtet werden.

Die Ausblendung nicht messbarer und klar deutbarer Prozesse reduziert Leben großteils auf reine Mechanismen. Erscheinungen der Natur, die in ihrer Vielfalt unerklärlich bleiben, widerstehen den prosaischen Interpretationsversuchen neodarwinistischer Prägung, die sich auf ein einziges Argument, ein maschinisch anmutendes Überleben, konzentrieren. Im Fokus auf den Überlebenskampf wird eine Rationalität der Auslese unterstellt. Die Reduktion von Tieren auf den Status von Programmmausführenden ohne Variabilität und Kreativität im Verhaltensrepertoire erstaunt in ihrer Unangemessenheit vor allem jene, die selbst Tiere kennen und erforschen. Spiele, Freundschaften, Aversionen ergeben in diesem Kontext keinerlei Sinn. Die Behauptung der Instinktdominanz leitet darauf hin,

178 Siehe hierzu die Ausführungen von Wild: *Die anthropologische Differenz.*

sich fortzupflanzen und sich so, als Gattung, einen Platz auf der Welt zu sichern. Für diese Sicht eines Lebens im ununterbrochenen Kampf werden die Arten mit unterschiedlichen Mechanismen ausgestattet, die in Partnerwahl und Fortpflanzungstrieb die jeweiligen Verschaltungen anbieten, so dass die Funktionen optimal ablaufen können.

Reichtum ohne Strategie

Die Entstehung der Vorstellung eines in technisierten Abläufen stattfindenden Lebens fällt in die Zeit der Industrialisierung, in die auch das Konzept des „survival of the fittest" gehört, wiewohl die Parallelisierung von Tier und Maschine noch älter ist. Die Annahme, Tiere seien nichts anderes als ausgeklügelte Maschinen und als solche von Menschen in Zukunft herstellbar, findet sich bereits bei René Descartes. Er klassifizierte im Übrigen auch Menschen als biologische Automaten, die allerdings durch die von Gott gegebene Seele über den mechanischen Status hinausgehoben sind.[179] Das Moment des Kampfes ums Überleben fügt der Maschinentheorie das soziologische Element hinzu: Von den wirtschaftlichen Doktrinen geprägte Gesellschaftsbilder trennen in Gewinner und Verlierer. In einem konsequent durchgeführten Dualismus von Kosten und Nutzen wird jede vorhandene Komplexität nach und nach vermindert. Hierarchien werden so quasi natürlich legitimiert. Die These vom „survival of the fittest" bietet in der Folge den Argumentationshintergrund für Übergriffe auf politischem, ökonomischem und psychischem Gebiet. Man leistet sie sich, weil man stärker ist. Was man tun kann, darf man vor diesem Hintergrund, denn das Überleben gibt einem Recht.

An die Vorstellung des Instinkts als ferngesteuerter Intentionalität muss sich konsequenterweise die Frage schließen, wer diese Fernsteuerung in Kraft setzt. Wer steckt hinter diesem unpersönlichen Prinzip der Evolution? Ist diese Fixierung auf ein einziges Wirkprinzip nicht die Projektion eines allmächtigen monomanen Gottes, nur dass Gott hierbei als ein personifizierter ausgeblendet wurde?

179 Vgl. hierzu René Descartes: *Abhandlung über die Methode des richtigen Vernunftgebrauches*. Stuttgart: Reclam 1976.

Wenn Funktionen des Instinkts komplexe Abläufe und tatsächlich unplanbare Situationen bewältigen können, wie etwa das Annehmen einer Hintergrundfarbe in Bruchteilen von Sekunden, wie es einem Chamäleon oder einem Tintenfisch möglich ist, wird das ursprünglich mechanistisch ablaufende Konzept des Instinktiven so weit ausgedehnt, dass es nicht mehr als Begriff für das verwendet werden kann, was es bezeichnen soll. Auf spontane Anforderungen durch hochentwickelte Strategien augenblicklich reagieren zu können, erfordert mehr als ein automatisches Abrufen stur eingespeicherter Reiz-Reaktionsmuster.

Eine weitere Frage richtet sich an das Konzept einer sich stets verbessernden Evolution: Wenn der Mensch als geniales Endprodukt das implizite Ziel war, was machen dann all die andern Lebensformen immer noch hier? Wenn ihrer aller Unterlegenheit im Vergleich zum Menschen so eindeutig ist, müssten sie längst ausgestorben sein.

Der biopolitisch-ökonomistischen Argumentation widerspricht eine Fülle märchenhaft anmutender Wesen, die für Überfluss und Reichtum an Ausdruck stehen. Die Opulenz der Erscheinungsformen des Lebens spricht einer funktionalistischen Evolutionstheorie Hohn. Buntes Gefieder, bizarre Fellzeichnungen, sensationelle motorische Begabungen: Schönheit ist nicht im Sinne der Arterhaltung quantifizierbar. Eher befindet sie sich im Bereich des Unaussprechlichen, Mystischen, und gemahnt an die Ehrfurcht vor der Kraft, die im Lebendigen und seinen Erscheinungen zum Ausdruck kommt. Sie als bloßes Kalkül der Evolution erklären zu wollen, mutet an wie ein zum Exzess getriebener Entzauberungsversuch. Wie sollte sie berechenbar werden? Wer könnte eine Wahrscheinlichkeitsformel für die Variabilität von Schmetterlingsmustern erstellen?

Meisterliche Adaptierungspotenziale wie die sandgelben Augen und das steppengrasgelbe Fell der kenianischen Löwin, die sich in die Umgebung einschmelzen, oder die Streifen der Zebras, die tatsächlich ihre Figuren in einer undistinguierbaren Steppenlandschaft ausblenden, weisen die Tiere als wohlsituiert in ihrem Lebensraum aus. Aber wie steht es mit den Paradiesvögeln oder den Eidechsen und Agamen? Welches Kalkül könnte ausgerechnet in dieser Form, in jener Farbe, an diesem unvermuteten Ort stecken? Ist nicht allein der neurotisch anmutende Ordnungsversuch unter lineare Gesetzmäßigkeiten der Beweis einer bedauernswerten Ausklammerung von Schönheit? Der Ausdruck eines zur destruktiven Pose verkommenen Rationalismus, der in seinem Beharren auf Berechenbarkeit seine Unfähigkeit zur Schau stellt, ein Geschenk der Welt anzunehmen? Ein Geschenk, das in Schönheit und Vielfalt der Ausdrucksformen von Lebendigkeit an alle Lebewesen ausgegeben wird? Die Offenheit gegenüber Geschenken sei ein Ausdruck der wechselseitigen Abhängigkeit aller Lebewesen, sagt Lewis Hyde in seiner Schrift über die Gabe.[180] So sollte auch die Bezugnahme auf Natur eher der Gabe, dem Geschenk, entsprechen als einer kalkulierbaren Transaktion.

Eine Lesart der Evolution nach Maßgabe des Prinzips Entelechie würde Charles Darwin näherkommen als das Dogma des rohen Survival-Gedankens seiner Nachfolger. Wiewohl Darwin sich als Arbeitsthese das Leben als Kampfschauplatz vorstellt und die äußerlich daraus resultierenden Aktionen beschreibt, richtet er seine Aufmerksamkeit doch auch auf die innere Befindlichkeit, die unsichtbare Begleitung der äußerlich feststellbaren Ereignisse. Er gesteht den Tieren, sogar einem vermeintlich niederen Lebewesen wie dem Regenwurm, Empfindungsfähigkeit zu. Anders als in der cartesianischen, mechanistischen Tradition, die sich mit dem Bild des Tieres als Maschinenwesen weiteren Verpflichtungen zu diesbezüglichen Überlegungen entzogen hat, gilt ihm das Thema Empfindsamkeit als wesentlich. Man kann in Anbetracht seiner späten Aufzeichnungen so weit gehen, zu sagen, dass für Darwin das seelische Leben als wesentlicher Beitrag zu evolutionären Differenzierungen gegolten haben muss.[181] Dieser Gedanke geht in der Folge in den Überlegungen zur Evolution und in der Rezeption verloren. Stattdessen werden Darwins Beobachtungen zur Durchsetzung durch Anpassungsfähigkeit an Lebensbedingungen in die politisch tendenziöse Zuspitzung eines Überlebens des Stärkeren getrieben. Ein als empfindsam deklariertes Lebewesen wäre für die Klassifizierbarkeit problematisch geworden.

180 Vgl. Hyde: *The Gift.*

181 Vgl. hierzu Charles Darwin: The Formation of Vegetable Mould through the Action of Worms. With Observations on their Habits. London: John Murray 1881. The Complete Work of Charles Darwin Online. http://darwin-online.org.uk/EditorialIntroductions/Freeman_VegetableMouldandWorms.html (Zugriff am 04.04.2013).

> That Darwin researched conscious action in animals so distant genealogically from human beings was an anomalous move for the trends that came to govern behavioral research. And the fact that he argued that earthworms exhibit intelligence was apparently discomfiting; the notable silence of behavioral science regarding Darwin's argument for worm intelligence speaks volumes.[182]

Unerwartete Subjekte

Darwins Studie zu Regenwürmern zeigt ihn als wahrhaftigen Forscher, der für unerwartete Ergebnisse offen ist. Seine Versuchsanordnungen beinhalten Fragestellungen zu Sensibilität, zu Licht und Wärme, zu Reaktionen auf Lärm und Musik und experimentieren mit unbekannten Futterpflanzen. Wie reagieren Regenwürmer etwa auf Blätter mit unbekannten Eigenschaften, die ihnen aus ihrer gewohnten Umgebung nicht bekannt sind?

In seiner Beschreibung ihrer Höhlenausgänge und Tunnelkonstruktionen spricht Darwin von Architektur. Sein Erstaunen und seine Bewunderung wachsen mit der immer genaueren Betrachtung. „He found mind – both cognition and subjective experience – where it was presumed not to exist."[183] Dieses Zugeständnis bedeutet, dass das Prinzip eines automatisierten Instinkts überschritten wird, selbst bei so schlicht anmutenden Lebewesen.

Seine Beobachtungen führen Darwin zu dem Schluss, dass Regenwürmer zumindest Ansätze von Intelligenz haben müssten. Wenn einige Aktionen noch mit Instinkt erklärt werden können, so doch längst nicht alle. „But some degree of intelligence appears, as we shall see in the next chapter, to be exhibited in this work, – a result which has surprised me more than anything else in regard to worms."[184] Die angenommene Kluft zwischen den Fähigkeiten und daraus abgeleiteten Werten wird durch Darwins Kontinuitätsdenken überwunden. Der anerkannte Naturforscher leistet sich eine Perspektive auf seine Forschungsobjekte, die ihn außerhalb des Korsetts kirchlich und gesellschaftlich akzeptierter Ergebnisse positioniert. Die aufmerksame Hinwendung zum innerirdischen

182 Eileen Crist: The Inner Life of Earthworms. In: Colin Allen / Marc Bekoff / Gordon M. Burghart (Hrsg.): *The Cognitive Animal. Empirical and Theoretical Perspectives on Animal Cognition*. Boston: MIT Press 2002, S. 3–8, hier S. 3.

183 Ebd., S. 7.

184 Darwin: Formation of Vegetable Mould, S. 35.

Leben kann als Ausdruck seines Verständnisses von Verbundenheit aufgefasst werden – von der Beobachtung der ineinander verstrickten metabolischen Prozesse des Lebendigen, von der Erzeugung von Lebensräumen durch einander bedingende Aktivitäten. Der Regenwurm ist nicht zu gering, um als bedeutsam gelten zu können, präpariert er doch den Boden und beeinflusst dessen Stabilität. Sein Einfluss auf die Erdgeschichte kann schwerlich überschätzt werden.[185] Aber nicht nur in naturhistorischen Zusammenhängen, auch im kulturgeschichtlichen Bereich gestaltet er mit, wie im Abschnitt „The sinking of great stones through the action of worms“ dargelegt wird. Explizit bezieht sich Darwin auf die topografischen Veränderungen des Stonehenge-Monuments durch die unterirdischen Aktivitäten der Regenwürmer.

> The admiration Darwin expressed for the worms 'noteworthy and remarkable skill' intimates his admission of what might be called 'implicate authorship'. The care involved in this particular construction was, Darwin suggested, 'above and beyond, what instinct could explain', the possibility of an aware agency.[186]

Intention und Wirkmächtigkeit finden sich bei genauerer Beobachtung ein, und das starre Instinktkonzept löst sich auf. Das hierarchisch gegliederte Bild einer Stufenleiter von Intellekt zu Instinkt wird unscharf. „All animals are bound together, and to all other organisms, by the single, very long story of life on earth.“[187]

Evolution als Ausdruck der Entelechie, weniger in einer zeitlichen Gedrängtheit denn in einer ausladenden Variabilität, lässt verschiedene Inkorporationen eines Themas als koexistierend zu. In einem ständigen Werden entstehen verschiedene Interpretationen von Leben, die sich, direkter oder indirekter, aufeinander beziehen, und nicht ihre Zeit damit vergeuden, sich wechselseitig zu übertrumpfen.

Leben ist Tendenz, und Tendenz entwickelt sich „garbenförmig“, wie Henri Bergson formuliert.[188] Leben hat Schwungkraft, „élan vital“, und die Natur hat unzählig viele Leben als Ausdrucksweisen

185 Siehe hierzu Darwin: Formation of Vegetable Mould, S. 313.

186 Crist: Inner Life, S. 6.

187 Eileen Crist: Evolutionary Continuity. In: Marc Bekoff (Hrsg.): *Encyclopedia of Animal Rights and Animal Welfare.* 2nd Ed. Santa Barbara: Greenwood, S. 230.

188 Vgl. hierzu Henri Bergson: *Schöpferische Entwicklung.* Jena: Diederichs 2001.

zur Verfügung, weswegen sie sich nicht auf wenige optimierte Versionen festlegen muss, sondern, im Gegenteil, sich Vielfalt leisten kann. „Die Natur […] bewahrt die verschiedenartigen, im Wachsen gegabelten Tendenzen. Sie schafft aus ihnen divergierende Artreihen, die sich getrennt entwickeln."[189]

Eine Vielzahl von Spielarten bestehen gleichzeitig: Vom sibirischen Tiger über den Schneeleoparden bis zur ägyptischen Falbkatze spielt ein unendlich entfaltbares Thema seine Variationen aus. Veränderung ist vielschichtiger als Verbesserung im Sinne eines Fortschrittsgedankens. Das bloße Moment des Werdens ist wertfreier als die Idee des linear fortschreitenden Ausdifferenzierens, das immer auf Überlegenheit gegenüber „Schwächeren" und „Unangepassteren" hinweist und seine totalitäre Tendenz nur schwer verbergen kann.

In einer Lesart von Evolution als Verbundenheit zwischen den Lebewesen wird die trennende Markierung zwischen den Arten, die Hierarchie der „species" unwichtig. Verbundenheit überwindet die Kluft, die einen je spezifischen Umgang mit den unterschiedlichen Wesen von vornherein legitimieren würde. Evolution bezieht sich damit nicht auf die Optimierung eines einzelnen Wesens, dem die anderen zuarbeiten, sondern auf die Entfaltung verschiedenster Lebensformen.

189 Ebd., S. 106

Kalkulierte und präsenzorientierte Lebensentwürfe

But it is the very idea of dispensability that needs to be deconstructed and jettisoned as intrinsically incoherent. Were the world's old-growth-forests dispensable? What if remaining old growth-forests are replaced with oxygen-producing, and carbon-absorbing tree plantations – are the rest of them also dispensable? Was Costa Rica's golden toad, driven to extinction by climate change, dispensable? How about the Tasmanian wolf, hunted to oblivion?[190]

Das Äffische und das Wölfische

Die Welt einem utilitaristischen Kalkül zu unterwerfen, Beziehungen rein nach Maßgabe ihrer potenziellen Nutzbarmachung aufzubauen, gehört zu einem abstrahierenden Weltbild, das sich vom Kontakt mit dem soeben Stattfindenden losgemacht hat. Der zukunftsorientierte Blick ist eine Abstraktion vom Sein, das Präsenz und Gegenwart ist. In der Auf- und Abwertung von Lebewesen, Gegenständen und Vorgängen, die auf ihre potenzielle Nützlichkeit in der Zukunft hin vorgenommen wird, liegt eine tendenzielle Negation des Anspruchs all derjenigen, die angeblich „nicht nützlich" sein werden. Die Position des Urteilens ist selbstverständlich immer eine der Macht, eine der Überlegenheit. Sie entsteht aus der Annahme, der Anmaßung, beurteilen zu können, was wichtig sei und was nicht. Wichtig ist nach dieser Auffassung ausschließlich das direkt Nützliche.

Diese Haltung belegt Mark Rowlands mit der Metapher des „Äffischen", weil bei Affen Akte des Täuschens und Versteckens zum Verhaltensrepertoire hinzutreten, die bei anderen Tieren nicht oder

190 Eileen Crist: Intimations of Gaia. In: Dies. / H. Bruce Rinker (Hrsg.): *Gaia in Turmoil. Climate Change, Bio Depletion, and Earth Ethics in an Age of Crisis.* Cambridge, MA: MIT Press 2010, S. 315–333, hier S. 328.

nicht in einem solchen Ausmaß beobachtet werden. Rowlands verwendet das Äffische explizit als überspitzte Metapher, im Bewusstsein, den tatsächlichen Affen damit teilweise unrecht zu tun. Er beobachtet jedoch bei Affen, im Gegensatz zu Hunden, oft strategisches Verhalten, das Heraufdämmern einer egoistischen, utilitaristischen Einstellung, die kognitiven Fähigkeiten zur Täuschung, die bei Menschen noch stärker ausgeprägt sind als bei Affen.
Rowlands setzt das Äffische als Gegenstück zum Wölfischen, das er aus dem Kontext des Zweckdenkens ausklammert. Das Äffische kommt tendenziell allen Menschen zu, indem sie Welt als Reservoir für eigene Zwecke betrachten, aber manche Menschen sieht er als mit mehr „Affenanteilen" versehen als andere:

> The 'ape' is the tendency to understand the world in instrumental terms: the value of everything is a function of what it can do for the ape. The ape is the tendency to see life as a process of gauging probabilities and computing possibilities, and using the results of these computations in its favour. It is the tendency to see the world as a collection of resources; things to be used for its purposes.[191]

Die instrumentalisierende Sichtweise bedeutet ein tendenziöses Sehen, ein Abwägen der Vorteile. Ein Sehen immer schon als Beobachten, als Interpretieren für mögliche eigene Zwecke. Der utilitaristische Interpretationsauftrag lässt keinen Moment der reinen Begegnung zu, keine Verwunderung, kein Erstaunen, ohne sofort zu ordnen und auszusortieren. Der Augenblick der Resonanz wird der Klassifikation geopfert. Eine rationale Einordnung in funktionalistische Getriebe wird unter ein Diktat des Sinnmachens gestellt, das als Synonym für Nützlichkeit in einer ökonomistischen Bedeutung gelten kann.
Das wölfische Wesen hingegen stellt Rowlands als ein unverstelltes Bewusstsein dar, für das äffische Werte bedeutungslos sind. Diese Wahrhaftigkeit bezeichnet er als das anziehende Wesen des Wolfes. Seine Unmittelbarkeit stellt Leben im Augenblick zur Verfügung und verzichtet auf Maskerade. Er erinnert an die Frage nach dem, was bleibt, wenn Kalkül und Verkleidungen wegfallen.

> It reminds us that what is of real value cannot be quantified or traded. […] In the end the ape's schemes will come to nothing. Its cleverness will betray

191 Mark Rowlands: *The Philosopher and the Wolf. Lessons from the Wild on Love, Death and Happiness*. London: Granta 2009, S. 5.

> you and its simian luck will run out. […] You are many things. But the most important you is not the one who schemes. It is what is left behind when the scheming fails.[192]

Wie in einer aktualisierten Version des Wolfs als Seelenführer als Echo auf altägyptische Zusammenhänge wirkt hier der Wolf in einem weitgehend entmystifizierten Umfeld, in einer zeitgenössischen Entwicklungsgeschichte, als ein Mentor der vernachlässigten seelischen Prozesse. Die Anbindung des menschlichen Interesses erfolgt zunächst über die Erscheinung: Die sinnlich übermittelte Schönheit ist der zuallererst wirksame Eindruck, der in den Bann des Wolfs zieht. Dazu kommt der gerade in der Bewegung aufscheinende seelische Anteil als ein gleichsam schwebender Gleitgang: Der Lauf mutet an, als berührten die Füße den Boden nicht. Aristoteles versteht Bewegung als Wesensäußerung der Tierseele. Die gelassene Bewegung und die elegante Erscheinung des Wolfs können somit Zeichen seines überweltlichen Charakters sein.

Seelenhüter

Die wie selbstverständlich scheinende Einbindung in rituelle Sphären des pharaonischen Ägypten verweist auf die starke Verwobenheit wölfisch-schakalartiger Wesen mit menschlichen Bewandtnissen. So verbindet der Wolfsgott Upuaut, Bruder des Anubis, als Schwellenwesen die obere und die untere Hemisphäre, indem er dem aufsteigenden Sonnengott den Weg aus der Düsternis bahnt.[193] Die Position des Weltenvermittlers kommt dem Wolf auch in nordischen Mythologien und schamanischen Traditionen zu, meist fungiert er als Verkörperung für Kraft und Übergang, für ungezähmtes Leben. Für Kurt Kotrschal, den Leiter des Wolf Science Center, lässt sich an den Projektionen auf den Wolf der Zustand einer Gesellschaft erkennen. So spiegelt der Fenriswolf der Edda die germanische Krieger- und Blutrachegesellschaft. Darüber hinaus wird der Wolf als sehr mächtiges Wesen gezeigt:

> Ein anderer faszinierender Aspekt des Fenriswolfs liegt in der immensen Macht, die einem Wolf zugeschrieben wird, die sogar die Macht der allzu

192 Rowlands: *The Philosopher and the Wolf*, S. 9.

193 Vgl. hierzu Simone Michel: *Die Magischen Gemmen. Zu Bildern und Zauberformeln auf geschnittenen Steinen der Antike und Neuzeit.* Berlin: Akademie 2004, S. 50.

menschlichen Götter im germanischen Olymp übertrifft und sie überdauert. Tatsächlich war es der Wolf, der die Götterdämmerung einleitete und die Macht der Götter beendete. Nach dieser Erzählung verfolgen aber immer noch zwei Nachkommen des Fenriswolfs Sonne und Mond und werden sie eines Tages verschlingen, was den Weltuntergang bedeutet. Die Geschichte kann auch als Parabel für den finalen Sieg des Animismus mit seinen Tiertotems über moderne anthropozentrische Religionen mit menschenähnlichen Göttern gelesen werden. Diese Saga ist zudem ein hervorragendes Beispiel für die überragende Rolle, die Wölfe in der menschlichen Spiritualität und Mythologie spielten.[194]

Städtische Zivilisationen machen den Wolf zum Symbol für ihr Begehren nach dem Geheimnisvollen, Wilden. Donna Haraway beobachtet den Stolz von Menschen, die keinen völlig domestizierten echten Hund, sondern einen Wolfsmischling an ihrer Seite haben. Die seelische Nähe zu einem Wolf wird als Aufwertung der eigenen Persönlichkeit betrachtet. „Sometimes the humans claim that they know this for sure but more often rest content with an account that makes their dogs seem special, close to their storied wild selves.“[195] Im Wolf will man eigene wilde Anteile wiedererkennen. Der Wolf steht für ein unverstelltes Aufeinandertreffen, das nicht bereits den eigenen Vorteil der Begegnung zu errechnen versucht. Das Wolfswesen klingt an die wesentlichen Lebensthemen an, und im Zusammenleben mit dem Wolf kann man sich selbst diesen wölfischen Qualitäten nähern. Nach dem Tod seines Wolfes fühlt Rowlands sich wie „domestiziert“:

Sometimes I get a feeling. It's the strangest feeling. It's that I used to be a wolf and I'm now just a stupid Labrador. […] I am sad because I am no longer the wolf that I was. And I'm happy that I'm no longer the wolf that I was. But above all, I once was a wolf.[196]

Der Ausdruck „Stupid Labrador“ versteht sich nicht als tatsächliche Herabwürdigung des Haustiers gegenüber dem wilden Tier. Mit dem Adjektiv „stupid“ bezeichnet Rowlands hier ausdrücklich das domestizierte, den Menschen angepasste Wesen des Haustiers.
Was in der Freundschaft mit dem Wolf erfahren wurde, bleibt ihm als gefühltes Wissen, selbst wenn Rowlands sich als gezähmt und

194 Kurt Kotrschal: Wolf Science Center. http://www.wolfscience.at/de/ueber-uns/team/kurtkotrschal/# (Zugriff am 17.07.2014).

195 Haraway: *When Species Meet*, S. 36.

196 Rowlands: *The Philosopher and the Wolf*, S. 241.

verlangsamt beschreibt. Das (Mit-dem-)Wolf-Sein erlaubt eine Seinserweiterung, ein Hinausreichen aus der menschlichen Sphäre. Die Verbindung der beiden Lebewesen spielt sich in einer leiblichen Präsenz ab, sie geht über das Symbolhafte hinaus. Genau hier, wo Begegnung passiert, kann der Gehalt des Symbolischen verfügbar gemacht werden: indem die Aktualität Anspruch auf Wirksamkeit stellt. Verbundenheit mit nicht-menschlichen Tieren birgt sprachlose Schätze auf einer psychischen Ebene, die gleichwohl das Reservoir an Lebensenergie bereichern.

Auflösung hierarchischer Passungen

> *It matters what stories we tell to tell other stories with; it matters what concepts we think to think other concepts with. It matters wherehow Uroboros swallows its tale, again.*[197]

Verabschiedung projizierter herrschaftlicher Phantasien

Die Verwendung von Tier-Metaphern findet sich häufig als Statthalter für eine genauere Betrachtung der tatsächlich stattfindenden Interaktionen. Sie entspricht einem Abdrängen ins Symbolische. Eine weitere Methode der Verweigerung ist das beharrliche Festhalten an überholten Zuschreibungen, wie etwa im Bild des einsamen Leitwolfs, der seine Position nur durch Kampf und Unterdrückung der anderen Rudelmitglieder behaupten kann. Es entstammt dramaturgisch oder literarisch gesetzten Spannungsbögen, nicht der Beobachtung frei lebender Wölfe. Das beschriebene, hierarchisch ordnende Wesen, das als Leitwolf alle anderen in eine Rangordnung zwingt, gibt es gar nicht. Beobachtungen eines solchen Verhaltens beziehen sich auf in Gefangenschaft gehaltene Tiere auf beschränktem Raum. In ihrem natürlichen Lebensraum wandern aus den Rudeln immer wieder Wölfe ab, um anderswo ihre eigenen Reviere und Rudel zu gründen, es kommt zu keinen fixen Hierarchien. In einem beschränkten Territorium muss dieses Verhalten modifiziert werden. Dieses unter eingeschränkten Rahmenbedingungen, in einer hochartifiziellen Umgebung gezeigte Verhalten wurde als charakteristisch und natürlich bezeichnet und bot den Hintergrund für Rückschlüsse auf natürliche Verhaltensabläufe.

In der Erforschung wild lebender Wölfe hat sich gezeigt, dass der Rudelverband aus Familienmitgliedern besteht, nicht aus rivalisierenden Artgenossen, die sich ihre Stellung in der Hierarchie durch

197 Haraway: Sowing Worlds, S. 138.

ständige Kämpfe sichern müssen. An der Spitze des Rudels steht ein Paar, kein einsamer Kämpfer. Die Leitwölfe des Rudels sind die Eltern, die abwandernden Jungen ältere Geschwister, die eigenen Lebensraum suchen. Anders als im überlieferten Bild der streng hierarchischen Wolfsgesellschaft können unter den Geschwistern keine festen Rangordnungen bestätigt werden, wie Ilka Reinhardt in ihren Forschungen zu den Wolfsfamilien in der Lausitz beschreibt.[198]

Auch in Schafgesellschaften lässt sich das ordnende Element der strengen Hierarchie nicht bestätigen. Wie Thelma Rowell beobachtet, sind die alltäglichen Kämpfe nicht dem Zweck der Rangbestimmung gewidmet, eher scheinen sie dem Bereich des Spiels zuzugehören. In der Tat sind die Verhaltensvarianzen von Schafen derartig komplex, dass ihnen der Titel „honorary primates" zuerkannt wurde, eine Auszeichnung, die sie mit Delfinen und Hyänen teilen. Diese seitens der Verhaltensbiologie den Schafen zugesprochene Aufwertung gesellt sie den hochrangigen Primaten zu, deren intellektuelle Fähigkeiten immer offenkundiger werden.

Die notwendigen Revisionen auf dem Gebiet der Ethologie verweisen auf die bereits präjudizierten Forschungsergebnisse, die einerseits von den Versuchsanordnungen, andererseits von den politischen Voraussetzungen beeinflusst sind. Die streng hierarchische Gesellschaft, in der die Anfänge der Verhaltensforschung lagen, warf ihre Schatten voraus auf die Ergebnisse. In einem solchen Setting galten männliche Dominanz, klare Rangordnung und Überlebenskämpfe als Standardprogramm für Verhaltensdeutung der beobachteten Tiere. Die Konzentration auf Wettbewerbsstrukturen in Tiergesellschaften war für ethologische Forschungen jahrelang charakteristisch und stand in direktem Zusammenhang mit politischen Kontexten. Thelma Rowell parallelisiert die Interpretationsvorgaben der Verhaltensbiologie mit den politischen Bestrebungen Großbritanniens:

> There is really a very dreary period when nobody talks about anything but competition; and it coincides with the extremely conservative government in this country, certainly. Competition was absolutely everything.[199]

198 Siehe hierzu Manuela Kirsch: Ilka Reinhart – und das Märchen vom bösen Wolf. In: *Biologie in unserer Zeit* 39,3 (2009): Special Issue: Evolutionsforschung, S. 218–219, hier S. 218.

199 Thelma Rowell: Sheep Do Have Opinions. http://www.vincianedespret.be/2010/04/sheep-do-have-opinions/ (Zugriff am 14.10.2012).

Erzählungen über Konkurrenz dienen ihrer Aufrechterhaltung, ebenso wie Erzählungen über Hierarchien deren Legitimation beweisen sollen. Im Bereich der biologistischen Hierarchieerzählungen sollen sie darüber hinaus männliche Dominanz in einer Argumentation mit natürlichen Bereichen fixieren. Die Forschungsanordnung ist ausschlaggebend für die erzielbaren Erkenntnisse. Wenn man das Verhalten wilder Schafe nur über den einen Monat beobachtet, in dem die Partnerwahl erfolgt und daraus allgemeine Schlüsse zieht, kann von lauterer wissenschaftlicher Forschung nicht gesprochen werden, wie Rowell anmerkt. Auch wenn in genau diesem Monat die Widder sich in den Vordergrund drängen, kann deshalb nicht die Dominanz der ältesten Schaffrau während des gesamten übrigen Jahres in Abrede gestellt werden. Eine Distanzierung von solchen Interpretationen bedeutet eine Zurückweisung eines immer noch präsenten patriarchalischen Herrschafts- und Deutungsanspruchs. Sie folgt aus der Analyse des projizierten Forschungsausgangspunktes, der von einer im ständigen Krieg befindlichen Welt der Widersacher ausgeht. Die Begleitfrage zu wissenschaftlichen Erkenntnissen muss also bleiben: Wer spricht? Wer forscht? Welche Prämissen begleiten das Forschungsvorhaben?

Diese Perspektive weist den gewonnenen Erkenntnissen einen Platz im Bereich der wissenschaftlichen Erzählungen zu: Theorien werden darin als narrative Matrix für eine Erzählung verstanden, wie Vinciane Despret formuliert. Sie geben vor, was erkannt werden kann und in welcher Weise sich die Forschungselemente zueinander in Beziehung setzen lassen.

> Car les théories sont et fabriquent des histoires. Certes, toute théorie est un outil explicatif du monde, mais c'est également une histoire qui est proposée. Et chaque situation de terrain, chaque laboratoire expérimental, deviennent des lieux qui produisent des histoires qui à leur tour vont en produire d'autres.[200]

200 Vinciane Despret: http://www.vincianedespret.be/tag/despret/ (Zugriff am 14.10.2012). „Weil Theorien gleichzeitig Geschichten sind und erzeugen. Sicherlich ist alle Theorie ein Erklärungswerkzeug für die Welt, aber sie ist gleichzeitig ein Vorschlag für eine Geschichte, die erzählt wird. Und jede Versuchsanordnung, jedes Experimentallabor wird zum Erzeugungsort von Geschichten, die selber wieder andere Geschichten erzeugen." (Übers. S. K.)

Forschung als Freundschaftsbeziehung

Wenn man eine Forschungssituation als speziellen Modus einer freundschaftlichen Beziehung betrachtet, versucht man die Forschenden aus ihrer externen Position in eine bereits bestehende Gemeinschaft hineinzuholen, ohne die Außergewöhnlichkeit ihrer Position zu vergessen. Daher streben Wissenschaftlerinnen und Wissenschaftler aus den Bereichen Biologie, Psychologie und Ethologie in zeitintensiven Annäherungen danach, sich als Teil in eine natürliche Umgebung zu integrieren. Sie versuchen den Status der Eindringlinge zu überwinden, obwohl sie jederzeit wahrnehmbar bleiben. Man soll einander kennenlernen. Großzügigkeit und Höflichkeit wird von den Forschenden verlangt: Die Großzügigkeit besteht in der Bereitschaft, den Beobachteten die Möglichkeit zuzugestehen, sich anders als erwartet zu verhalten. Höflichkeit verlangt, nicht hinter dem Rücken der Beforschten Wissen zu konstruieren, sondern ihnen vielmehr die Chance zu lassen, interessant zu sein, weil man ihnen mit wirklichem Interesse begegnet. Zudem verlangt Höflichkeit eine Haltung, die eingesteht, nicht von vornherein alles zu wissen. Isabelle Stengers fordert einen ähnlichen Forschungsansatz, wenn sie schreibt:

> […] est-ce en rappelant une nouvelle fois la nécessité du renoncement, la fière humilité que la science doit maintenir face aux tentations délicieuses de l'idéologie, que nous pourrons promouvoir l'harmonieuse et pacifique collaboration entre les laborieux « travailleurs de la preuve » que chante l'épistémologie?[201]

In einer solcherart zwanglosen Atmosphäre lassen sich leichter die gesuchten alltäglichen Beobachtungen anstellen. Leben besteht nicht aus einer Aneinanderreihung außergewöhnlicher Momente und ununterbrochener Rangstreitigkeiten. Nicht allein die große wilde Geste macht Lebendiges sichtbar und lesbar. Ohne die vielen feinen Nuancierungen, ohne die kaum wahrnehmbaren gestischen und mimischen Miniaturen kann nur eine unzureichende Annäherung stattfinden. Forschungsrelevant sind daher

201 Stengers: *Cosmopolitiques*, S. 10. „[…] können wir uns aufs Neue an die Notwendigkeit des Verzichts erinnern, die stolze Demut, die die Wissenschaft angesichts der Verlockungen der Ideologie aufrechterhalten muss, damit wir in einer von der Epistemologie verheißenen harmonischen und friedlichen Zusammenarbeit von fleißigen Beweiserbringern voranschreiten können?" (Übers. S. K.)

sämtliche Bewegungen, kleine Begebenheiten und Anekdoten, die in ihrer Gesamtheit die Erzählung gesellschaftlicher Vorgänge darstellen.

Die Fülle unterschiedlicher Verhaltensweisen erschließt sich erst bei genauerer Beobachtung, die sich ihrer Anwesenheit bewusst zu bleiben versucht und sie in die Interpretation mit einbezieht. Im Zugeständnis individueller Verhaltensweisen vervielfachen sich die Möglichkeiten, wie in Situationen (re)agiert wird. Weil Schafe sich Überblick über die Beschaffenheit von Weideflächen, Temperatur und Wetterentwicklung verschaffen, können sie Entscheidungen über ihr Verhalten treffen. Die Variabilität von Verhaltensweisen und die Fähigkeit, situationsbedingt daraus auszuwählen, illustriert das Verständnis von temporalen und kausalen Zusammenhängen.

Auch die Vorwegnahme von Aggression in einem Ritual, das dem Kampf unter Widdern vorangeht, weist deutlich auf eine Kenntnis der zeitlichen Abfolge, man könnte sagen, der Kampf-Choreografie hin: Die Widder reiben ihre Köpfe und Wangen aneinander, in einer Art vorweggenommener Versöhnungsgeste.

> It is almost as if they have very hard work keeping friendship together during the rut. They are not friends during the rut, but I got the impression that it is very important to hold the group together and it is a way to say 'I've got to fight you, but it doesn't really mean I don't like you'.[202]

Auch im Kontext von Kämpfen wird also Einfühlungsvermögen gezeigt. Durch eine gefühlte Erkenntnis kann auf etwas zugesteuert werden, was der Situation entspricht. Caniden wie viele andere Tierarten unterscheiden zwischen dem ritualisiertem Kampf (Kommentkampf), der einer Choreografie folgt und mit Demutsgesten und Beschwichtigungssignalen kontrolliert bleibt, und einem Ernstkampf mit Beschädigungsabsicht – bei dem es um Leben und Tod gehen kann, sollte die Kommunikation zwischen den Beteiligten abbrechen. Versöhnungs- und Trostgesten sind bei Affen, aber auch bei Wölfen und Hunden, die sich neben die Verlierer legen, beobachtet worden. Auch bei Krähen und Raben gibt es aktiv gesetzte Handlungen, die Kampfverlierer aufheitern sollen.[203]

202 Rowell: Sheep Do Have Opinions.

203 Siehe hierzu Thomas Bugnyar / Orlaith N. Fraser: Do Ravens Show Consolation? Responses to Distressed Others. http://www.plosone.org/article/info%3Adoi%2F10.1371%2Fjournal.pone.0010605 (Zugriff am 17.07.2014).

Durch die Zeugenschaft eines Kampfes wird man in den Handlungsablauf hineingezogen. Wo in einem Ethos des Heldentums der Verlierer verachtet oder ignoriert werden müsste, werden Zeichen des Trosts gesetzt:

> Die Tiere müssen zunächst die Emotionen des Verlierers – seine Niedergeschlagenheit – überhaupt spüren. Daraufhin müssen sie willens und fähig sein, diese Niedergeschlagenheit zu lindern. Dazu braucht es Intelligenz, um sich selbst als eigenständiges Wesen zu begreifen und den anderen als vom eigenen getrenntes Wesen zu erkennen, und schließlich das Talent zum Perspektivwechsel, um sich in den anderen hineinzuversetzen.[204]

In dieser Bewegung ermöglicht das Differenzieren des anderen vom eigenen und die anschließende Relation zu dessen Erlebtem die zweifache Wendung einer funktionalen Verbindung, die einem Verschmelzen ebenso entgeht wie einem Abschotten.

Aufeinandereingehen setzt ein Kennen des anderen voraus, einen Zugang zu dessen Befindlichkeiten. Es bedeutet ein Hinausreichen aus dem Eigenen, um die anderen erreichen zu können, aus einem eigenen Reservoir die Reflexions- und Resonanzfähigkeit zur Erkundung der Welten der anderen, die dadurch temporär und partiell zur eigenen werden, zur Verfügung zu stellen. Darin besteht ein Welterweiterungsangebot an sich selbst und an die anderen, die Möglichkeit, neue Geschichten, Bilder und Erzählungen zu finden.

> Bien connaître demande du tact et de l'attention. Bien connaître demande que nous ne cessions de reprendre les histoires que nous créons, afin que nous envisagions ce qu'elles proposent, ce qu'elles promettent, comment et à quoi elles nous rendent plus sensibles, ce qu'elles rendent muet ou invisible, et ce qu'elles ne peuvent lier.[205]

204 Katharina Kramer: Der Lohn der Verlierer. In: *Süddeutsche Zeitung*, 12.08.2010. http://www.sueddeutsche.de/wissen/verhaltensbiologie-der-lohn-der-verlierer-1.987272-2 (Zugriff am 06.08.2014).

205 Vinciane Despret. http://www.vincianedespret.be/tag/despret/ (Zugriff am 30.09.2015). „Gut kennenlernen erfordert Takt und Aufmerksamkeit. Wir dürfen nicht aufhören, uns die Geschichten, die wir selbst erschaffen, immer wieder vorzunehmen, um uns damit auseinanderzusetzen, was sie vermitteln, was sie versprechen, wie und wofür sie uns empfänglich machen, was sie verschweigen oder unsichtbar machen und was sie nicht miteinander verbinden können." (Übers. S. K.)

Die Aufgabe besteht darin, die Geschichten immer wieder neu zu lesen und sich zu fragen: Wohin führen die Prämissen, und welche Richtungen geben sie vor? Was schließen sie aus?
Erzählungen bilden die imaginären Landkarten und Listen der Dramatis Personae der Welten, in die sie ihre Protagonisten stellen. Wie in Träumen und Märchen überraschende Positionen sich zu Wort melden, ohne Grenzen zu berücksichtigen, so lassen auch wissenschaftliche Erzählungen darüber, welche Lebewesen füreinander beziehungsvoll und wichtig sind, sich nicht auf menschliche Beziehungen einschränken. Forschungsbeziehungen mit respektvollen Fragestellungen und einer freundschaftlichen Hinwendung zu denen, die beforscht werden sollen, bringen neue Erkenntnisse und Erzählungen mit sich. Sie erzählen von der Möglichkeit, vom Leben der anderen zu erfahren und an ihm teilzuhaben. Beziehungen zwischen nicht-menschlichen Tieren wie solche zwischen menschlichen und nicht-menschlichen Tieren werden befragbar auf einen Wert eines gemeinsamen Seins, auf direkte Lebendigkeit und die Variationen von Ko-Existenz.

Begegnung als sinnliche Erfahrbarkeit

> *The philosophic and literary conceit that all we have is representations and no access to what animals think or feel is wrong. Human beings do, or can, know more than we used to know, and the right to gauge that knowledge is rooted in historical, flawed, generative cross-species practices. […] To claim not to be able to communicate with and to know one another and other critters, however imperfectly, is a denial of mortal entanglements (the open) for which we are responsible and in which we respond.*[206]

Kontinuitäten

Die Lebensläufe jedes einzelnen Organismus sind mit denen anderer auf verschiedenen Ebenen verwoben. Überleben korreliert gleichsam mit wechselseitiger Abhängigkeit als Bedingung und Konsequenz. Abgesehen von der Unmöglichkeit, den Bedürfnissen des täglichen Lebens im völligen Verzicht auf andere begegnen zu können, mag zunächst die offenkundigste Evidenz für Zusammenhänge des Lebendigen die der Abstammung auf einer Ebene der Leiblichkeit sein. In einer weiter ausgreifenden zeitlichen Perspektive reicht diese Abstammungsreihe über die menschliche Spezies hinaus. Die Ahnenreihe setzt sich in nicht-menschlichen Tieren fort. Im Totemtier als Schutzgeist verbinden sich die Welten der Erscheinungsformen. Als Stellvertreter der Vorfahren, als Symbol für deren Erinnerungen können sie „eine Art Echo auf die Regressionswünsche der menschlichen Art bilden, die im Tierischen einen tatsächlichen Ahn und damit Garanten eines seligen Rücksprungs ins selige Vormenschliche erblicken.“[207]

206 Haraway: *When Species Meet*, S. 226.

207 Elisabeth von Samsonow: Regression als totale Progression. Regulative Zustandsveränderung als kulturelle „Triebfeder“. In: Oya Erdogan / Dietmar Koch (Hrsg.): *Im Garten der Philosophie.* München: Fink, S. 175–185, hier S. 181.

Es geht hier um die Anerkennung einer je schon vorhandenen Beziehung. Eine diachrone Kontinuität zwischen menschlichen und nicht-menschlichen Wesen gilt nun großteils als erwiesen, nicht jedoch eine synchrone. Eine Ahnenreihe, die zeitlich weit ins Nicht-Menschliche zurückreicht und somit eine Verbindung legt zu anderen, uns im Leben vorausgegangenen menschlichen und nicht-menschlichen Tieren, wird sichtbar. Diese Verbindung beinhaltet auch das Potenzial, die gleichzeitig lebenden Wesen als Angehörige eines gleichen Weltenraums zu erkennen und ihnen in einer positiven Haltung, wiedererkennend, zu begegnen.
Die Fähigkeit zur Resonanz hält sich nicht an Speziesgrenzen. Im eröffneten Raum, in dem zwei oder mehrere Lebewesen in Beziehung treten, entsteht eine Atmosphäre der physischen und ihr zugehörigen psychischen Resonanz. Sie wird bei jeder Begegnung aus ihrer Potenzialität in Aktualität geführt. Der geteilte, intersubjektiv ausgestaltete Raum enthält Stimmungen, entstanden aus der Wirkung der vorhandenen Anwesenden allein durch ihr Dasein. Diese Art der subtilen Kommunikation bedarf der Verbalisierung nicht, um einflussreich zu sein. Das Fehlen einer Versprachlichung bedeutet keinen Mangel, weil Sprachlichkeit keine Kategorie für Atmosphäre darstellt. Über diese Kommunikation zu verhandeln, ist daher meist der Kunst (und) der Poesie überlassen. Ihre Ungreifbarkeit bedeutet aber keineswegs, dass ohne sie auszukommen wäre. Die aus der Diskussion bisher ausgeschlossenen Anteile in den Versuch einer Weltdarstellung hereinzuholen, bleibt die Herausforderung.

Sinnliche Wahrnehmung

Viele der mit der Begründung der Unklarheit aus einer Beschreibung ausgeschlossenen Anteile entstammen der Sphäre sinnlich-psychischer Erfahrungen. Sie haben gegen einen sinnenfeindlichen Idealismus aufzutreten, der darin besteht, in einer paradoxen Wendung gegen eigene intuitive Wissensinhalte Sinneserfahrungen als unreine Wiedergabe einer eigentlichen Welterkenntnis abzukanzeln. Wie wenn in einer digital perfektionierten Tonaufnahme alle störenden Nebengeräusche ausgefiltert werden und sterile Stille die Abschnitte voneinander abkappt, als würde sie den zeitlichen Abstand zwischen ihnen in ein schwarzes Loch einsaugen. Als müssten Erfahrungen, wie die Musik mit lebendigen Nebengeräuschen, erst gereinigt werden, so dass man zu ihrem eigentlichen, dem intellektuellen Gehalt vordringen kann. Als wäre die Wahrheit versteckt hinter den Erscheinungen, die keinen eigenen Wahrheitsgehalt tragen, als spielte sich auf der unmittelbar stofflichen, leiblichen Ebene nichts Relevantes ab.

Das Phänomen der Sinnlichkeit ist in der Philosophie des Geistes, mit wenigen Ausnahmen, immer als unseriös konnotiert: Sie gilt als die Bühne der trügerischen und unverlässlichen Informationen. Das Argument der Verweigerung, sinnlich Wahrgenommenes ohne Abstraktion als erfahrungsrelevant anzuerkennen, formuliert sich als Schutz gegen eine irrational verstandene Subjektivität. So als gerate das Objektive als Bezugspunkt aus dem Blickfeld, wenn das zu wenig nachvollziehbare und nachprüfbare erlebte Subjektive Anspruch auf Geltung erhebt. Dem naturwissenschaftlich formulierten Anspruch auf Wiederholbarkeit experimenteller Anordnungen kann und will diese Ebene nicht genügen, weil die Ergebnisse keine einheitlichen oder eindeutigen sein können. Die sichere vorgefertigte Realitätskonstruktion aus verkürzten Geschichten und selektiven Bestandteilen, unterdrückten Akteuren und geleugneten Inspirationen wird verlassen. Man sieht sich der Zumutung gegenüber, aus den eigenen Wahrnehmungen und Erfahrungen einen Weltzugang zu generieren, der keinen Anspruch auf Allgemeingültigkeit und Objektivität erhebt.

Die Herausforderung, sich auf die eigene Wahrnehmung zu konzentrieren, geht mit einem großen Zuwachs an Vertrauen zu einem eigenen Weltzugang einher. Dem Vertrauen auf eigene Wahrnehmung haftet die Gefahr des Nonkonformismus an, der gerade in vorgeblich individualistisch geprägten Gesellschaften zu einem Ausschlussprinzip gehört. Der Preis der Angleichung und des Verbleibens innerhalb der konformen Zone wird jedoch mit dem Verlust eigener Interpretationen entrichtet. Ein eigenständiger Zugang zur Welt ist notwendig der einzig nachvollziehbare: Die eigenen Sinne, die eigene Empfindung, die eigene Intuition beschreiben den Punkt, von dem aus man Welt reflektiert, mit ihr korrespondiert, sich selbst Ausdruck verleiht. „Dem Wesen der Wahrnehmung nachgehen heißt davon ausgehen, dass Wahrnehmung nicht nur angeblich oder vermeintlich wahr, sondern für uns definiert ist als Zugang zur Wahrheit."[208]

Man muss sich also jedenfalls an das Subjektive und seine relationalen Verflechtungen mit anderen Subjektivitäten halten. Sie bilden den einzig verfügbaren „Zugang zur Wahrheit". Durch die sinnlichen Erfahrungen ist man in die Welt gestellt und mit der Welt verbunden. Es führt kein Weg daran vorbei, sich an die vorhandenen Instrumente der Welterfahrung zu halten.

Das theoretisch lang verabschiedete Objektive im traditionellen Sinne der Allgültigkeit wird als vielseitig zu interpretierende Sphäre zwischen Konstruktion und Determination erkennbar. Die Sehnsucht nach einem sicheren Wissen, das sich dem „clare et distincte" vollständig zurechnen ließe, kann nicht erfüllt werden. In Zwischentönen und Zwischenschattierungen liegt indes nicht weniger Gehalt, nur weil die Versprachlichung versagt. Physisch und psychisch zur Resonanz fähige Wesen sind vor die Herausforderung gestellt, aus den eingehenden Empfindungen und Nachrichten Gehalt zu ziehen und den Denk- und Empathieverboten einer im Seelenreduktionismus gefangenen Weltsicht Widerstand entgegenzubringen.

208 Maurice Merleau-Ponty: *Phänomenologie der Wahrnehmung*. Berlin: de Gruyter 1976, S. 13.

Ästhetik als Prinzip

Man mag gegen unsere Wissenschaft einwenden, dass Sinnliches, Einbildungen, Märchen, die Wirrnisse der Leidenschaften usw. den Philosophen unwürdig seien und unter ihrem Horizont lägen. Ich antworte: Ein Philosoph ist ein Mensch unter Menschen, und er tut nicht gut daran, wenn er glaubt, ein so großer Teil der menschlichen Erkenntnis sei ungehörig für ihn.[209]

Akte der Poesie

Ästhetische Wahrnehmungen verbinden Lebewesen mit ihrer Welt und mit anderen. Sinnlich übermittelte Erfahrungen gehen den intellektuellen sowohl zeitlich als auch als Argument voraus: Ohne sie gibt es keinen Anlass zur Begeisterung, keine Gefühlsregung, keine Anregung zu poetischen oder analytischen Prozessen – kein Material, das in einem Erkenntnisprozess zu bearbeiten wäre. Ästhetik bildet somit den Bereich, der erkennenden Zugang zur Welt schafft. Der Begriff „Ästhetik" wird bei Alexander Baumgarten als Grundlage aller Erkenntnis ausgeformt. Mit seiner Theorie legt er die Ästhetik allen weiteren philosophischen Kategorien zugrunde: Durch die Verflochtenheit der Sinne mit der Welt entsteht alles Wissen. Ästhetik kann daher den Anspruch einer Grundlagenwissenschaft stellen.

Der Merkmalsfülle der sinnlich erfassbaren Gegenstände kommt erst in einer Fokussierung auf Ästhetik eine angemessene Relevanz zu. Dieser Reichtum wird in der Logik reduziert, weil sich so viele Eindrücke den Erfordernissen der klaren und distinkten Begrifflichkeit entziehen. Logik und Ästhetik folgen gegenläufigen Erkenntnismethoden: Während die „aufsteigende Vergleichung"

209 Alexander Baumgarten: *Ästhetik*. Lateinisch-Deutsch. 2 Bde., übers. u. mit einer Einführung, Anmerkungen und Registern versehen v. Dagmar Mirbach. Hamburg: Meiner 2007, S. 15.

der logischen Erkenntnis ihren Gegenstand auf allgemeine Bestimmungen reduziert, versucht der „absteigende Vergleich“ der sinnlichen Erkenntnis möglichst viele Merkmale zu integrieren.[210] In der Gegenüberstellung dieser beiden Erkenntnismodi lässt sich die ganzheitliche Auffassung eines je individuellen Lebensausdrucks als dem logischen Reduktionismus überlegen verstehen. Die ästhetische Erkenntnis, die an sich selbst den Anspruch des von Baumgarten geforderten „schönen Denkens“ stellt, zieht für ihre Untersuchungen Bereiche heran, „die unabgesondert den Sinnen selbst, gleichwie innerhalb ihrer ureigenen Grenzen bemerkbar sind, die Merkmale und Charaktere, die mit den Sinnen und der Einbildungskraft zugleich wohl erfaßt werden können.“[211]

Baumgartens Aktualität liegt in dieser Parallelisierung seiner Ästhetik mit Leibniz'schen Ideen und in seinem Bestehen auf das Einbeziehen des Sinnlichen. Sie bezeugt die natürlich anmutende Eleganz des von ihm geforderten schönen Denkens: Denn er versteht den ästhetischen Akt als poetisch-kreativen und macht ihn für wahrnehmungsfähige Wesen verfügbar. In der Ästhetik vermittelt sich poetisches Wissen. Das Denken selbst wird von Baumgarten als künstlerisch vorgestellt. Eine so verstandene Poesie repräsentiert einen sinnlichen Modus des Wissens. Als Kunst des Erfindens, die mögliche neue Welten entdecken lässt, kultiviert sie das schöne Denken und beruft sich auf die Fähigkeit der Gefühle und Empfindungen als Vermittler von Nachrichten. Die Sensibilität fordert die Rationalität heraus.

Eine Etablierung der Ästhetik als philosophische Disziplin betrachtet Logik und Ethik gleichwertig. Als Theorie der freien Künste und Analogon der Vernunft beschreibt sie zudem nicht nur den Akt des sinnlichen Erkennens, sondern begibt sich auch ins Kunstschaffen: wie sinnliches Erleben wiederum Ausdruck in der Kunst findet, wie aus Eindruck Ausdruck entsteht. Schönheit und Anmut sind Leitlinien, die Baumgarten als Ziele vorgibt. Seine Idealfigur des „felix aestheticus“ ist eine Gestalt, in der sich sinnliche Wahrnehmung, Phantasie und Wissen harmonisch aufeinander beziehen.

210 Vgl. Dagmar Mirbach: Einführung. In: Ebd., S. XVI–LXXX.

211 Baumgarten: *Ästhetik*, S. XLIV.

Konfuses Wissen

Die Leibniz'sche Beschreibung des Wahrnehmungsprozesses, in der die „petites perceptions" sich zu „perceptions" verdichten, wird von Baumgarten aufgegriffen. Die Ästhetik schafft für das konfuse Wissen, das Leibniz aus den „petites perceptions" entstehen sieht, die Grundlage, in demselben und gleichberechtigten Maße, wie Logik dem rationalen Wissen als Grundlage dient. Die „sensation" bei Leibniz führt auf ein konfuses Wissen hin, das sich aus Eindrücken auch unterhalb der bewussten Wahrnehmung zusammensetzt. Leibniz etabliert die konfuse Wahrnehmung als wesentlichen Bestandteil jeder Erkenntnis. Wahrnehmung versteht Leibniz als ursächliches „Davor" jeder Erkenntnis und leitet dieses vom „Appetit" nach Neuem, der jedem Lebewesen eignet, ab. In seinen Ausführungen stellt Leibniz dar, wie im Vergleich zum maschinellen das lebendige Wesen einen Antrieb aus sich selbst erfährt. Dieser „Appetit" genannte Antrieb bezeichnet ein Streben nach Bewegung und Veränderung, auch in minimalstem Ausmaß, als entscheidend Lebendiges. Dieser „Appetit" liegt den Wahrnehmungen, den „Perzeptionen" zugrunde, und er findet sich nicht allein im Menschen, sondern auch bei den Tieren. Genau hier passt sich der Anspruch auf eine Erweiterung der relevanten Akteure ein. Erkenntnis kommt all denen zu, die wahrnehmen, nicht nur einem bestimmten definierten Kreis, der sich in einer vereinbarten objektivierten Wissenschaftssprache ausdrückt.

Wie aber kommt es zur Entstehung von Perzeptionen? Bei Leibniz gewinnt die unmittelbare Wahrnehmung, die er „sensation" nennt, als Methode der Wissensgewinnung an Gewicht und Stellenwert. „Sensation" beschreibt Barnouw als

> confused mode of representation or knowledge […] in the sense that its apparent immediate qualities were actually constituted by the summation of impressions, which, taken singly, would be beneath the threshold of awareness.[212]

In einer Psychologie des „Appetits" oder des Interesses geht es um Qualitäten, die zwar gefühlt, nicht aber definiert werden können. Wenn diese Ebene der Wahrnehmung anerkannt wird, geraten nicht rational messbare Qualitäten als erwähnenswert in den

212 Jeffrey Barnouw: *Eighteenth Century Aesthetics and the Reconstruction of Art*. Cambridge: Cambridge UP 1993, S. 52.

Vordergrund. Der Ebene der „unmittelbaren“ Wahrnehmung kann man sich nicht entziehen, auch wenn im Nachhinein viele Dimensionen des Wahrgenommenen aus der Beschreibung einer Qualität herausgekürzt werden, weil die Ausdrucksweise dafür fehlt.
Dem ästhetischen Urteil geht also nicht ein innerer Diskurs voraus, vielmehr wird es in Analogie zu einer Tätigkeit der Einbildungskraft vorgenommen. Es entspringt eher einem poetischen Prozess oder einer plötzlichen Erkenntnis. Erst hier entsteht die Grundlage für den folgenden inneren Diskurs, erst die Wahrnehmung und die Empfindungen machen Überlegungen möglich. Ästhetik nimmt auch bei Charles Sanders Peirce eine Vorrangstellung vor Logik und Ethik ein.

> For it is evident that it is in esthetics that we ought to seek for the deepest characteristics of normative science, since esthetics, in dealing with the very ideal itself whose mere materialization engrosses the attention of practices and of logic, must contain the heart, soul and spirit of normative science.[213]

Entsprechend argumentiert Barnouw: „Aesthetics are a foundational normative science, underlying logic and ethics. They are concerned with analyzing and refining with habits of feeling.“[214] Hier die Dimension des Gefühlserlebens hineinzuholen, erfüllt nicht nur die Forderung, möglichst alle Komponenten in die Weltdarstellung mit einzubeziehen, sondern bedeutet auch, der Reaktion auf ein oft empfundenes Fehlen der Berücksichtigung außersprachlicher Gegebenheiten zu entsprechen.
Ästhetik muss demnach als grundlegende normative Wissenschaft begriffen werden, die mit Analyse und Verfeinerung von Gefühlen befasst ist und solcherart der Logik und Ethik zugrunde liegt. Zu einer vollständigeren Darstellung der Welt gehört also die stärkere Einbeziehung einer Wahrnehmung, die durch Gefühlsfähigkeit, Sensibilität und Empathie den intellektuellen Fabrikationen und Analysen zuvorkommt.
Zum Modus der konfusen Wahrnehmung als Wissens- und Erfahrungsgrundlage tragen Komponenten aus seelischen, leiblichen und intellektuellen Bereichen bei. Ästhetische Fähigkeiten, Sinneswahrnehmungen, Empfindungen, die sensiblen Vorgänge, die das

213 Charles Sanders Peirce: The Basis of Pragmaticism. In: *The Logic of Interdisci plinarity*. Berlin: Akademie 2009, S. 267.

214 Barnouw: *Eighteenth Century Aesthetics*, S. 53.

Lebendigsein begleiten, charakterisieren das gesamte gefühlsbegabte Wesen. Die bisherige Bevorzugung intellektuellen Erkenntnisgewinns, der seine Grundlagen als klar und distinkt ausgibt, wird nun von den Wirkungen der vernachlässigten, verdrängten Perzeptionen herausgefordert. Für eine wahrhaftige wissenschaftlich fundierte Lehre kann nicht mehr der Primat des Geistes gelten. In die gleiche Bewegung, in der Wahrnehmung sich mit Erfahrungen zu Bewusstsein konstituiert, fließen die Erfahrungen des sinnlichen Daseins mit ein. Das Vermögen des ästhetischen Weltzugangs wird zum Analogon Rationis und wird als aktiver Prozess gedeutet. Wahrnehmung versteht sich als kreativer Akt, nicht mehr als das Empfangen vorgefertigter Bilder.

Was bedeutet diese Anrufung der Ästhetik und der poetischen Wahrnehmung nun im Zusammenhang mit der Erkundung möglicher Verbundenheit?

Baumgarten gelangt vom Primat der Sinneseindrücke zu einer Weltauffassung, die sich, wie bei Leibniz, als Verbundenheit darstellen lässt. Es gelingt ihm in seiner Beschreibung ein Balancieren zwischen den widersprüchlichen Befindlichkeiten der Individualität einerseits und der Verbundenheit andererseits: eine Gleichzeitigkeit unterschiedlicher Seinszustände wie beim Theorieexperiment von Schrödingers Katze.

Ästhetik wird erkennbar als ein radikal subjektiver Prozess auf der Ebene des Persönlichen. Sie inkludiert etwas Unkontrollierbares, vielleicht Anarchisches. Ihr poetisches weltkonstituierendes Potenzial zeigt sich als Möglichkeit des Offenen: Sie schafft Raum für das Neue und weiß um die Unmöglichkeit des Zu-Ende-Erklärens. Daher besitzt sie die Kraft, den Überhang eines gefühllosen Rationalismus auf einen Platz zu verweisen, welcher der Forderung der Ästhetik nach Raum stattgibt. Die verworrenen Schwingungen verlangen Gehör. Somit erscheint die durch Ästhetik vermittelte Sensibilität als Möglichkeit des Mitgefühls, als Möglichkeit ineinander und füreinander eintreten zu können.

Zumutungen der Mehrdeutigkeit

Ein ästhetisches Erkenntniskonzept, das nicht nur mit den klar erkennbaren und definierbaren Elementen als überpersonalen Bezugspunkten arbeitet, bezieht explizit die verworrenen Anteile als wesentlich mit ein. Ihre Wirksamkeit entzieht sich einer analytisch rationalen Benennung. Auch Erkenntnisgewinn durch das Favorisieren von Erscheinungsformen der Nichteindeutigkeit, wie der Poesie und der Malerei, erheben darin Anspruch auf Gültigkeit. Die Kraft der künstlerischen Imagination als Schöpferin der Atmosphären: die mit den Mitteln bildnerischer, musikalischer oder poetischer Imagination Räume schafft, die Stimmungen enthalten und erzeugen, die über sie hinausweisen. Die Welt wird als Kunstwerk betrachtet, und als Kunstwerk entsteht sie, wie ein musikalisches Werk, immer neu im Moment der Praxis, der Rezeption und der entstehenden Resonanz. Wie ein Kunstwerk wird so Welt zum Symbol und Ausdruck für Relation, die unendlich interpretierbar bleibt.

Ein Anteil an Obskurem und Dunklem, einer nicht vollständig ausgeleuchteten Sphäre, gehört dem Kunstwerk wesentlich zu. Selbst die akribischsten Erklärungs- und Analysemodelle können ihm nicht letztgültig gerecht werden. Das Vorhandensein einer Atmosphäre des Auratischen, das über sich hinausweist, korreliert mit der subjektiven Wahrnehmung. Dieser Bereich entzieht sich einer definitorischen Versprachlichung: Die verworrenen Vorstellungen gehören einer sinnlichen Ebene an. Ihnen kommt poetischer Gehalt zu.

In der Spannung, die in der Leibniz'schen Begriffskoppelung der „klar-verworrenen"[215] Sinneseindrücke entsteht, spiegelt sich das Paradox der Erkenntnisarbeit wider, dass sich der Sprachlichkeit entziehende vorhandene Elemente Erfahrung wesentlich konstituieren.

> Klar ist eine Erkenntnis also, wenn ich sie so habe, daß ich aus ihr die vorgestellte Sache wiedererkennen kann. Und diese wiederum ist entweder verworren oder deutlich. Verworren, wenn ich nicht genug Merkmale getrennt aufzählen kann, eine Sache von anderen zu unterscheiden, obwohl jene Sache tatsächlich so viele Merkmale und Elemente [requisita] aufweist, in die ihr Begriff zerlegt werden könnte. So erkennen wir Farben, Gerüche, Geschmäcke, und andere eigentümliche Gegenstände der Sinne zwar ausreichend klar wieder und unterscheiden sie voneinander, aber nur durch das einfache Zeugnis der Sinne, nicht jedoch durch aussagbare Merkmale.[216]

215 Siehe hierzu Leibniz: *Philosophische Schriften und Briefe*, hrsg. v. Ursula Goldenbaum. Berlin: Akademie 1992, S. 28.

216 Ebd., S. 29.

Die Aufzählung von verbalisierbaren Merkmalen wird also der Gesamtheit nicht gerecht. Der Mathematiker Leibniz bezeichnet sie als „zureichende" Merkmale.

Für eine adäquate Erkenntnis, die eine vollständige Erfassung aller Merkmale voraussetzt, fehlt der dazu notwendige Überblick über die unermessliche Fülle der Merkmale, wie Leibniz anmerkt. Selbst im Bereich der Zahlen greift man auf „blinde" oder „symbolische" Erkenntnis zurück: wenn Bezeichnungen verwendet werden, mit denen operiert wird, die aber nicht bis zum Ende durchanalysiert werden.

> Meistens aber, besonders bei einer längeren Untersuchung [analysis], schauen [intuemur] wir nicht gleich die ganze Natur einer Sache, sondern gebrauchen statt der Dinge Zeichen [signi], deren Erklärung wir während des jeweiligen Erkenntnisvorgangs der Kürze halber zu unterlassen pflegen, da wir wissen oder glauben, dass wir sie geben könnten. So betrachte ich, wenn ich ein Tausendeck oder ein Vieleck mit 1.000 gleichen Seiten denke, nicht immer genau die Natur der Seite und der Gleichheit und der Tausend (d. h. der dritten Potenz von zehn), sondern ich gebrauche im Geist statt der Ideen, die ich von jenen habe, diese Bezeichnungen (deren Sinn dem Geist wenigstens dunkel und unvollkommen vorschwebt), weil ich mich erinnere, daß ich die Bedeutung jener Bezeichnungen habe, aber erkläre, daß die Erklärung jetzt nicht notwendig ist.[217]

Diese Erklärung exemplifiziert die notwendige Unvollständigkeit der Erkenntnis. Sie verweist auf die Hilfskonstruktionen der Denkarbeit, hier „blinde" und „symbolische" Erkenntnis genannt. Auf diese Weise kommt selbst in die Sphären des vornehmlich rational analytischen Argumentierens, wie in der Mathematik, ein nicht vollständig durchgehaltenes Moment hinein, indem Symbole zu Hilfe genommen werden. Dieser Erkenntnisform bedienen wir uns fast überall – sie leistet ihren Tribut an die Komplexität, die Unerschöpflichkeit der Merkmale der Welt. Ein großer Teil der Erkenntnis ist nicht deutlich, sondern verworren, sinnlich gewonnen, und zieht ein poetisches Element an sich heran.

217 Leibniz: *Philosophische Schriften und Briefe*, S. 30.

Ästhetik als Grundlage

Mit dem Anspruch, Ästhetik als vorgeordnete Tätigkeit, als conditio sine qua non für philosophische Weltzugänge zu begreifen, wird die Welt den logozentristischen Zusammenhängen entwunden. So wird ein Gegenpol zum rein rational-theoretischen Ansatz der Wissensproduktion geschaffen. Ästhetik soll für das sinnliche, konfuse Wissen eine Grundlage bilden.

Das unüberschaubare Gebiet der sinnlichen Erkenntnis in die Wissensproduktion und in die Sphäre der Wissenschaft hineinzufordern, ist nicht das einzige Wagnis, dem gegenüber Baumgarten Widerstand erwartet: Dass er sie aller Erkenntnismöglichkeit voraussetzt, ist das wahre Skandalon. Die Inthronisierung der Ästhetik bedeutet eine Relevanzverschiebung zugunsten subjektiven Erlebens und Deutens. Gleichzeitig bezieht sie alle mit ein, die zu Wahrnehmung fähig sind und enthierarchisiert somit Erkenntnis. Wer sich der Kunst der Ästhetik und des schönen Denkens widmet, arbeitet an der Verfeinerung des „ohne dogmatische Lehre" natürlich vorhandenen Erkenntnisvermögens:

> Der höhere Nutzen der zur natürlichen hinzutretenden künstlichen Ästhetik, wird, unter anderem, der sein, daß sie 1) den Wissenschaften, die sich vornehmlich auf die Verstandeserkenntnis gründen, einen geeigneten Stoff bereitstellt, 2) wissenschaftlich Erkanntes der Auffassungsgabe jedwedes Menschen anpaßt, 3) die Verbesserung der Erkenntnis auch über den Maueranger der von uns deutlich erkannten Dinge hinaus erweitert, 4) geeignete Grundsätze für alle sanftmütigeren Bestrebungen und alle freien Künste darreicht, 5) im gemeinen Leben, wenn die übrigen Umstände die gleichen sind, bei allen Dingen, die zu tun sind, Vorzüge besitzt.[218]

Die Qualität der Erfahrungen im vorsprachlichen Bereich wird als konfus beschrieben. Noch nicht geordnet bzw. eindeutig zugeordnet, entfalten die Sinneseindrücke Wirkung, und zwar eine je spezifische, in ihrer Intensität und Ausrichtung nicht (präzise) vorhersagbare oder messbare. Sie fallen auf eine Art subjektives Empfindungs- und Reflexionspotenzial. Die Wirkungen der ästhetischen Einflüsse gestalten sich subjektiv. Welche Wahrnehmungen Geltung beanspruchen dürfen, beruht weitgehend auf Akkulturation, Übereinkunft. Andere Gewichtungen erzeugen ein anderes Gefühl, eine andere Art und Weise des In-der-Welt-Seins. Was in

218 Baumgarten: *Ästhetik*, S. 13.

der Psychologie als ein Grundpfeiler des Erlebens gilt, die Interpretation des Wahrgenommenen und deren Gewichtung, zeigt hier seine Entsprechung: Was wichtig ist im Lebenszusammenhang, wird bevorzugt wahrgenommen.

Das ästhetische Vermögen trifft auf eine Welt, in der alles miteinander verbunden ist und sich wechselseitig beeinflusst. Die von Baumgarten verwendeten Termini „influxus", Beeinflussung, und „actio transiens" evozieren ein Ineinanderfließen, Ineinanderübergehen (trans-ire) und deuten auf eine Veränderung hin. Die „actio transiens" bezieht sich auf eine Einwirkung einer Substanz in eine andere. Das Paradox vom Gleichbleibenden und sich dennoch Verändernden besteht hier fort. Man bleibt im Einflussbereich eines anderen Lebewesens sich gleich und ist doch verändert.

An diesem Punkt befindet man sich in der kritischen Position des möglichen Überschwemmtwerdens, an dem überbordende Einflüsse auf das Eigene treffen. Das Eigene bezeichnet dabei einen bereits stattgefundenen Prozess des Integrierens, der nun durch neue Einflüsse herausgefordert wird. Hier werden Entscheidungen getroffen, welche Einflüsse relevant für das Eigene werden sollen. Individualität und Flexibilität, Verwandlung und Stabilität werden verhandelt. Die Herausforderung besteht darin, ein eigenes, in einem Prozess vorgestelltes Ich trotz der Verbindung zu anderen Wesen aufrechtzuerhalten und die unverzichtbare eigene Interpretation und Reflexion von Welt zu bewahren. Wie in einem Bild, in dem Farbschattierungen ineinander zwar übergehen, eine jede aber dennoch Distinktion behält, weil sonst keine Nuancen mehr erkennbar wären und alles in einem einzigen Farbton verschwimmen würde.

Die eigenen Wahrnehmungen aus der Fülle konfuser Sinneseindrücke aufzuspüren, um sie ernst und wahr zu nehmen, gleicht dem Prozess einer Melodiefindung in einem zunächst chaotisch empfundenen Orchesterklang. Es gilt, die Wahrnehmung zu verfeinern und im verschwenderischen Reservoir Wesentliches auszumachen und herauszufiltern. Wie kann es gelingen, sich in diesen Zusammenflüssen immer wieder zu etablieren, sich an das eigene Ich zu erinnern und dieses neu zusammenzusetzen?

Verbindung zur Welt

Die Welt ist nicht, was ich denke, sondern das, was ich lebe. Ich bin offen zur Welt, unzweifelhaft kommuniziere ich mit ihr, doch ist sie nicht mein Besitz, sie ist unausschöpfbar.[219]

Psychische Beweglichkeit

Die Fähigkeit, auf andere Wesen vermittels sinnlicher Wahrnehmung einzugehen, lässt sich in der Bewegung, die sich über den eigenen Leib hinaus ausdehnt, ausmachen. Dieses Überschreiten von Körpergrenzen durch optische und sensorische, akustische und intuitive Aussendungen bezeichnet bereits Transzendenz, die als Eigenschaft nicht nur einem abstrakt gedachten Intellekt zukommt. Wahrnehmung ist die Tätigkeit, die der leiblich-sinnlichen Verfasstheit entspricht und die Möglichkeit bereithält, in Beziehung zu treten. Das spontane Anerkennen der Lebendigkeit eines anderen Lebewesens geht aus einer gleichzeitig verfügbaren Aufmerksamkeit gegenüber einer Erscheinung, den Zeichen und Gesten als Äußerungen dieses Lebewesens hervor. Das weltweite Netz des Lebens lässt sich als Frequenz bezeichnen, auf der Verbindung ständig aktualisiert wird.

Der mimetische Moment bedeutet keine Selbstentäußerung im Objekt, die von einem Ausschlussdenken des Entweder-Oder, des Entscheidungszwangs impliziert würde. Die Stelle des Subjekts ist aber nicht verlassen, weil es sich nicht entscheiden muss, sich ausschließlich auf seiner eigenen Seite zu befinden oder auf der Seite des anderen. Die statische Ich-Konzeption gehört, wie die Aufteilung in Theorie und Praxis, einem Denken in Dichotomien an. Ein instabiles Subjekt gilt darin als tendenziell psychotisch. Die Aufmerksamkeit, dic sich einem anderen zuneigt und dessen

219 Merleau-Ponty: *Phänomenologie*, S. 14.

Empfindungen an sich heranlässt, impliziert einen gefährlichen Punkt der Verletzlichkeit: Der erschrockene Blick der gefangenen Antilope durchdringt spontan den Panzer eines in Sicherheit gewähnten Selbstbewusstseins und stellt die Möglichkeit zur Verfügung, sich an der Stelle der Gefangenen zu sehen. Die von Prämissen befreite, auf eigene Eindrücke vertrauende ungeschützte Mitteilung bietet die Möglichkeit, diesen Kontakt zu erfassen. Erst nach dem Fühlen hat es Sinn zu wissen, wie Rudolf Kassner formuliert: „Wer spürt so das Tier, als hätte er sich in dieses verwandelt und wäre sein Körper nun jener des Tieres?“[220]

Dieser im Kommunikationsprozess angelegten Tendenz zur Anverwandlung gelingt das Hinüberreichen zu anderen Wahrnehmungen. Durch ihre Bewegung lässt sich Transzendenz als Medium zur Überschreitung von Körperlichkeiten verstehen. Andere Wesensbefindlichkeiten werden durch sie erreichbar, andere Perspektiven erschließen sich: der Zauber, den anmutigen Bewegungen der kletternden Katze in den Ästen zu folgen und durch ihre lichteinholenden Pupillen die Nacht zu erkunden.

> Wer fühlt die Gestalt und Seele eines Tieres, deren Affinität und Feindschaft, das Heimliche und das unendlich Fremde darin? Die Beziehungen des Tieres zum Boden, zur Luft, zu den Tageszeiten? Das Lebendige, die Struktur – ich weiß nicht, wie ich es nennen soll – der Ackererde im Leben und in der Gestalt der kleinen Säugetiere unserer Felder, wie Hamster, Schermaus, Ziesel und Maulwurf? Die Nacht im Gefieder, im Fluge der Eule? Den Sturm und die Welle des Meeres im Schrei und in dem so leichten, gleichsam ausgehöhlten Körper der Möwe? Die Einsamkeit, die großen Räume der Luft im Rufe des Raubvogels?[221]

Bewegung und körperliche Erscheinung gelten gleichsam als eigene Botschaften, körperliches Wissen teilt sich in der Atmosphäre mit. Die physische Ebene kann daher als Vermittlerin angesprochen werden, und so fungieren seit langem Tanz und Rhythmus als Schwellenhüter unterschiedlicher Bewusstseinszustände.

Der Akt der Wahrnehmung als bereits transzendenter, der offen für Sinn und Bedeutung ist, zeigt sich im Hinausreichen, in der Resonanz. Die Überbrückung verschiedener Welten, wie sie der Gestaltwandler Coyote vollbringt, macht die kritische Schwelle deutlich,

220 Rudolf Kassner *Die Grundlagen der Physiognomik.* Leipzig: Insel 1922, S. 5.
221 Ebd., S. 5–6.

an der das Risiko des Selbstverlusts und die Sicherheit einer Rückkehr ins verwandelte Selbst aufeinandertreffen. Die offene Begegnung muss sich entscheiden, wie weit sie dem Ruf des Anderen folgen kann, ohne als Reise in die Auflösung zu enden. Im Prozess des Gleitens von einer Perspektive in die andere wird die Position dessen erreicht, der sich selbst betrachten kann. Im Kontext der Coyote-Figur kommt ein wichtiger transformatorischer Aspekt hinzu: Die Verwandlungskraft des Lachens provoziert mit einer spielerischen Note die strenge Eindeutigkeit.

Transzendenz bedeutet also keine Abstraktion, kein Hineinreichen in bloß Erahntes oder Erhofftes, Jenseitiges. Im Gegenteil hat sie eine sehr konkrete Verbindung zur Welt, wenn sie als Fähigkeit eines Lebewesens, das einen Leib hat, um die Welt zu erfahren, erfasst wird: Durch sie wird Resonanz möglich, die Grundvoraussetzung für Wahrnehmung. Sie wird durch eine Phänomenologie beschrieben, die auf die ursprüngliche, nicht vermittelte Erfahrung zurückgehen will, die der Interpretation durch den Intellekt vorausgeht. Im Zusammenklang mit der Einfühlung, mit dem Hereinholen der Sphäre der Poesie, wird sie in einem Maße verfügbar, das den Ausblick aus dem Subjektiven zulässt. Als würden die in der Atmosphäre vorhandenen Inhalte greifbarer. Eine solche Erfahrung ließe sich im Sinne Leibniz' als konfus bezeichnen.

Das Abkappen dieser poetischen Dimension des Einlassens in die Erfahrung des anderen leugnet nicht nur die Verbundenheit. Es trägt auch die Züge einer Verdrängung von Erfahrung und damit einer Minderung der Weltteilhabe. Das Sich-Verschließen vor Resonanz mag einer zufriedenen und satten Unreflektiertheit zugrunde liegen, die glaubt, sich selbst genügen zu können. Sie ist immer auch subjektiv auferlegte Weltreduktion.

Eingelassen und verflochten

Resonanz hat keine speziezistische Ausprägung. Neuropsychologische Untersuchungen beschreiben Prozesse, die spiegelbildlich zu beobachteten Aktionen ablaufen: Spiegelneuronen bilden beobachtete Tätigkeiten oder Gefühlsregungen eines Gegenübers in der eigenen Sphäre ab. So findet sich häufig das Phänomen der „Stimmungsübertragung" bei Tieren inter species, aber auch gegenüber Menschen.[222] Zahlreiche Beobachtungen zeigen, wie intrinsische psychische Vermögen von Lebewesen sich in den Aufzeichnungen und Messungen abbilden lassen. Sie stellen der philosophischen These ein bildgebendes Verfahren zur Seite, indem sie intellektuelle Tätigkeiten als anteilig an der leiblichen Sphäre zeigen. Die Leib-Seele-Dualität wird aufgelöst. Was im sogenannten abstrakt intellektuellen Bereich vor sich geht, ist mit den sinnlichen Wahrnehmungen ursächlich verstrickt. Wenn so gesehen Welterfahrung notwendig subjektiv ist, ermöglicht die Resonanzfähigkeit immer schon, sich mit anderen Wesen zu verbinden. Mehr noch, sie ist immer schon wesentlich verbunden, weil sie sich in ihren Begegnungen erschafft, weil sie sich im Gegenüber spiegelt: weil die Subjektgrenzen fließend sind.

Systemtheoretisch ausgedrückt, treten zwei Individuen bereits durch ihre gleichzeitige Anwesenheit in einen gemeinsamen Erfahrungsraum, den sie selbst gestalten, und zwar bereits, bevor sie zu sprechen beginnen. Wie im Bild der auratischen Lichtflüsse treten die Informationen in Korrespondenz wie Atmosphären, die sie begleiten. Diese sind, wie die Subjekte selbst, prozessual und wandlungsfähig, nicht starr und determiniert vorstellbar. Wie man in jeder einzelnen Beziehung zu einem anderen Wesen eine nuancierte Variation seiner selbst ist. In jeder Beziehung schaffen sich die Subjekte wechselseitig neu – so wie unterschiedliche Wesenszüge sich in unterschiedlichen Konstellationen zeigen. Je nach Kombination der Atmosphären erschließen sich unterschiedliche Wege.

> Sobald zwei Personen einander leiblich begegnen, sind sie von vornherein in ein systemisches Interaktionsgeschehen einbezogen, das ihre Körper miteinander verbindet und ein präverbales und präreflexives Verstehen herstellt. Die Gefühle des anderen werden in seinem Ausdruck unmittelbar verständlich, weil dieser in uns einen meist unbemerkten leiblichen Eindruck mit subtilen Empfindungen, Bewegungs- und Gefühlsvorstufen hervorruft. Daraus ergibt sich eine zwischenleibliche Resonanz: Man spürt den anderen buchstäblich am eigenen Leib.[223]

222 Vgl. hierzu Andrea Beetz / Henri Julius / Kurt Kotrschal / Dennis C. Turner / Kerstin Uvnäs-Moberg: *Bindung zu Tieren. Psychologische und neurobiologische Grundlagen tiergestützter Interventionen.* Göttingen: Hogrefe 2014.

223 Thomas Fuchs: *Das Gehirn, ein Beziehungsorgan. Eine phänomenologisch-ökologische Konzeption.* Stuttgart: Kohlhammer 2009, S. 186.

Leibliche Informationen zu atmosphärischen Vermittlern – durch diese Verfasstheit entsteht die Möglichkeit, sich die Welt zu erschließen, indem man über sich hinausgeht, indem man sich auf sie einlässt, sie wird zu einem Teil und für einen gewissen Zeitraum. Die leiblich vermittelte Fähigkeit der Resonanz ermöglicht Korrespondenz mit anderen leiblichen Wesen.

Verbundenheit bedarf der Resonanzfähigkeit. Sie bezieht sich auf das Teilen eines Raumes und einer Zeit in einem sinnlichen und einem seelischen Modus: Leiblich vermittelte Befindlichkeiten und Atmosphären können erschlossen werden. Interpretation durch den Intellekt kann davon nicht getrennt werden, vielmehr läuft diese gleichzeitig mit. Temporär-kausale Ordnungen lassen sich in diesem Prozess nicht festlegen.

Diese ursprüngliche Erfahrung eines wechselseitigen Verwobenseins, das „Eingelassensein und Verflochtensein des einen ins andere"[224], bezeichnet das Wesen der Verbundenheit. Der Moment dieser Erfahrung steht noch vor der Abstraktionsarbeit, die Relevanzen sortiert. Eine Solidarisierung mit Wesen unterschiedlicher Ordnungen tritt spontan auf, denn die noch nicht in Sprache gefasste Erfahrung findet auf einer Ebene statt, auf der diese Verbundenheit sich deutlich spüren lässt, so etwa in Begegnungen ohne sprachliche Kommunikation – seien es solche mit Kindern, die noch nicht sprechen, mit Tieren, die keine menschliche Sprache sprechen, oder mit Menschen, die unbekannte Sprachen sprechen. Trotz dieser Abwesenheit einer gemeinsamen Sprache strictu sensu besteht ein Interesse, eine spontane Hinneigung zu einer lebendigen Mitteilung.

Einfühlung bedarf nicht notwendig einer leiblichen Präsenz, so dass sie nur vor Ort stattfinden könnte. Dank der Möglichkeit, sich in andere Befindlichkeiten hineinzufühlen, aus der Warte des anderen Wesens Erfahrung zu sammeln und Welt wahrzunehmen, muss nicht erst ein spezifisches Wesen mit seinen Empfindungen körperlich anwesend sein, damit man eine Vorstellung davon gewinnen kann, wie es sich fühlt. Erfahrungen können als quasi eingebettete Empfindungen abgerufen werden. Auch wenn der Tiger nicht nebenan aus dem Stand fünf Meter weiter springt, kann die unmittelbare Kraftäußerung in der Elastizität, Energie und Eleganz dieser

224 Merleau-Ponty: *Phänomenologie*, S. 182.

Bewegung spürbar werden. In einer Nachbildung mit technischen Mitteln lässt sich der Vorgang nachvollziehen. Die Allgegenwart von Tieren in einem abstrahierten Format wie dem Film verweist auf dieses assoziative Wissen und die Unverzichtbarkeit der Begegnungen inter species.

Verständigung erweitern

To hold in regard, to respond, to look back reciprocally, to notice, to pay attention, to have courteous regard for, to esteem: all of that is tied to polite greeting, to constituting the polis, where and when species meet. To knot companion and species together in encounter, in regard and respect, is to enter the world of becoming with, where who and what are precisely what is at stake.[225]

Aufnahmebereit

Als Brückenfunktion zwischen Wesen bedient sich Kommunikation verbaler und non-verbaler Zeichen und Äußerungen. Adressierbarkeit ist dabei Voraussetzung. Solange man über Sinneswahrnehmung verfügt, kann man sich dem Empfang nicht gänzlich entziehen, höchstens Vehemenz und Lautstärke mindern. Das Ausblenden von Hintergrundgeräuschen illustriert ein solches Leise-Drehen, eine Aufmerksamkeitsverschiebung, die bewusst oder unbewusst erfolgen kann. Unbewusst, automatisch stellt sich eine Ausblendung aus dem Bewusstsein bei anhaltender Geräuschkulisse ein, weil man sich an sie gewöhnt hat. Sehr deutlich zeigt sich dieser Vorgang auch beim Ausblenden von Gerüchen. Von einem Konzept der aktiven Wahrnehmung ausgehend, kann dieses Ausblenden als gesetzter Widerstand gegen das Eindringen ins Bewusstsein gesehen werden.

Aktive Wahrnehmung bezeichnet die Vorstellung, dass Geschehnisse nicht in ein passives, rezeptives Bewusstsein eindringen und dort zu einem Eindruck verdichtet werden. Vielmehr geht man von einer aktiven Tätigkeit aus, die eine Wahl trifft. Zudem werden auch die unterschwelligen, unter der Wahrnehmungsschwelle vorhandenen Perzeptionen aufgewertet: Sie werden aus der Passivität auf die

225 Haraway: *When Species Meet*, S. 19.

Ebene einer auf niedrigem Niveau agierenden Aktivität gehoben. Auch die nicht ausformulierten, konfusen Eindrücke treten so an, eine Welterfahrung mitzugestalten. Eine niedrigere Bewusstseinsschwelle muss so als konstitutiv und bewegend verstanden werden. Auch wenn die Resonanz eines kleinen Ereignisses nicht groß genug ist, um ins Bewusstsein zu dringen, haben diese unterschwelligen Perzeptionen Auswirkungen, wie Leibniz notiert hat. Leibniz' Konzept, das eine Einbeziehung unbewusster Vorgänge in Realitätsentwürfe begründet, verlangt mithin wesentlich Großzügigkeit angesichts der Unmöglichkeit endgültiger Deutbarkeiten. Dem Nicht-Erkannten Kraft und Relevanz zuzugestehen und es nicht mit Argumenten der Irrationalität abzuschieben, verlangt eine Plastizität der Imagination, die sich vor Weltendurchdringungen nicht furchtsam in Intellektualismen verkriecht. Durch die kleinen und großen Perzeptionen, eben durch das, was wahrgenommen wird, nehmen Lebewesen teil am Leben. Das Leben findet im Erstehenlassen von Welten statt. Welt zeigt sich durch aktive Wahrnehmung, nicht wie eine Vorführung festgelegter, vorgefertigter Handlung. „A world shows up", schreibt Alva Noë:

> To acknowledge that presence is achieved and that it is achieved in full understanding of its manifest fragilitiy is really to give up the idea that the world shows up as a remote object of contemplation. Perception is a transaction. It is the sharing of a situation with what you perceive.[226]

Wie lassen sich nun diese Weltverschränkungen verstehen? Wenn Verbundenheit angenommen wird, lässt sich auf ihr die Fähigkeit aufbauen, miteinander in Beziehung zu treten und zu kommunizieren. Kommunikation findet statt, wenn sich eine gemeinsame Erfahrung entwickeln und manifestieren lässt. Es gilt nun die Voraussetzungen zu untersuchen, durch die Kommunikation zu allererst gewährleistet wird, die Elemente also, die ihr Stattfinden ermöglichen.

Wie lässt sich Kommunikation gestalten, die einen inklusiven Bezugspunkt bereitstellt? Beim Fokus auf Sprache wird immer eine Hierarchie mitgeliefert. Sprache als intellektuelles Instrument behauptet Herrschaftsansprüche für diejenigen, die ihrer mächtig

226 Alva Noë: *Varieties of Presence*. Boston: Harvard UP 2012, S. 3.

sind. Spivaks Diskussion *Can the Subaltern Speak?*[227] stellt einem schlichten Ausschluss aus dem sprachlichen Herrschaftsbereich, der erduldet werden muss, die Möglichkeit eines Entzuges derjenigen, die beherrscht werden sollen, zur Seite. So wird die Weigerung, an der Herrschaftssprache teilzunehmen, ein subversiver Akt. „Spivak argues that people designated 'other' occupy the position of curious guardians who marginalize and withhold their culture from the systematic terms of dominant representation and knowledge."[228]

Die als „Andere" bezeichneten halten Wache an der Schwelle zwischen ihrer Lebensweise und der vereinnahmenden Repräsentation. Sie machen sich selbst so zu Trägern einer widerständigen Sprache, die sich nicht den logozentrischen Vorgaben unterwirft: Wie ein Tanz sich nicht in Worte übersetzen lässt, so behaupten sie ihre Eigenständigkeit und Wirkmächtigkeit. Das „Subalterne" lässt sich nicht aufschlüsseln in eine zugänglichere Sprache. Entsprechend den (neo)kolonialistischen Argumenten werden speziezistische Begründungen für die Rechtfertigung und Aufrechterhaltung eines westlich-rationalistischen Exklusivitätsgestus in Anwendung gebracht: Lebewesen, die nicht fähig oder nicht bereit sind, eine bestimmte Sprache zu sprechen, werden einem quasi unzugänglichen Reich zugeordnet. Unerwartet erwägt auch Descartes die Möglichkeit, dass Tiere eventuell doch sprechen könnten, es aber unterlassen: Sie verweigern den sprachlichen Ausdruck, um nicht arbeiten zu müssen.[229] Auf einer speziezistisch argumentierenden Ebene werden diejenigen Werkzeuge ins Blickfeld und ins Zentrum der Aufmerksamkeit gerückt, die sich auf Sprachverwirklichung, auf Artikulation beziehen. Dazu bedarf es eines Reservoirs an Wörtern und der praktischen Inkorporierung derselben. Stimme, Stimmbänder, Mund, Lippen, Ohren, Schallwellen.

Auch eine schriftliche Verständigung wird traditionell gemeinhin als Kommunikationsmittel akzeptiert. Hier wird ebenso wieder auf ein Instrumentarium verwiesen, das sofort einige des Mediums

227 Siehe hierzu Gayatri Chakravorty Spivak: *Can the Subaltern Speak? Postkolonialität und subalterne Artikulation*. Wien: Turia & Kant 2007.

228 Stephen Morton: *Gayatri Spivak: Ethics, Subalternity and the Critique of Postcolonial Reason*. Cambridge: Polity 2007, S. 29.

229 Vgl. hierzu Kofman: *Schreiben wie eine Katze*, S. 29.

Unkundige ausschließt. Stifte, Papier. Oder Tastatur, Schreibmaschine, Drucker – hier kommt Elektronik ins Spiel, eine wesentliche Größe im Zusammenhang mit Kommunikation. Tasten, Kabel, Ladegerät, Modem, Funkstation. Die elektronische Übertragung wird tatsächliches Kommunikationsmedium, das Distanzen überbrückt, zugleich dient sie als Metapher für das, was vor sich geht: Informationen werden kodiert und übertragen, von einem Punkt zum anderen geschickt. Die Informationen lassen sich dabei nie ganz auf der Seite des Senders oder des Empfängers verorten, sondern in einem Zwischenbereich. Das dazugehörige Bild ist nicht das der Brieftaube, die den Weg der Vermittlung von einem Startpunkt zu einem Endpunkt zurücklegt, sondern eher das einer Welle, die Informationsbestandteile in ihrem gesamten (Wasser-) Volumen mit sich führt.

Informationen fungieren so gesehen nicht als einzelne Bestandteile, sondern immer als fluktuierende, verbundene Anteile, die ihr Umfeld mittransportieren. Sie sind nicht als abstrakte zahlenförmige Daten zu verstehen, sondern als situative, in ein Umfeld eingebettete: Sie tragen Kontext mit sich und landen in Kontext.

Nonverbale Kommunikation, ein weites Feld im Kosmos der psychologischen Forschungen, konzentriert sich auf Blicke, Bewegungen. Atmung, Herzschlag. Hautfärbung, Fell. Hier lässt sich oben Gesagtes weiter ausführen: Die Geste bleibt immer Teil auch dessen, der sie aussendet. Sie ist nicht aufgelöst dadurch, dass jemand sie empfangen hat. Und auch das Medium ihrer Ausführung, der Raum, in den sie gelegt wurde, ist davon tangiert. Die Atmosphäre ist Schwingung dessen, was an Gesten und Worten stattgefunden hat. Sie enthält auf geheimnisvolle Art das Geschehene. Wie anders wäre es sonst möglich, eine Auseinandersetzung, eine Liebesszene, ein überraschendes Zusammentreffen in einem Raum zu erahnen, den man ohne Kenntnis des vorher Geschehenen betritt?

Der Leib als Medium

Es ist mir dann, als bestünde mein Körper aus lauter Chiffren, die mir alles aufschließen. Oder als könnten wir in ein neues, ahnungsvolles Verhältnis zum ganzen Dasein treten, wenn wir anfingen, mit dem Herzen zu denken.[230]

Leib als lebendig und sinnlich

Im Gegensatz zum mechanistischen Körperbegriff einer biologischen Weltsicht verweist der phänomenologisch verstandene „Leib" auf einen durch ihn erzeugten Wirklichkeitsbezug. In der vollzogenen Aufspaltung von Geist, Seele und Körper bedarf der leblose Körper eines Inputs an Lebendigkeit, der durch Geist und Seele gewährleistet wird. Die Sezierarbeit der Zivilisation hat aus dem ursprünglich empfindsamen Leib einen kulturalistisch durchwirkten, zivilisatorisch zugerichteten Körper gemacht, der unmöglich wieder in einen direkt empfindenden „Leib" zurückzuführen sei, beklagen Max Horkheimer und Theodor W. Adorno. Er gilt als „entseelt", als einer, der für seine Triebhaftigkeit, als Feind der Zivilisation, bestraft worden ist: „Der Körper ist nicht wieder zurückzuverwandeln in den Leib. Er bleibt die Leiche, auch wenn er noch so sehr ertüchtigt wird. Die Transformation ins Tote, die in seinem Namen sich anzeigt, war ein Teil des perennierenden Prozesses, der Natur zu Stoff und Materie machte."[231]

Der alternativen Bezeichnung und der Bedeutungsgeschichte des Wortes „Leib" lässt sich mit Grimms Wörterbuch nachspüren.

230 Hugo von Hofmannsthal: Ein Brief. Brief des Lord Chandos an Francis Bacon. In: Ders.: *Gesammelte Werke in zehn Einzelbänden*, Bd. 7: Erzählungen. Erfundene Gespräche und Briefe. Reisen. Frankfurt am Main: Fischer, S. 461–472, hier S. 469.

231 Max Horkheimer / Theodor W. Adorno: *Dialektik der Aufklärung*. Frankfurt am Main: Suhrkamp 1969, S. 98.

Mit „leben“ verwandt und aus dem Verb für „bleiben“ abgeleitet, bezeichnet es das Lebendige.

> Bedeutung: 1) leib, leben. diese bedeutung hat, seitdem sich das subst. leben an die stelle von altem lîp festgesetzt [...], von ihrer schärfe eingebüszt. das nhd. bewahrt sie nur noch in festen verbindungen, formeln, sprichwörtern, namentlich in solchen, in denen der gewaltsame verlust des lebens hervorgehoben wird, wo doch wieder auch die vorstellung von der schädigung des körpers eingreift: den leib wagen, den leib nehmen, um den leib kommen, den leib kosten u. ähnl.: den leib verlieren.[232]

In Grimms Etymologie zeigen sich die Zusammenhänge des Lebendigen und dessen Verteidigung, die im semantischen Feld vorhanden sind:

> leib, m. vita, persona, corpus. Formelles und etymologisches. ahd. mhd. lîp, gen. lîbes; alts. altnfr. lîf, lîes; niederl. lijf, niederd. lîf, lîves; ags. lîf, lîfes, engl. lîfe; fries. lîf, lîves; altnord. lîf, lîfs; schwed. lif, dän. liv; in den alten dialekten, wie noch jetzt im niederl., schwed., dän., ein neutrum. einzig im gothischen ist das wort nicht aufgewiesen; dasz es dort gefehlt habe, ist bei seiner sonstigen gleichmäszigen verbreitung über alle deutschen dialekte nicht anzunehmen; Ulfilas musz gründe gehabt haben, es in seiner bibelübersetzung zu vermeiden.
> [...] unter leben ist der zusammenhang sowol dieses wortes als auch des subst. lîp, leib mit pîlîpan, bleiben vorgetragen worden. dieser zusammenhang kann aber nur von einer besonderen germanischen vorstellung ausgehen. wie wal dann übergeht in die bedeutung niederlage, tod auf dem schlachtfelde, so lîp in die bedeutung leben; wie wal auch die einzelne kriegerleiche bedeutet [...], so lîp den einzelnen zurückgebliebenen, lebenden, die person.[233]

„Körper“ wird hingegen aus einem Zusammenhang mit dem Leichnam herausgeführt:

> körper, m. corpus. I. herkunft und form.
> a) es ist das lat. corpus, übernommen [...] aus lebendiger rede, aus dem latein der ärzte und mehr noch der geistlichen; ‚der dualismus, das abendmahl und die leichnamsanbetung der christen trug zu dieser einimpfung des wortes bei‘ (Diefenbach). [...] wird doch jetzt noch in halb scherzhafter rede für leib rein lat. corpus gebraucht (aber auch als masc.), selbst von nichtstudierten, volksmäszig korps (wie kadaver, auch als m.), gleichsam in gelehrt medic. weise, aber eben in todter gestalt, nicht mehr lat. flectiert. so auch engl. corpse leichnam.
> 1) Es erscheint zuerst vorwiegend in der bed. leichnam.
> a) zuerst wahrscheinlich in geistlicher rede gebraucht:
> der corper (Christi), der lîchame.[234]

232 Grimm / Grimm: *Deutsches Wörterbuch*, Bd. 12, Sp. 580–591.

233 Ebd.

234 Ebd., Bd. 11, Sp. 1833–1838.

Später im Artikel wird darauf verwiesen, dass der „Leib" als zu sinnlich konnotiert ist, um in der Alltagssprache weiterhin Verwendung zu finden. Unschicklich gar wäre die Rede vom „Leib" einer Frau:

> leib würde uns da zu sinnlich sein, ohne schutz gegen lüsternheit; diesen schutz gibt so weit möglich körper durch seinen wissenschaftlichen, gelehrten anstrich, während uns leib da zu sehr den belebten körper vorführt. niemand wird z. b. zu einer frau, wie unter a bei Göthe mit körper, zu sagen wagen ‚sie scheinen heute nur dem leibe nach anwesend', man sagt da körperlich. schon im 15. jh. einmal, wo man sonst an leib keinerlei anstosz nahm: aller ir korper gevelt mir wol […].[235]

Der Leib wird im früheren Sprachgebrauch klar als Symbol für Sinnlichkeit gesehen. Die Bezeichnung „Leibhaftiger" für den göttlichen Widersacher spielt in diese Bedeutungszusammenhänge hinein und konnotiert ihn und seine Aktivitäten als Manifestationen des Lebendigen, was die Dimension des „sündigen Leibes" vorwegnimmt. Allein der Klang des Wortes scheint Verweis auf das Lebendige, auf das, was lebend den Kampf überstanden hat.

> lîp, im munde des streitbaren mannes, ist ursprünglich der gegensatz des gleich-geschlechtigen wal, ags. wäl, welches die gesamtheit der auf dem schlachtfelde gefallenen, die zusammenfassung der für den heldenhimmel aus gewählten bezeichnete; lîp ist demnach eigentlich die gesamtheit der noch zurückgelassenen, noch nicht gefallenen.[236]

Das Verhältnis des Leibes als Träger des Lebens kann als noch stärker verwoben mit der Welt gezeichnet werden, wenn Leib als der vom Ich beseelte Bestandteil der Welt aufgefasst wird. Er ist somit nicht getrennt von einer abstrakten Geist-Ebene und benötigt keine Vermittlung – nur das Gewahrwerden dieser immer schon bestehenden Verbundenheit. Die Welt eröffnet sich nicht nur durch den Leib, der Leib eröffnet wiederum im Wechselspiel die Welt. Das Subjekt ist leiblich verfasst. Dem Leiblichen kommt Wirkmächtigkeit zu. Welt muss erfahren werden, das andressierte Ausführen von Vorschriften, die sich einem passiven Körper aufdrängen, stellt nur eine unzureichende Annäherung dar.

Die Verbindung zur Welt findet auf einer leiblichen Ebene statt, in der die umgebende, umhüllende Welt sich erschließt. Im Hinblick

235 Ebd.

236 Ebd., Bd. 12, Sp. 580–591.

auf diese Mittlerposition wird sowohl vom „Körper“ als auch vom „Leib“ gesprochen, wobei diese Ausdrücke oftmals synonymisch verwendet werden, oftmals jedoch auch unterschiedliche Aspekte bezeichnen. Der Ausdruck „Körper“ deutet in seiner Verwendungsgeschichte auf Instrumentelleres als der stärker in die Welt gehörige „Leib“. Er konnotiert in seiner Etymologie die medizinische Diagnose des corpus, (engl. „corpse“, die Leiche) als toten Leib und weist in eine mechanistische Betrachtung: als würde der Körper als Apparateanordnung verstanden, dessen Bestandteile technische Funktionen ausführen. Der sezierende Blick nimmt den Tod des Leibes vorweg: Nachdem er wissenschaftlich analytisch in Einzelteile zerlegt wurde, lebt er nicht mehr. Das Schicksal unzähliger zu Tode analysierter Tiere kann Zeugnis von diesem Forschen im Getöteten geben.
Diese Sichtweise verweist auf einzelne Bauteile, die wie bei einem Stecksystem zwar genau eingepasst, letztlich aber unabhängig voneinander funktionieren. Dieses Konzept bewirkt die Fokussierung einzelner Organe, etwa des Herzens oder des Gehirns, die als jeweils hierarchisch übergeordnet betrachtet werden, bis hin zur Austauschbarkeit von Organen und Körperteilen. Diese medizinische Betrachtungsweise tendiert zu punktueller Symptombehandlung, als beeinflussten die einzelnen Teile nicht den Gesamtorganismus, dessen Elemente korrespondieren.

Ineinanderfließende Empfindungen

Der sinnlich-leiblichen Dimension von Wahrnehmung kommen sowohl passive als auch aktive Qualitäten zu: Nicht nur Erfahrungen werden durch sie vermittelt, sie veranlasst auch Handlungen. Bei Hofmannsthal wurde das Instrument der Dechiffrierung als „Körper“ bezeichnet.[237] Seine Funktion ist die eines Bindeglieds zwischen dem „Ich“ und der „Welt“, ihm kommen also Qualitäten des lebendigen Leibes zu. Die Verfasstheit des Leibes stellt die Potenzialität der Welterfahrung bereit. Über ein Jahrhundert ‚hergeworfen‘, beschreibt der Brief des Lord Chandos krisenhafte Situationen, die aus der Zeit heraustreten. Hofmannsthals Briefschreiber befindet sich an der Schwelle des Übergangs in andere

237 Vgl. Hofmannsthal: Ein Brief.

Erfahrungswelten. In den unübersichtlichen Gemengelagen von Eindrücken, Ahnungen und Gefühlsanstürmen erweist sich die wechselseitige Bedingtheit von Erfahrung und Leiblichkeit als zwingend. Durch die sinnliche Abbildung entsteht ein unmittelbarer Erkenntnismoment, in dem ein „neues, ahnungsvolles Verhältnis zum Dasein“[238] gewonnen werden kann.

Kann eine solche Veränderung des Verhältnisses zum Dasein aber überhaupt als wünschenswert gelten? Der vom früheren Selbstverständnis der klaren Klassifikationen abgewandte Zustand besteht in einer gleichzeitig als bedrohlich und vielversprechend erlebten Unfähigkeit zur Abgrenzung. Das Wahrgenommene fließt ins Eigene ungehemmt hinüber, weswegen die Wahrung eines Abstands, eine innerliche Distanznahme, unmöglich wird. In der Folge ist nichts in seiner Setzung mehr unverdächtig, Willkür und Künstlichkeit von Grenzen werden als konstruierte Trennlinien begriffen.

> Es wurden mir […] im Gespräch alle die Urtheile, die leichthin und mit schlafwandelnder Sicherheit abgegeben zu werden pflegen, so bedenklich, daß ich aufhören mußte, an solchen Gesprächen irgend teilzunehmen. […] Mit einem unerklärlichen Zorn, den ich nur mit Mühe notdürftig verbarg, erfüllte es mich, dergleichen zu hören wie: diese Sache ist für den oder jenen gut oder schlecht ausgegangen; Sheriff N. ist ein böser, Prediger T. ein guter Mensch; Pächter M. ist zu bedauern, seine Söhne sind Verschwender; ein anderer ist zu beneiden, weil seine Töchter haushälterisch sind; eine Familie kommt in die Höhe, eine andere ist am Hinabsinken. Dies alles erschien mir so unbeweisbar, so lügenhaft, so löcherig wie nur möglich.[239]

Situationen zerfallen in zu viele Einzelaspekte, als dass ein zusammenfassendes klares Urteil gefällt werden könnte. „Es gelang mir nicht mehr, sie mit dem vereinfachenden Blick der Gewohnheit zu erfassen. Es zerfiel mir alles in Teile, die Teile wieder in Teile und nichts mehr ließ sich mit einem Begriff umspannen.“[240] Dieser Zustand lässt sich als Herausfallen aus einer wohlgeordneten (Schein-)Welt verstehen. Die eindeutigen Zuschreibungen, die alles an ihrem Platz gehalten haben, können in ihrer Simplizität nicht mehr akzeptiert werden, wenn die Perspektiven sich erst einmal derartig verschoben haben. Das Hineingerissen-Sein in den

238 Ebd.

239 Ebd., S. 465–466.

240 Ebd.

Ausblick ins Sein durch eine andere als die einst stabil geglaubte eigene Perspektive lässt eine Rückkehr zur alten Ordnung nicht zu. In jenen Stimmungen dringt das ganze Sein in seinen Einzelerscheinungen auf das Bewusstsein ein. Klare Strukturierungen gehen ineinander über und lösen sich auf:

> In diesen Augenblicken wird eine nichtige Kreatur, ein Hund, eine Ratte, ein Käfer, ein verkümmerter Apfelbaum, ein sich über den Hügel schlängelnder Karrenweg, ein moosbewachsener Stein mir mehr als die schönste hingebendste Geliebte der glücklichsten Nacht mir je gewesen ist. Diese stummen und manchmal unbelebten Kreaturen heben sich mir mit einer solchen Fülle, einer solchen Gegenwart der Liebe entgegen, daß mein beglücktes Auge auch ringsum auf keinen toten Fleck zu fallen vermag.[241]

In den Begegnungen vermittelt sich die Gegenwart der Liebe, sie reflektieren einen inneren Seinszusammenhang. In dieser mystisch anmutenden Erfahrung erscheint alles bedeutsam. Das Ineinanderfließen unterschiedlicher Seinsformen ermöglicht das Wahrnehmen von deren Seinsumständen. Es gibt hierbei keine Hierarchie – unbelebt Geglaubtes wie ein Stein oder ein Karrenweg treten als Stimmungskatalysatoren in den Vordergrund. Relationen zeigen sich überall. „Wir, das sind nicht nur wir Menschen, das sind wir Lebewesen überhaupt. Und dazu gehören die Tiere und die Pflanzen, die Erde und die Elemente und alles, was ist."[242]

Wie in einem Bild, dessen Elemente sich alle auf der gleichen Ebene befinden, in dem keines in den Hintergrund oder in den Vordergrund tritt, wird eine inklusive Teilhaftigkeit am Lebendigen deutlich. Die klaren Zuschreibungen, welchen Relationen Relevanz beigemessen werden soll und welchen nicht, zeigen ihre Konstruiertheit: Sie werden irreparabel brüchig.

Der Tonfall, in dem Lord Chandos die Erfahrung der Dechiffrierung körperlicher Verbindungserfahrungen übermittelt, verweist auf die Entschlossenheit, sie vor dem zensierenden Zugriff einer ordnenden Psychologie zu bewahren. Was durch die psychischphysiologischen Chiffren dem Bewusstsein zugespielt wird, kann nicht revidiert werden. Es ist dann unmöglich, wieder der Alte zu werden, vor diese Erfahrung zurückzukehren. Das widerständige Moment gegen klar gesetzte Dichotomien äußert sich in der

241 Hofmannsthal: Ein Brief, S. 469.

242 Rombach: *Die Welt als lebendige Struktur*, S. 82.

Inanspruchnahme eigener Weltzugänge, indem man sich auf das beruft, was man empfindet. Die Realität wird als mit Beziehungen durchwirkt erkannt, und Beziehungen allein vermögen Sinnzusammenhänge zu kreieren:

> Die Sinnstruktur ist das elementare Phänomen des Strukturzusammenhangs überhaupt und kennzeichnet die Beziehung der Momente zum Ganzen und des Ganzen zu den Momenten, auch der Momente untereinander und des gesamten Strukturzusammenhangs zu der Realität, die dadurch zu einem Ganzen zusammengebunden wird. Da es Realität nur im Zustand der Verbundenheit gibt, läßt sich jede Art von Sein auf Sinn hin betrachten und bezeichnen.[243]

Es gibt keine Möglichkeit der Distanz mehr, keine Möglichkeit des Verdrängens und Leugnens dieser Erkenntnis von Verbundenheit. Das Eindringen der „sanft oder jäh steigenden Flut göttlichen Gefühles“[244] überträgt Schattierungen anrührender oder beängstigender Zustände in Chandos' Erleben. In einer Weitsicht, einer Einfühlung über Distanzen hinweg, die auf körperliche Präsenz verzichten kann, werden Geschehnisse ins Eigene hereingeholt: So wird in Abwesenheit, während eines Ausrittes, der Todeskampf der vergifteten Ratten in den Kellern miterlebt.

> Alles war in mir: die mit dem süßlich scharfen Geruch des Giftes angefüllte kühl-dumpfe Kellerluft und das Gellen der Todesschreie, die sich an modrigen Mauern brachen; diese ineinander geknäulten Krämpfe der Ohnmacht, durcheinander hinjagenden Verzweiflungen; das wahnwitzige Suchen der Ausgänge; der kalte Blick der Wut, wenn zwei einander an der verstopften Ritze begegnen.[245]

Der Aufruhr teilt sich ihm überfallsartig mit: Dieses unvermittelte Überströmen, das Öffnen von Informationskanälen, beschreibt Lord Chandos als einen Zustand, gegen den er sich nicht wehren kann. Die Flut der Eindrücke reißt ihn mit sich: Was er für die Kommunikation mit der Welt braucht, stellt sich ihm dechiffriert zur Verfügung. Dieses Dechiffrieren zieht ein verändertes Verhältnis zur Welt nach sich, es gibt einem „Denken des Herzens“ Raum, das sich als eine Alternative zum vom Intellekt geprägten Denken versteht. Intellektuelle Repräsentation von Geschehnissen zieht

243 Ebd., S. 44.

244 Hofmannsthal: Ein Brief, S. 467.

245 Ebd., S. 468.

möglicherweise Mitleid nach sich, wenn durch einen konstruierten Rollentausch das Leid in seiner Logik erfasst wird. Chandos betont aber eine andere Qualität, nämlich:

> Es war viel mehr und viel weniger als Mitleid: ein ungeheures Anteilnehmen, ein Hinüberfließen in jene Geschöpfe oder ein Fühlen, daß ein Fluidum des Lebens und Todes, des Traumes und Wachens für einen Augenblick in sie hinübergeflossen ist – von woher?[246]

Es ist dies nicht ein Mitleid, das in den anderen Wesenskern hinüberreicht, sondern ein Verspüren am eigenen Leib, was sich im anderen ereignet. In diesen vielfältigen Verflechtungen, die Rombach als „Struktur" bezeichnet, lösen sich die klar voneinander abgetrennten Entitäten auf und geben den Blick auf Zusammenhänge frei. „In der Welt der Struktur verblassen die ontologischen Grenzziehungen, und der Mensch nimmt eine Bruderschaft mit allem Seienden auf."[247]

Mit dem unendlichen Außen verbunden, sind physische Wesen an ihren Grenzen, hautnah, gleichzeitig offene Entitäten. Das Fluidum, wie Hofmannsthal das Medium der Übertragung benennt, transportiert Geschehnisse und Gefühle. Die Informationen werden in diesem fluidalen Kontinuum übermittelt, wie Licht oder Ton. Wie eine Antenne die Wellen aufgreift und sie an der Stelle der Dechiffrierung verdichtet, so werden die wesentlichen Informationen einer Entität zwar an ihrer physischen Erscheinung manifest, doch auch der Weg zu ihnen enthält Informationen über sie.

> Und obwohl die Erde und die Luft zwischen den Pflanzen des Gartens oder das Wasser zwischen den Fischen des Teiches weder Pflanzen noch Fisch sind, enthalten sie diese doch immer, aber meistens in einer für uns nicht wahrnehmbaren Feinheit.[248]

Der Außenraum eines Körpers darf nicht mehr unabhängig von seiner Umgebung vorgestellt werden, er ist vielmehr immer schon verbunden.[249] Er ist kein Disparates. Das bedeutet aber auch gleich-

246 Hofmannsthal: Ein Brief, S. 468.

247 Rombach: *Die Welt als lebendige Struktur*, S. 17.

248 Leibniz: *Monadologie*, S. 51.

249 Siehe hierzu Arno Böhler: Psyche ist ausgedehnt, weiß nichts davon. http://univie.academia.edu/ArnoBoehler/Papers/796813/Psyche_ist_ausgedehnt_weiss_nichts_davon (Zugriff am 25.09.2013).

zeitig, dass jeder Körper seinen eigenen Außenraum quasi mit sich trägt, vor sich herträgt.

Aura

Der Ausdruck des Auratischen enthält dieses Konzept. Die Aura, ursprünglich der Lufthauch, steht der psyché, dem Atemhauch, nicht nur semantisch sehr nahe. Gleichsam als unterschiedliche Aggregatszustände verteilen sich Anteile aus psychischen und physischen Aussendungen eines Individuums als Vorboten und Begleiter in der umgebenden Atmosphäre wie ein Hauch. Was also in einer vereinfachten Ausdrucksweise mit harmonischen Passungen aus dem Bereich der Chemie beschrieben wird, entspringt einer tieferen Wissensschicht, die sich nicht scheut, mit dem Unsichtbaren und doch Spürbaren, das sich der Seele durch Atmosphäre vermittelt, umzugehen.

Doch ist die Seele nun vom Leib unabhängig, ein Teil von ihm, an ihn gebunden oder frei von ihm? Wie kommt die Seele in den Leib? Was hat sie mit ihm zu tun? Oder ist der Leib ein Avatar der Seele, wie Deleuze und Guattari es formuliert haben?[250]

Die Suche nach dem Wesen des Lebendigen bezeichnet immer auch die Suche nach dem Motor, dem Antrieb, dem Geist, der dahinter oder darin steckt. Dieses Element gehört einer unsichtbaren Sphäre an, ob als von außen aufgesetzt oder doch inwendig im Leib steckend vorgestellt. Unsichtbar, ungreifbar – ohne Materie? Dennoch präsent, bleibt es als Wirkung spürbar. In der griechischen Vorstellung des Seelenvogels zeigt sich das Flüchtige, Schwebende. Es gehört einer anderen Ebene an als die Wesen, die mit Beinen auf der Erde herumlaufen. Als Geflügelte haben sie, wie Engel, das Fliegen, das Flüchtige, die Leichtigkeit der Luft als Charakter.

Eine Ontologie der Flugfähigen bringt eine neue Betrachtungsweise in die angestammten Schematisierungen – sollte es nicht auffällige Gemeinsamkeiten unter denen geben, die das Element Luft meistern, indem sie sich quasi schwerelos darin bewegen können? Ähnlichkeiten, die sich jenseits genetischer Parallelisierungen finden. Die Erfahrung des Fliegens muss eine überwältigende

250 Vgl. Gilles Deleuze / Félix Guattari: *Anti-Oedipe.* Paris: Editions de Minuit 1972, S. 30: „l'image du corps, dernier avatar de l'âme".

Einflussnahme auf die Gesamtbefindlichkeit eines körperlichen Wesens sein. Die Vorstellung des Seelenvogels macht Seele zur Verbündeten der Lüfte.

Wenn Psyche der Hauch des Lebens ist, dann haben alle Lebewesen Anteil an Seele. Sie ist das ansprechbare, affizierbare, transpersonal verbindende Element. Als Charakteristikum des Lebendigen kommt ihr das sinnstiftende Wirken der Verbundenheit zu.

Zur Unendlichkeit hin offen

Die Seele reicht so weit wie der Kosmos reicht.[251]

Seele als Initiatorin

Seele bezeichnet das, was die Lebendigen zusammenhält, was ihnen Verbundenheit untereinander ermöglicht. Sie ist dem Sein nicht zusätzlich, sondern inhärent. Die Eigenschaft des Seele-Habens wird eindeutig dem Reich des Lebendigen zugesprochen. In dieser belebenden Potenzialität gerät die Frage, ob die Seele nun jedem Wesen eindeutig zugeordnet oder als überindividuell Verbindendes vorstellbar sei, vorläufig in den Hintergrund. Es kann daher keinerlei Zweifel daran geben, dass auch nicht-menschlichen Tieren eine Seele zukommt.

Der Beseeltheit der Lebewesen folgend, wie Aristoteles sie annimmt, kann konstatiert werden: Wenn Seele keine geringere Aufgabe hat als die, das Leben zu erhalten, kann sie bei unterschiedlichen Lebewesen als sehr differenziert vorgestellt werden. Die den Pflanzen zugeordnete vegetative Seele auf einer ersten Stufe bewerkstelligt das Überleben der Pflanzenwesen, etwa in der Bewegung zur Sonne hin.

Eine zweite Seelenstufe, von Aristoteles als sensitive Seele bezeichnet, wird mit Bewegung und Perzeption verbunden und den Tieren zugeschrieben. Durch ihre sensitive Seele sind sie befähigt, sich ihren Lebensumständen gemäß zu verhalten – etwa schnell zu laufen, um erfolgreich jagen zu können. Eine dritte Stufe der Seelenentwicklung fügt rationale Fähigkeiten hinzu, ist dem Menschen zugeeignet und bringt intellektuelle Fähigkeiten wie Denken und Sprechen mit sich. Wenn nun, wie eigene Beobachtung und, als Verstärkung und

251 Kassner: *Grundlagen der Physiognomik*, S. 22.

quasi wissenschaftliche Legitimation dieser Ansicht, die Ergebnisse der biologischen Verhaltensforschung nahelegen, dass Tiere über kommunikative Strukturen und abstrahierende Fähigkeiten verfügen, steigt die Tierseele in der Hierarchie sogar auf diese Ebene. Neue Forschungsergebnisse über pflanzliche Lebewesen bringen beteiligte Forscher sogar zur Forderung, auch deren Strategien als Intelligenz anzuerkennen.[252]

Seele nimmt Einfluss auf den Körper – etwa indem sie Bewegung initiiert. Sie ist kein anderer Körper, keine abgetrennte Entität. Sie beinhaltet die gestaltende Kraft der Entelechie, die das Wesen durchs Leben begleitet und zu dem werden lässt, was ihm innewohnt, was in ihm als Qualität angelegt ist. Die Entelechie ermöglicht den potenziellen Anlagen des Wesens, in Erscheinung zu treten.

Seele wird als Aktualität und Potenzialität vorgestellt. Potenzialität gilt als die grundlegende Möglichkeit, eine Fähigkeit zu erwerben, wie sie etwa ein Kind hat, das Klavier spielen lernen wird. Noch bevor es damit beginnt, ist die Möglichkeit für das Kind bereits da, den Umgang mit dem Instrument zu lernen. Im Lernen wird diese Potenzialität zu Aktualität verwirklicht. Selbst wenn sie nie ausgelöst werden würde, die schlummernde Musikalität also nie aktualisiert, nicht in die Aktivität gelockt werden würde, wäre sie doch vorhanden und ließe sich eventuell als Resonanz, wenn das erwachsene Kind sich an einem Konzert erfreut, noch wiederfinden. Dieses Vermögen, von der Potenzialität in Aktualität überführt zu werden, geht der Annahme eines seelischen Vermögens voraus, das die Kommunikation und Verbundenheit mit anderen Lebewesen gewährleistet.

Leibniz' Idee der zugrundeliegenden Verbundenheit der seelischen Lebewesen bezieht sich auf eine allem vorausgehende Quelle, die er das Göttliche nennt: den Bezug aller vorhandenen einzelnen Wesen zu einem Grundprinzip, dem „Sinn", auf den sich letztlich alles bezieht und der auch diese Verbundenheit der Lebendigen bildet. „Man muß also verschiedene Seinsweisen ansetzen (modi entitatis), die sich zwar unterscheiden, aber in ihrer Unterschiedenheit das eine Sein voraussetzen, von dem her sie sich bestimmen

252 Siehe hierzu auch Manfred Dworschak: Im Garten des Doktor Mancuso. In: *Der Spiegel*, 17/2014, S. 106–110.

und auf das hin sie alles Seiende verpflichten."[253] Das gemeinsame Sein verpflichtet zur Bezugnahme.

Das von Leibniz als „zureichender Grund" bezeichnete Göttliche wird streng und aus der reinen Logik der Mathematik begründet. Er entspringt nicht einer metaphysischen Sehnsucht oder gar einer Gefälligkeit den kirchlichen Autoritäten gegenüber, sondern dem philosophischen Dilemma, dass etwas ist, wo doch auch nichts sein könnte. Die Erklärung dafür liefert auch heute keine naturwissenschaftliche Deduktion. Erklärungen wie die Urknall-Theorie lassen letztlich Fragen offen wie „Und was war davor?" bzw. „Was war der Auslöser für den Urknall?", „Woher kam das verantwortliche Materieteilchen?", welche die Diskussion wiederum nur verschieben.

Der Mathematiker Leibniz muss, um die Welt erst denken zu können, einen zureichenden Grund setzen. Er begründet diese Verbundenheit mit einer Art göttlichem Lebensfunken, der allen Wesen innewohnt und die Teilhabe am Leben darstellt. Leibniz' Bild der Monade ist eine Veranschaulichung dieser Seinsbeschreibung. Sie ist zentrales Element des Bestehenden, darüber hinaus repräsentiert sie Welt: In jeder Monade ist das Gesamte enthalten. Im Prinzip enthält jede Monade alle Informationen des gesamten Seins. Dieses Konzept wirkt wie ein vorausgeworfenes Echo auf die DNA-Struktur, die ebenfalls das Gesamtwissen des belebten Universums trägt.

Das Selbst, das auf diese Verbundenheit rekurriert und einen Sinn im Miteinander mit anderen Wesen erkennt, fügt dem einzelkämpferisch isolierten Ego eine weitsichtigere Seele hinzu. Allein durch verstandesmäßiges Erkennen kommt diese Dimension nicht zustande. Der Mathematiker Ludwig Wittgenstein wird, wie Leibniz, das notwendige Vorhandensein einer sprachlosen und also von der Sprachlogik ausgeschlossenen Dimension bezeichnen: Das ist das Mystische.[254] Das, was unaussprechbar ist, aber unwidersprochen vorhanden. All diese materielos vorgestellten Gegebenheiten spielen für die erlebbare Welt eine unverzichtbare Rolle.

253 Rombach: *Die Welt als lebendige Struktur*, S. 149.

254 Siehe hierzu Ludwig Wittgenstein: *Tractatus logico-philosophicus*. Frankfurt am Main: Suhrkamp 1963, S. 103.

Fähigkeiten des Lebendigen

Die Potenzialität, Wahrnehmungen und Welten zu teilen, bringen Lebewesen wie ein Versprechen mit sich in die Welt. Sie sind ausgestattet mit einem Sensorium des In-Beziehung-Seins. Im Bild der musikalischen, akustischen Resonanzfähigkeit ist diese Potenzialität deutlich: Ein Mitklingen der Saiten wird initiiert, wenn Schallwellen sie erreichen. Mehr noch, aus einem passiven Reagieren hinaustretend, gewinnt die Welt einen neuen Klang durch das Mitschwingen der Saiten, das hörbar in die Welt tritt. Es handelt sich also um mehr als Passivität. Resonanz bedeutet gleichzeitig ein aktives Moment.

Nicht nur im Psychischen wird diese Bewegung deutlich. Der Intellekt, als wesentliches Instrument zur Welterkennung, kann ebenso auf eine Potenzialität aufbauen. Er ist vorhanden und wartet auf Aktualisierung, wie Johannes Duns Scotus beschreibt:

> Jedem natürlichen passiven Vermögen entspricht in der Natur etwas Aktives. Ansonsten schiene es, daß das passive Vermögen überflüssig in der Natur wäre, wenn es durch nichts in der Natur in einen Akt überführt werden könnte. Der aufnehmende Intellekt ist aber ein passives Vermögen und ein natürliches bezüglich eines jeden Erkennbaren. Also entspricht ihm ein natürliches aktives Vermögen. Es folgt also, was zu beweisen war. Der Untersatz leuchtet ein, weil der Intellekt von Natur aus die Erkenntnis eines jeden Erkennbaren erstrebt und von Natur aus durch jede Erkenntnis seine Erfüllung findet. Also ist er von Natur aus aufnahmefähig für jede Erkenntnis.[255]

Diesen Überlegungen von Duns Scotus geht die Frage voraus, ob es für den Menschen in seiner jetzigen Situation, „in seinem jetzigen Zustand“[256] notwendig sei, dass ihm, um in der Welt zu bestehen, um Erkenntnisse über die Welt erreichen zu können, eine Lehre auf „übernatürliche“ Weise zuteilwerde oder ob Erkenntnisfähigkeit in ihm bereits zur Genüge vorhanden sei. Ohne Anstoß „von außen“ sozusagen. Was bedeutet hier „übernatürlich“? Geht es um eine dem Leib äußerliche Quelle der Inspiration, die hinzukommen muss, um das Erkennen zu aktivieren? Um eine Art göttlichen Funken, mit dem sich der Intellekt verbinden muss? Vielleicht um die Verbindung mit der Dimension der Seele, die als über den Leib

255 Johannes Duns Scotus: *Über die Erkennbarkeit Gottes. Texte zur Philosophie und Theologie.* Lateinisch-Deutsch, übers. u. hrsg. v. Hans Kraml. Hamburg: Meiner 2000, S. 5.

256 Ebd., S. 3.

hinausgehende die göttliche Verbindung des Lebendigen selbst ist?

Die erste Frage lautet bei Duns Scotus daher: „Queritur utrum homini pro stato isto sit necessarium aliquam doctrinam supernaturaliter inspirari.“[257], also: „Gefragt wird, ob es für den Menschen in seinem jetzigen Zustand notwendig ist, daß ihm eine Lehre auf übernatürliche Weise eingegeben wird.“[258] Bezeichnend ist das Wort „inspirari“ im lateinischen Originaltext. Das Bild der Inspiration, das als eine von außen kommende Entsprechung der innen liegenden Intuition verstanden werden kann, verweist, als Einhauchen, zum einen in den speziellen Bereich des Seelischen, des Hauches der Psyche, und zum anderen in den allgemeineren des Lebenshauches.

Die Konzeption des Übergangs einer passiven zur aktiven Haltung im Prozess des Erkennens, wie von Duns Scotus im 13. Jahrhundert beschrieben, bietet überraschende Ähnlichkeiten mit einem Konzept der aktuellen Kognitionsforschung, nämlich mit dem der aktiven Wahrnehmung. Es besagt, dass nicht ein äußeres vorgefertigtes Bild in den wahrnehmenden, ruhenden Geist bzw. Körper hineingespiegelt wird – was der Auffassung des passiven Intellekts entsprechen würde –, sondern bereits in dieser Phase geht es um Aktivität, Beteiligtsein. Das, was wahrgenommen wird, ist bereits ein aktiv gestaltetes Produkt der verarbeitenden Sinne, den Intellekt eingeschlossen. Das bloße Erdulden und Empfangen kommt in diesem Konzept nicht vor – das wäre ein beinahe todesähnlicher Zustand. Was mit dem Lebendigen verknüpft ist, was eine Seele hat, ist im aktiven Wahrnehmungsprozess beteiligt.

Das bedeutet, dass Lebendigsein als aktive Teilhabe an der Welt und ihrer Erschaffung verstanden wird. Die Seele, die jedem Lebewesen zukommt, ist ihr Instrument. Wahrnehmung erfolgt über die Sinne, die Leiblichkeit und den mit ihr zusammenhängenden psychischen, poetischen Apparat. Im Intellekt werden diese Eindrücke zusammengeführt. Leib und Seele sind miteinander verbunden, weil die Welteindrücke sinnlich vermittelt werden und seelisch wirken. Sie können empfunden und erlebt werden, weil diese Potenzialität den Lebewesen mitgegeben ist. Seele ist affizierbar. Dass das Leben in

257 Ebd., S. 1.
258 Ebd., S. 2.

den anderen erkannt wird und nachvollziehbar, liegt an ihrer Fähigkeit, über sich hinauszugehen und eine beschränkte egozentrische Sicht hinter sich zu lassen. Diese Fähigkeit ist die Einfühlung, und sie ist der Seele wesenhaft. So ist es also möglich, an der Welt der anderen, an ihrem Leben und Fühlen teilzuhaben.

Als Pendant und Korrespondent auf leiblicher Ebene unterhält die Seele Beziehungen zum Leib – sie gestaltet den Leib. In gewisser Weise wird also im Leib Seelenhaftes erkennbar.

Leib von Seele gestaltet

Le corps est l'extension de l'âme jusqu'aux extrémités du monde et jusqu'aux confins du soi, l'un dans l'autre intriqués et indistinctement distincts, étendue tendue à se rompre.[259]

Seele als Erfahrung

Als Verbindung der physischen und psychischen Voraussetzungen des Weltkontaktes erscheint Leib als Körper mit Seele. Dieser beseelte Körper bietet ein alternatives Konzept zum klassifizierten und sezierten Körper, quasi als unverdächtiges Medium, frei von den belastenden Zuschreibungen etwa einer Erbsünde, mit der das Physische von vornherein potenziell inkriminiert wird.

Der Leib erfährt die Welt, indem er über sich hinausgeht, indem er sich, durch die seelische Fähigkeit der Ausdehnung, quasi „ek-statisch" über seine Ich-Grenzen hinwegsetzt, als wäre die Außengrenze des Körpers verschiebbar. Dann rührt der Leib an andere und wird von anderen berührt:

> Ce corps, ce trait, cette zone de ce corps me touche (touche « mon » corps). Ça me plaît ou ça me déplaît, ça me contrarie ou non, ça m'intrigue ou ça me laisse indifférent, ça m'excite ou ça me révulse. Mais ça sera toujours venu de plus loin que tout autre chose de l'autre. Ça sera venu dans la venue même de l'autre.[260]

259 Jean-Luc Nancy / Antonia Birnbaum: *L'extension de l'âme : Descartes =: « Exister, c'est sortir du point »*. Strasbourg: Le Portique 2003. „Der Körper ist die Ausdehnung der Seele bis hin zu den äußersten Enden der Welt und bis zu den Grenzen des Selbst, eins in das andere verstrickt, auf undeutliche Weise voneinander getrennt, ausgedehnt und zum Zerreißen gespannt." (Übers. S. K.)

260 Jean-Luc Nancy: *Corpus*. Paris: Métailié 2000, S. 29. „*Dieser* Körper, *dieser* Zug, diese Zone *dieses* Körpers berührt mich (berührt ‚meinen' Körper). Das gefällt oder missfällt mir, das widersteht mir oder nicht, das treibt mich um oder nicht, das sticht mir ins Auge oder lässt mich gleichgültig, das erregt mich oder widert mich an. Doch *Das* wird immer weiter hergekommen sein als alles andere des

Seele als Erfahrung des Körpers zu verstehen, wie Jean-Luc Nancy, erweitert den Raum für die Korrespondenz von Physischem und Psychischem. Die Bemühungen des Einschreibens und Festlegens werden überschritten, denn die Idee des beschriebenen Körpers trägt eine Determiniertheit in sich, die mit dem offeneren Subjektbegriff, mit dem Bild einer fließenden Identität unvereinbar ist. Das flüchtige Element, das Wehen, das im Wort psyché steckt, beinhaltet zugleich Beweglichkeit und Unfassbarkeit. Die Anwesenheit ist zwar deutlich spürbar, aber nicht fixierbar.

Beschreibungen und Einschreibungen der Erfahrungen des Körpers, die Suche nach dem geheimnisvollen Ort der Seele, all diese intellektuelle Akrobatik spiegelt die Mühe wider, des Leibes tatsächlich habhaft zu werden. Der Versuch der Abstraktion bemüht sich, aus dem Leiblichen herauszutreten, den Ort der Forschung und der Authentizität zu verlassen. Er möchte Untersuchtes vom Untersuchenden trennen. Die Unmöglichkeit, in Echtzeit, also während die Empfindung andauert, über die leibliche Sphäre erklärend und schreibend – und das heißt also: analytisch – etwas auszusagen, wird im Bild der Dislokation deutlich: Es impliziert die Notwendigkeit, sich aus dem Zustand der Empfindung in den der Analyse zu begeben, die Sphäre des originalen Eindrucks, des Impacts, zu verlassen.

Die Verstricktheit der leiblichen und seelischen Dimension widersteht jedoch der These einer sauberen, klar distinkten Trennbarkeit.

> Le corps signifiant – tout le corpus des corps philosophiques, théologiques, psychanalytiques et sémiologiques – réincarne qu'une chose: l'absolue contradiction de ne pas pouvoir être corps sans l'être d'un esprit que les désincorpore.[261]

Darüber hinaus setzt Nancy das „incarnatus" in direkten Bezug zum „corpus". „Incarnatus" bedeutet ja eine Fleischwerdung einer zuvor entwickelten – oder schöpferisch hingeworfenen – Gesamtidee.

Anderen. Das wird im Kommen selbst des Anderen gekommen sein." (Jean-Luc Nancy: *Corpus*, aus d. Franz. v. Nils Hodyas / Timo Obergöker. Zürich / Berlin: Diaphanes 2007, S. 31.)

261 Nancy: *Corpus*, S. 62. „Der bezeichnende Körper – der gesamte Corpus der philosophischen, theologischen, psychoanalytischen und semiologischen Körper – *verkörpert* nur eines: den absoluten Widerspruch, nicht *Körper* sein zu können ohne das Sein *eines Geistes*, der ihn entkörpert." (Nancy: *Corpus*, S. 62.)

Die Koppelung dieser intellektuellen Konzeptualisierung mit dem Versuch, die Sphären des Leibes und des Geistes anzuordnen, trägt deutlich monotheistische Züge: Der Primat des Geistes über „das Fleisch" entspricht der hierarchischen Positionierung eines obersten Wesens, das auf alle anderen Geschöpfe herabschaut. Die intellektuell Begabteren stehen über den Instinktgetriebenen, dem „Weg des Fleisches" Unterworfenen.
Diese Trennung lässt sich jedoch nicht durchführen, denn das Leibliche entzieht sich weitgehend der Rolle als Analyseobjekt: Zwar werden die Leiber, von Menschen, Tieren und Pflanzen gleichermaßen, vermessen, gewogen und seziert, doch wird man des inneren Motors nicht habhaft. Das Individuelle wird nicht gefunden. Das Geheimnis wird nicht ergründet, der geheime Ort der Seele oder des Geistes bleibt verborgen, obwohl alles Innere nach außen gekehrt wird:

> Le corps garde son secret, ce rien, cet esprit qui n'est pas logé en lui mais répandu, épandu, étendu tout à travers lui si bien que le secret n'a nulle cache, nul repli intime où il serait un jour possible d'aller le decouvrir.[262]

Gerade als Ausdruck eines individuellen Lebens kommt dem Leib Wichtigkeit zu: Eine je spezifische Erscheinung auf der leiblichen Ebene korrespondiert mit der Einzigartigkeit eines Wesens. Hier klingt die Prämisse des Perspektivenwechsels herein: Der Leib ist das Partikulare. Durch den Leib, der wahrnimmt, entsteht die je eigene Welt. In der Begegnung trifft man auf „den Anderen" als einen bestimmten anderen Leib. Die Qualität der Leiblichkeit trägt in sich eine geheimnisvolle Fähigkeit zu kommunizieren.

> Les autres, au contraire, je les saurai toujours en tant que corps. Un autre est un corps parce que seulement un corps est un autre. Il a ce nez, ce teint de peau, ce grain, il a cette taille, ce creusement, ce pincement.[263]

262 Jean-Luc Nancy: 58 (+1) Indices sur le Corps. htpps://soundcloud.com/58indicesonthebody/jean-luc-nancy-recording-index-41 (Zugriff am 27.09.2013). „Der Körper hütet sein Geheimnis, dieses Nichts, diesen Geist, der nicht in ihm wohnt, sondern der verbreitet ist, ausgedehnt, um sich herum verteilt, so dass das Geheimnis sich nirgends verbergen kann, keine intime Falte, wo es eines Tages möglich wäre, es zu entdecken." (Übers. S.K.)

263 Nancy: *Corpus*, S. 29. „Die anderen hingegen werde ich immer als Körper kennen. *Ein Anderer ist ein Körper*, weil nur *ein Körper ein anderer ist.* Er hat diese Nase, diesen Teint, dieses Muttermal, er hat diese Größe, diese Furche, dieses Zwinkern." (Nancy: *Corpus*, S. 30.)

Der Lebensfunke, der Geist bewohnt den Körper nicht, er geht über ihn hinaus.

> Im ek-statischen Aufbruch eines Körpers, in dem er von sich aus kontinuierlich in die Welt aufbricht, um das, was sich um ihn herum befindet, zu erkunden, entfaltet ein Körper für Nancy erst jenen seelischen Innen-Raum im Außenraum um sich herum, den er in der Folge psychisch durchdringt und als partes extra partes am eigenen Leib hautnah empfindet. Kraft dieser Bewegung nimmt der Körper in der Tat also selbst erst subjektive Züge an. Wird er zu dem, was die deutsche Sprache Leib, die griechische Psyche im Sinne des Tonos eine Körperspannung nennt.[264]

Die je eigene Erfahrung, das, was das Subjekt in diesem Zusammenhang ausmacht, entsteht also durch diese Bewegung, durch diese leib-seelische Arbeit der Berührens und des Berührt-Werdens. Die Aufgehobenheit in einem Kontinuum wechselseitig sich berührender leiblicher Wesen bedeutet Verbundenheit der Vielen. Böhler beschreibt dieses Über-sich-Hinausgehen als Fluchtbewegung des Körpers in die Welt, als energetische Abspaltung „mitten hinein in das Weltweite der Welt, das einen Körper umgibt"[265], als Wagnis: das, was die Seele eines Körpers genannt wird.

Die Wirkmächtigkeit der verschränkten und ineinander übergreifenden Ebenen von Leib, Seele und Geist entfaltet sich in ihrer Relationalität. Sie sind voneinander nicht trennbar.

> L'âme, le corps, l'esprit: la première est la forme du deuxième et la troisième est la force qui produit la première. Le deuxième est donc la forme expressive du troisième. Le corps exprime l'esprit, c'et-à dire le fait jaillir au dehors, en presse le suc, en tire la sueur, en arrache les étincelles et jette tout dans l'espace. Un corps est une déflagration.[266]

264 Böhler: Psyche ist ausgedehnt, S. 11.

265 Ebd., S. 10.

266 Nancy: 58 (+1) Indices sur le Corps. „Die Seele, der Körper, der Geist: das Erste ist die Form des Zweiten und das Dritte ist die Kraft, die das Erste hervorbringt. Das Zweite ist also die Ausdrucksform des Dritten. Der Körper drückt den Geist aus, das heißt, er lässt ihn ausbrechen, er presst ihm den Saft aus, entzieht ihm den Schweiß, entreißt ihm Funken und wirft alles in den Raum. Ein Körper ist eine Entladung." (Übers. S. K.)

Magische und animistische Anleihen

Mankind is the animal at the head of the primates, and cannot escape habits of mind which cling closely to habits of body.[267]

Alles ist Information

Bereits beim bloßen Aufeinandertreffen von lebendigen Wesen findet ein Austausch statt. Was mitgetragen wird in einer auratischen Wolke, all die Stimmungen und Affekte, sie gehen der verbalen Ebene bereits voraus und durchdringen sie. Kommunikation bedeutet selbstverständlich mehr als das, was gesagt wird. Diese schwer fassbare, magisch anmutende Dimension der Kommunikation zeigt sich auch in schamanischen Weltauffassungen als maßgeblich: Das, was über die Sprache hinausgeht, wird als Äußerung auf einer Ebene energetischen Austauschs verstanden. Schamanisches Wissen brilliert im Wechsel von unterschiedlichen Ebenen der Wahrnehmung, ohne dem Dogma der Objektivierbarkeit unterworfen zu sein, die alles zu belegen versucht. Es ist daher erlaubt und erwünscht, Informationen aus allen Bereichen zu beziehen – ob aus einem Gespräch mit einem Unbekannten, der überraschenden Begegnung mit einem Tier oder einer Traumerscheinung. Gerade weil diese Phänomene Befinden beeinflussen, ist es notwendig, sie mit Aufmerksamkeit zu betrachten.

Das Aufeinandertreffen zweier oder mehrerer psychischer Atmosphären wird hierbei bedeutend. Was ein Lebewesen begleitet an Stimmungen, Erfahrungen und Aspirationen, wird als wertvolles Wissen verstanden und pragmatisch verwendet: Es stellt Material dar, mit dem gearbeitet werden kann. Die hierarchische Kürzung, mit der Unwichtiges von Wichtigem geschieden und aussortiert

267 Alfred North Whitehead: *Adventures of Ideas*. New York: The Free Press / Simon & Schuster. 1967, S. 46.

wird, ist einer solchen Wahrnehmung fremd. Peripheres, Atmosphärisches wird für wahrhaftig genommen.

> Movement, sound and rhythm are all anterior to symbolic verbal communication, and provide a prototype for it: verbal conversation is formally predicated on the rhythms of nonverbal behavior, which it does not ever entirely replace or supersede.[268]

Selbstverständlich gehören diese Attribute dem jeweiligen Wesen zu, nicht als etwas Definitives, Festgelegtes, sondern eher als Schwebendes, Bewegliches. Was Lebewesen also unsichtbar, aber deutlich wahrnehmbar mit sich tragen, tritt in einen Austausch. Eine je eigene, neue, gemeinsame Atmosphäre entsteht. Diese über das Sichtbare hinausreichenden Anteile gehören dem Bereich des Geistes und der Geistwesen an, die die Macht der Lebendigkeit verkörpern. Dieser Geist wird als konkrete Wesenheit verstanden, nicht als das flüchtige und beinahe fiktive Wesen, als das Seele und der gesamte Bereich des Psychischen in streng neurobiologistischen Konzepten dargestellt werden. Diese mechanistischen Erklärungsmodelle reduzieren psychische Erfahrungen zugunsten eines angenommenen Primats des Gehirns auf biochemische Prozesse und versuchen, Welt als Konstruktion auf der Basis neuronal übermittelter Reiz-Reaktionsmuster zu erklären. Diese Reduktion eines intentional handelnden Lebewesens auf seine Gehirntätigkeit unterstellt eine Abgeschnittenheit vom äußeren Dasein. In diesen Darstellungen wird so getan, als werde Wahrnehmung exklusiv im Gehirn produziert. Thomas Fuchs beschreibt die neurobiologistische Konstruktion wie folgt: „Im Innenraum des Bewusstseins empfängt das Subjekt, der einsame Gefangene seines eigenen Palastes, die Bilder von der unerreichbaren Außenwelt."[269] Sie enteignet den Menschen zudem seines Leibes: Das Subjekt ist nicht Herr im eigenen Leib, sondern das Gehirn hat die Vormachtstellung, lässt sich aber nicht in die Karten schauen. Hirnströme, Enzyme und Reiz-Reaktionsmuster, die dem Subjekt selbst fremd und unerkannt bleiben, sollen diejenigen sein, die alle psychischen und intellektuellen Vorgänge tatsächlich bestimmen.

Die Tendenz zur Trennung und Aufspaltung schafft denn auch das Konzept einer Seele, mit der man sich gesondert auseinandersetzt,

268 Gibbs: After Affect, S. 199.

269 Fuchs: *Das Gehirn*, S. 30.

in einem luxuriös anmutenden Anflug von Irrationalität, abseits vom fast automatisch sich abspulenden Leben, das in seiner Gedrängtheit und Unterworfenheit unter Zwänge des Marktes, der Gesellschaft, häufig einem organisierten Verdrängen innerer Abläufe nahekommt. Für einen rationalistisch strukturierten Alltag taugt jedenfalls nur ein Seelenkonzept, das dessen Behandlung und Beruhigung in den Bereich der Psychotherapie oder Seelsorge delegiert. Dieser Auffassung gilt Seele als ein Surplus, fast als ein Relikt aus der Zeit, in der man noch nicht verstanden hatte, dass alle vermeintlichen Motivationen eines höheren Selbst auf verkappte egoistische Reflexe zurückzuführen seien, die, auf ihre biologische Ebene gebracht, dem rohen Plan zum Überleben folgen. Wenn das Vorhandensein einer Seele also ab und an eher geisterhaft Aufmerksamkeit verlangt – meist in dysfunktionalen Konstellationen – wird notgedrungen zugegeben, dass dieses undefinierbare Wesen dennoch hin und wieder der Betreuung bedarf. Aus einer Überzeugung, die äußere Welt sei die einzig reale, ergibt sich eine grobe Vernachlässigung dessen, was sich im Inneren der Lebewesen abspielt. Seelische Vorgänge werden letztlich negiert, als Befindlichkeiten abgetan. Wenn sie als existent erachtet werden, sollen sie sich durch formelhafte Behandlungen und aufgesetzte Glaubenssätze manipulieren lassen. Auch diese Reparaturprozesse sollen reibungslos ablaufen. Mehrheitlich gehen sie, einem medizinhistorischen allopathischen Paradigma gemäß, nicht in die Tiefe, sondern arbeiten auf der Ebene des Symptoms.

Aus dieser Perspektive ergibt sich ein stetiges Ansteigen der Verschreibungen von Gegengiften. Stimmungserhellend oder stabilisierend sollen die am häufigsten verschriebenen Mittel wirken. Ermüdung und Weltüberdruss werden als pathologisch betrachtet und nicht in ihrer Zeichenhaftigkeit für eine grundlegendere Unstimmigkeit erkannt, die sich aus der Produktion und Aufrechterhaltung einer negativ aufgeladenen Weltstimmung des ununterbrochenen Kampfes, der Konkurrenz und der Abschaffung der Muße ergibt. Die Abwehr dieses manipulativen Ansturms wird durch den Singsang der Vergeblichkeit einzuschläfern versucht. Denn wer reagieren kann, kann aktiv werden gegen die Unzumutbarkeiten. Durch prophylaktische Entmutigung wird die Gefahr eines solchen Widerstands zu entschärfen versucht. Es braucht schon einen Schutzschild vor dem Ansturm der katastrophischen

Botschaften, deren Untertöne das Suchen nach Alternativen als naive Phantasie abtun, um einen ruhigen Moment ohne mediales Geschwätz zu erlangen, um sich zu besinnen.
In einer schamanisch inspirierten Perspektive werden die Qualitäten von Inhalten auf ihre weltschöpferischen Aspekte hin betrachtet. Durch Aufmerksamkeit und Konzentration, durch die Kraft der Vorstellung entstehen Inhalte, die sich zu einem späteren Zeitpunkt auf materieller Ebene manifestieren, bereits in einer mentalen Sphäre. Traum wird in diesem Zusammenhang als kreative Potenz verstanden und hat wenig mit bedeutungslosem, zufälligem Nachhall von Erlebnissen zu tun. Die Traumsphäre wirkt wie ein unendliches Reservoir an Kommunikationsmöglichkeiten.
Diese weltschöpferische Tätigkeit kommt jedem Lebewesen zu.

> We have an invisible dimension that we call spirit – an aspect I call 'who we are beyond our skin'. We can't see this part of ourselves, but together with body and mind it makes up our whole being. Whenever we interact with others in the physical world an invisible exchange of energy is taking place too.[270]

Magische Sprache

Die Dimensionen der Kommunikation gehen weit über materielle Kodierungen von Sprachlichkeit hinaus. Worte stellen schon beinahe etwas materialhaft Robustes, Festes, dar. Ihnen kommen magisch welterschaffende Wirkungen zu.

> We must again recognize as all ancient cultures did that words are vibration. And when we speak out loud we send a vibration out into the universe that will manifest back down on others and us. You might remember when you were a child saying the phrase abracadabra. This is actually an Aramaic phrase 'abraq ad habra' and it literally translates to 'I will create as I speak'.[271]

Worte tragen unsichtbare Bedeutungen mit sich, die über den Gehalt dessen, was sie bezeichnen sollen, hinausgehen. Die Zeichenebene wird überschritten und Sprache für einen variablen Symbolgehalt geöffnet. Sie kann von denen, die sie verwenden, weiter aufgeladen werden. Durch das, was an Gehalt in die Wortbedeutung

270 Sandra Ingerman: Healing Toxic Thoughts. http://www.sandraingerman.com/healing toxicthoughts.html (Zugriff am 15.04.2012).
271 Ebd.

eingebracht wird, formiert sich das, was es schließlich ausdrückt. Diese Überschreitung des Semantischen findet sich in der auratischen Ebene wieder.

Die Psychologie der Bewusstseinskonzeption verwendet den Ausdruck „Beliefs" für Überzeugungen und Vorurteile. Diese sind wesentlich daran beteiligt, eine Präfiguration für Interpretationen von Wahrnehmungen zu liefern. „Beliefs" werden als einflussreiche internalisierte, mitunter auch innerlich sprechende Glaubenssätze verstanden, die wesentlich auf Handlungen einwirken können, ohne jedes Mal zur Entscheidungsfindung aufgerufen werden zu müssen. Vergleichbar mit Vorurteilen, kann eine durch inhaltlich aufgeladene Worte geprägte Einstellung zu den vorausprojizierten Ergebnissen führen. Erlebnisse werden nach ihr interpretiert. Die bekannte „self-fulfilling prophecy" erscheint als solch eine verinnerlichte Matrix für prädeterminierte Ereignisse. Die Macht der Worte kehrt hier in der Wirkmächtigkeit projizierender Gedanken und Belief-Systeme wieder.

Das Mittelreich jener psychologischen Praktiken, das sich von der Durchsetzung statistischer, tabellarisch ermittelter Normen in seinen Ansprüchen deutlich unterscheidet, entlehnt zahlreiche Techniken aus magisch-animistisch geprägten Überlieferungen. In hypnotischen und provokativen Sitzungen werden Kapazitäten der Subjekte aufgerufen, die westlichen Lebensstilen großteils abhandengekommen sind.

> Es ist eine Erfahrung, die stets von neuem mit Menschen zu machen ist, daß es deren so wenige gibt, welche etwas vom Wetter verstehen, welche Wolken, deren Textur, deren Fleisch so spüren, als wären es Dinge, die wir berühren und mit der Hand abtasten können, so wenige, die den Körper – wenn ich so sagen darf – des Windes fühlen und greifen, die Tönung des Himmelsgewölbes, die Art der Sonnenstrahlung, die Luft und alles als Ausdruck eines Ganzen zu empfinden durch ein feineres Gefühl von sich selbst befähigt sind.[272]

Dennoch wird diesen enigmatischen Prozessen Wirkmächtigkeit zugestanden, weil sie sich auf grundlegende transkulturell verständliche Kulturtechniken beziehen. Als Extravaganz wird, im Tageslicht einer imaginierten Öffentlichkeit, ein übermäßiges Bestehen auf Wirklichkeitsansprüchen von Impulsen emotionaler oder gar

272 Kassner: *Grundlagen der Physiognomik*, S. 5.

leidenschaftlicher Herkünfte bezeichnet. Im Dunklen, im Geheimen, in der Welt, die nicht nach außen in die gemaßregelte Welt getragen wird, leben diese Ansprüche ihr Eigenleben.

> The animistic and mythological habit of thought still holds its own at the confines of knowledge, where mechanical explanations are not found. In ourselves, where nearness makes observation difficult, in the intricate chaos of animal and human life, we still appeal to the efficacy of will and ideas, as also in the remote night of cosmic and religious problems. But in all the intermediate realm of vulgar day, where mechanical science has made progress, the inclusion of emotional or passionate elements in the concept of the reality would be now an extravagance.[273]

Seelische Beeinträchtigungen treten jedoch in den gesellschaftlichen Vordergrund und ihre wachsende Anzahl fordert Aufmerksamkeit. Als sei eine kritische Anzahl überschritten, lässt sich mit dem Mittel des Ignorierens das Problem nicht mehr verdrängen. Kaum jemand, der nicht im Umfeld von einem wüsste, dessen psychische Stabilität nur als Kulisse dient, der in deren Stabilisierung investieren muss und sich dazu in das weite Land der Seele begibt, das immer noch mit Sprachmagie und transpersonalen Mächten, mit Dissoziation und Ritualen arbeitet.

Trance und Beeinflussung

Praktiken und Rituale zeitlich oder örtlich entfernter Gesellschaften werden re-integriert. Trance-Zustände erweisen sich als Momente tiefenpsychologischer Ansprechbarkeit. Meditation und Hypnose begleiten die Entwicklung angewandter psychologischer Methoden. Lange als gefährlich und unwissenschaftlich aus dem Methodenkanon hinausgedrängt, werden sie nun aufgrund ihrer Wirkmacht von Neuem eingesetzt. Die Gleichzeitigkeit scheinbar aus widersprüchlichen Hintergründen hervortretender Praktiken lässt sich mit dem Innovationsschub der letzten Jahrhundertwende vergleichen, der neue Ansätze nicht nur in elektronisch-technischen Domänen, sondern auch und vor allem in Kunst und Psychologie zeitigte. Das Vorhandensein verschiedener Erkenntnismodelle wie der Photographie und des Kinos einerseits, die als objektive Instrumente für sich den unverfälschten Blick beanspruchten, und

273 George Santayana: *The Sense of Beauty. Being the Outline of Aesthetic Theory.* Mineola: Dover 1955, S. 18.

die weite Verbreitung psychischer und psychologisch spiritistischer Ansätze, die mit der Entschlüsselung geheimer Wahrheiten lockten, verlieren ihre Gegensätzlichkeit, wenn man die manipulativen Möglichkeiten der optischen Instrumentarien und die phänomenologisch wirksamen Ergebnisse der Seelenforschung ins Zentrum stellt. Diese Konkurrenz um Bedeutung ließ sich bereits zur Zeit der Globalisierung um 1900 beobachten:

> Dabei waren und sind die Wechselwirkungen von Trancemedien und Neuen Medien, von personalen und technischen Medien in der Moderne keineswegs von Harmonie geprägt. Kennzeichnend für die Kontroversen um die Wechselwirkungen zwischen Trancemedien und Neuen Medien in der globalisierten Welt des 19. Jahrhunderts wie in der Gegenwart ist die Fragestellung eines Anspruchs auf ‚Modernität', und die komplementäre Frage einer Abqualifizierung bestimmter Medienpraktiken und ihrer Rechtfertigungsformen durch ein Signum der ‚Rückständigkeit'.[274]

Der Vorwurf des Nichtzeitgemäßen, des Unwissenschaftlichen und Irrationalen wird zum Argument, mit dem unbequeme Konzepte erledigt und ihr Fortbestehen in anderer Form verschleiert werden sollen. Einige Praktiken, die diesen Bereichen entlehnt sind, werden jedoch ununterbrochen angewendet, wie im Bereich der Stimmungsmanipulation durch Musik und ihren potenziell tranceinduzierenden Wirkungen.

Jenseits einer exklusiven Gesellschaft von direkt mit musikalischer Komposition und Interpretation befassten Individuen wird eine Art Massenware als Konsumgut der Musikindustrie gehandelt. In öffentlichen und marktförmig definierten Räumen begegnet man ihr als Gebrauchsmusik, als „Muzak"[275], an unentrinnbaren Orten der Beeinflussung, wie Geschäften, Transportmitteln oder Warteräumen. Ebenso wird mit ihr in Zusammenhängen privater Zusammenkünfte ein atmosphärischer Hintergrund gesetzt. Die Distribuierung dieser Produkte wird durch globales Marketing gesichert, so dass Hörgewohnheiten maximal angeglichen, berechenbar und überschaubar sind. Mit einer großen Geste aus dem Bereich der Regieanweisung sollen möglichst alle auf ähnliche Wellenlänge gebracht werden.

274 Marcus Hahn / Erhard Schüttpelz: Einleitung. In: Dies. (Hrsg.): *Trancemedien und Neue Medien um 1900. Ein anderer Blick auf die Moderne*. Bielefeld: Transcript 2008, S. 7–16, hier S. 8.

275 Vgl. hierzu Aldous Huxley: *Brave New World*. London: Vintage 2004.

Die auf Kapitalisierbarkeit abzielende Haltung macht sich zwar über abergläubische Machtzuschreibung an irrationale Mächte lustig, spielt jedoch, in großem Stil und auf einer vermeintlich rein funktionellen Ebene, genau mit diesen Elementen. Der Magie und Poesie entkleidet, soll die funktional entwickelte Musik Zwecke präzise ansteuern. Durch „Ambiente“ in Geschäften soll zum Einkauf angeregt werden, in nächtlichen Aufenthaltsräumen wie Bars oder Clubs zur Entspannung oder, im Gegenteil, zum Tanzen animieren.

Freiwillige wie unfreiwillige Beeinflussung durch Beschallung illustriert den Zusammenhang von Klang und erzeugten Stimmungen. Musik kann wie eine periphere Begleitung fast unterschwellig nebenher laufen, aber auch ganz offensichtlich und intentional eingesetzt werden. Tendenzielle Vorhersagen der Auswirkungen auf Bewusstsein und Befindlichkeit ergeben sich aus Erfahrungen: welchen unmittelbaren Eindruck der schrille Glanz von Blechbläsern vermittelt, wie überbetonte Bässe Herzschläge zu manipulieren versuchen und sich in den eigenen Rhythmus drängen, oder welch andersartige Rhythmisierung afrikanische oder japanische Trommler erzielen, welch konzentrierte Hinwendung an eine Stille hingegen die ephemeren Klänge einer Gambe oder einer Laute beanspruchen.

Ein anderer werden

Als ein weiteres der magisch-animistischen Elemente wird in der Alltagskultur der Gestaltwandel gefeiert. In schamanischen Traditionen können andere Leiberfahrungen bereist werden, indem man Geister von sich Besitz ergreifen lässt. Auch in der Figur des Gestaltwandlers Coyote aus der nord- und südamerikanischen Mythologie manifestiert sich die Fähigkeit, in andere Erfahrungshorizonte als die eigenen vorzudringen. Coyote kann, neben seinem Auftreten in Koyotengestalt, auch als Mensch oder Vogel erscheinen und verfügt dabei jedes Mal über die spezifischen leiblichen Voraussetzungen und Vorteile der momentanen Inkorporierung.

Die Möglichkeit, sich in unterschiedlichen Gestalten zu verkörpern, bietet einen unschätzbaren Vorteil gegenüber der festgelegten Identität der Erscheinung. Wer als Adler oder Rabe über ausgedehnte Wälder und Flussläufe fliegen kann, wer über Felsformationen mit scharfem Blick hinweg gleitet, erhebt sich aus der körperlichen Erfahrung des Erdverhafteten. Das Fluggefühl voll Freiheit und Leichtigkeit schwingt dann auch auf der Erde noch nach.

Als Hundeartiger hat Coyote auch Zugriff auf die Sensibilisierung des Geruchssinns und die Fähigkeit des Fährtenlesens, als eine Bereicherung zum vergleichsweise eingeschränkten menschlichen Vermögen der olfaktorischen Sinneswahrnehmungen:

> The human nose is practically non-existent. The greatest poets in the world have smelt nothing but roses on the one hand, and dung on the other. The infinite gradations that lie between are unrecorded. Yet it was in the world of smell that Flush mostly lived. [...] He nosed his way from smell to smell; the rough, the smooth, the dark, the golden. He went in and out, up and down, where they beat brass, where they bake bread, where the women sit combing their hair, where the bird-cages are piled high on the causeway, where the wine spills itself in dark red stains on the pavement, where leather smells and harness and garlic, where cloth is beaten, where vine leaves tremble, where men sit and drink and spit and dice – he ran in and out, always with his nose to the ground, drinking in the essence, or with his nose in the air vibrating with the aroma.[276]

Eine andere Welt entsteht durch andere Prioritäten der Sinneswahrnehmungen. Perspektivenwechsel öffnen den Erfahrungsspielraum, Motive und Emotionen entstehen aus einem Wechselspiel der Charaktere.

Mensch-Tier-Gestaltwandel bietet auf der Ebene sinnlich-leiblicher Erfahrung einen Vorsprung gegenüber der rein menschlichen Seinsweise. Auch die bei einigen Tieren festgestellten divinatorischen Fähigkeiten – etwa in der Vorhersehung eines Gewitters – müssen als erstrebenswerte Qualitäten angesehen werden. Diese Wertschätzung erscheint wie ein fernes Echo in literarischen und fiktiven Figuren: Doppelgestaltige Charaktere, Werwölfe und Vampire finden sich in Literatur und Film, ausgelagert in den vermeintlich privaten Bereich des Vergnügens, der dem rationalen Weltbild nur auf einer finanziellen Ebene angehört. Die Fähigkeit, sein Äußeres und damit gleichzeitig häufig sein Inneres zu verändern, entwickelt indes große Anziehungskräfte.

In den virtuellen und literarischen Welten spielen gerade Tiere und Tier-Mischwesen eine große Rolle. Die archaischen Ängste vor ungeheuerlichen Wesen werden über diesen Umweg in eine

276 Virginia Woolf: *Flush*. Oxford: Oxford UP 2009, S. 86–87.

vermeintlich geregelte und geordnete, entzauberte Welt hereingeholt und bringen durch die Kanäle der Phantasie die eingeschlafene Imagination in Aufruhr. Was in der domestizierten urbanen Welt scheinbar verloren gegangen ist, kommt in einer handhabbaren, zivilisierten Version, als Unterhaltung, in die Gefühlswelten zurück. Die ausgeklammerten Themen, zauberische Aspekte, sie sind nun erlaubt, aber auch die Hinwendung zur eigenen Verfasstheit, dem psychischen Bereich, der längst nicht so eindeutig klassifiziert ist wie gefordert. Das Nachträumen fantastischer literarischer Konstrukte in der Hinwendung zu einer märchenhafteren, poetischeren Welt lässt sich unter dem Aspekt der Kritik an der momentanen Lebensform verstehen. Das, was vermisst wird, soll wieder ins Leben hereingeholt werden. Die Erfolge dieser Tendenz der Kultur(-produktion) verweisen auf ein Begehren magischer Bereiche, in dem mehr als nur menschliche Gegenüber leben. Die Vorliebe für märchenhafte Figuren, die sich mit kriegerischen, oft kolonialistischen Aufträgen versehen durch immer präziser ausgestaltete virtuelle Welten bewegen, wird durch eine wachsende Auswahl an Spielmöglichkeiten bedient. In der vermeintlich rein persönlichen Sphäre, in der privaten Freizeit, begeben sich viele Menschen in alternative Lebensläufe, in ein selbst entworfenes „Second Life“, in dem Beziehungen initiiert und gesteuert und das Geschlecht gewählt und gewechselt werden kann. Es stellt als Alternative zum ersten Leben abenteuerliche Drachenwesen, virtuelle Städte und ausgedehnte undurchdringliche Wälder zur Verfügung. Darüber hinaus gewährt es Überschaubarkeit, wenn es Lebensentscheidungen als beeinflussbare Akte präsentiert.

Virtuell erstellte Figuren unterliegen weniger Beschränkungen und sind leicht veränderbar. Indem jeder Spieler seinen Avatar erstellt, mit dem er oder sie eine computergenerierte Umgebung bereisen kann, erfindet er sich neu. Die Definitionsmacht über die eigene Lebensfigur gilt als wesentlicher Anreiz des Spieleintritts. Die meistbesuchten virtuellen Umgebungen spielen in Welten, die von Wesen aus magischen Reichen bevölkert werden. Abgesehen von Repliken eines missionarischen Weltbildes und Visionen kreuzfahrerischer Heldentaten verweist die fortschreitende Beschäftigung mit animierten virtuellen Traumreichen auf Sehnsüchte, denen durch ein durchanalysiertes Umfeld nicht entsprochen werden kann.

Grenzverschiebungen

Schamanen können Tiere in ihrer inneren menschlichen Gestalt sehen, weil sie Tier-‚Kleider' tragen und sich damit selbst in Tiere verwandeln.[277]

Zwischenwesen

Auch im passiveren Genre des Filmischen wird häufig auf eine exakte Grenzziehung zwischen den akzeptierten und abgelehnten Wirklichkeitsebenen verzichtet und das vermeintlich weit Entfernte nah an den Blick geführt. Der Film *The Rise of the Planet of the Apes*[278] von 2011 thematisiert die Mensch-Tier-Konstellation in einem westlich geprägtem Umfeld, im Zwiespalt des Wissens um die Ähnlichkeit und Kontinuität zwischen Mensch und Affe einerseits und deren Kapitalisierung andererseits.

Im Film wird die Biografie eines einzelnen Affen erzählt. Der Fokus auf seine Persönlichkeit macht ihn bereits zu einem Subjekt und Akteur: Es geht um einen personifizierten Affen mit einem Namen und einer individuellen Lebensgeschichte. Die Filmerzählung beginnt in einem biomedizinischen Forschungslabor, in dem Medikamente gegen Demenzerkrankungen entwickelt werden. Sie sollen die Regeneration von Hirnarealen anregen. Im Experiment wird den Affen das Medikament verabreicht. Als eine Affenfrau während einer Demonstration der Forschungsfortschritte entkommt und das Labor verwüstet, werden die Versuche abgebrochen. Die gesamte Versuchsreihe wird als zu gefährlich eingestuft, die beteiligten Tiere werden getötet. Einer der leitenden Forscher, Will, dessen Vater an fortschreitender Demenz leidet, nimmt das

277 Viveiros de Castro: Perspektiventausch, S. 85.

278 Siehe hierzu *The Rise of the Planet of the Apes* (*Planet der Affen: Prevolution*, USA 2011, R: Rupert Wyatt).

Kind der getöteten aggressiven Affenfrau mit zu sich nach Hause, zu seinem dementen Vater. Wie ein Adoptivkind wird es in den Lebensalltag integriert und erfährt auch vom Vater des Forschers sehr viel Zuneigung. Der kleine Affe erhält den Namen Caesar. Er erweist sich als hochintelligent. Es stellt sich jedoch heraus, dass Caesars Hochleistungsgehirn und sein Verhalten sich nicht auf Dauer mit seinem Status als Haustier vereinbaren lassen. Als er sich dieser beherrschbaren Position nicht mehr fügt, kann Caesar im Haus und in einer städtischen Nachbarschaft nicht mehr behalten werden und wird in ein Tierheim gebracht. Nicht nur fühlt Caesar sich verraten und zu Unrecht bestraft, er plant schließlich, sich und die anderen eingesperrten Affen zu befreien. Der Ausbruch gelingt, und die Affen ziehen sich in einen Wald nahe der Stadt zurück. Caesar verhält sich, der anthropozentrisch gedachten Hierarchie Widerstand leistend, selbst-bestimmt. Er wird zum Gegner derer, die ihm ihren Willen aufzwingen wollen.

Die Wahl des Redwood-Parks Muir Woods als Schauplatz für den neu eroberten Lebensraum der Affen liegt nicht nur aus Gründen der Geografie nahe. Caesar kennt den Park von Ausflügen aus seiner Jugend. Er erkennt dort erstmals seine Einschränkungen durch die Domestizierung und Unterwerfung unter städtische, menschliche Regimes.

Muir Woods ist die nächstgelegene glaubwürdige Wildnis in der Nähe von San Francisco. Der Wald bezeichnet aber auch symbolisch einen Ort der Ehrfurcht vor dem Leben. Die an die 100 Meter hohen Mammutbäume sind zum Teil über 1.000 Jahre alt. Ihre geraden zimtfarbenen Stämme ziehen mit eleganter Wucht in die Höhe, und erst dort, wo bei anderen Bäumen die Krone sitzt, finden sich die ersten Äste. Gleichsam natürliche Kathedralen werden durch diese Säulenstämme gebildet. Als Gegenstück zur urbanen Zivilisation gestattet und verlangt der Wald nach Stille. Dieser Schwellenort zwischen urbaner Zone und archaischem Waldgebiet, der Rückzugsort der Affen, liegt nahe genug an der Stadt, um ein kriegerisches tête-à-tête nach sich zu ziehen. Der Ausbruch der Affen wird von den zuständigen Behörden der Stadtverwaltung nicht geduldet. Letztlich kommt es zu einem Entscheidungskampf zwischen Menschen und Affen.

Der Film spielt auf der Schwelle der großen Teilung zwischen den Lebewesen, dem „great divide". Er stellt die Frage, wie Menschen mit Tieren umgehen sollen, wenn sich herausstellt, dass sie ihnen weder unterlegen sind noch gewillt, zu gehorchen. Die gewaltsame Herrschaft der Wissenschaftler über ihre Versuchstiere wird deutlich vorgeführt. Die abstrakte Beziehung zwischen den Forschern und denen, die ihnen ausgeliefert sind, lässt sie die rücksichts- und perspektivenlose Entscheidung zum Abbruch des Experiments und damit zum Töten der Versuchstiere treffen. Die Entwicklung des Forschers Will, von seiner dissoziierten Beziehung zu den Versuchstieren bis zur starken Hinwendung zu seinem Ziehkind Caesar, beschreibt eine psychologische Wende. Seine instrumentalistische Perspektive auf die Versuchstiere weicht einer intensiven Zuneigung zu seinem Affenkind. Allerdings gelingt es ihm nicht, sich auf dessen Seite gegen diejenigen durchzusetzen, die Caesar einsperren möchten und behandeln, „wie man einen Affen behandelt".

In der filmischen Umsetzung wird der hochintelligente Affe von einem menschlichen Schauspieler, Andy Serkis, im Affenkostüm dargestellt. Das Element des Ineinander-Übergehens wird auf der Ebene des Sehens, der Augen, besonders markant verdeutlicht, weil aus dem Gesicht des Affen ein menschliches Augenpaar blickt. Dadurch gelingt das Wechselspiel der Perspektiven besonders leicht. Das Bekenntnis zu nicht-menschlicher Intelligenz und Emotionalität wird konsequent bebildert. Durch die menschlichen Augen gesehen wird das dargestellte normale Haustierleben, dem der Affe unterworfen ist, und darüber hinaus das Leben der Affen in der Forschungsstation als unerträgliche Situation gezeigt. Durch seinen Blick steigt der Zuschauer direkt in die Empfindungen des Affen ein.

Die Verkörperung Caesars verlangte mehr als das bloße Nachspielen affenartiger Bewegungen, wiewohl dies einen großen Schritt im Bereich des Einfühlens in die Rolle bedeutete: Durch die Bewegungsstudien an Affen und das Annehmen ihrer Körperhaltungen wird eine andere Körperwahrnehmung initiiert. Durch das Hineinschlüpfen in die Rolle gerät man in die Wahrnehmungswelt, die dieser speziellen Körperlichkeit geschuldet ist. Körperhaltungen vermitteln Inhalte, wie Felicitas Goodman in ihren Studien zu Trancehaltungen gezeigt hat.[279] Je nach Haltung verändern sich Puls

279 Siehe hierzu Felicitas Goodman / Nana Nauwald: *Ekstatische Trance. Körperhaltungen. Das Praxisbuch.* Aarau / München: AT 2011.

und Atemrhythmus, was die Gesamtbefindlichkeit auch auf psychischer Ebene beeinflusst. Entsprechend vermitteln Bewegungen als Animation von Haltungen ebenfalls Inhalte. Gesten als Teil der Sprache werden in die mimetische Annäherung integriert:

> Mimesis operates at every level of experience, from the most immediately corporeal to the most abstract. Understanding the corporeal, nonverbal dimension of mimetic communication is crucial to explaining its pervasiveness in human social relations and is centrality to cultural forms such as cinema and performance which aim to bind spectators into complex forms of sociality, including story, cinematic spectatorship and audience membership.[280]

Als Schauspieler versuche er sich in einer Annäherung an den Charakter, um diesen glaubwürdig darstellen zu können, erklärt Andy Serkis im Interview.[281] Seine Rollen von nicht-menschlichen Wesen nicht nur die Darstellung von Affen beinhalten, sondern auch Hybride aus Molch und Mensch wie die Figur des Gollum aus Tolkiens Romanen. Um einen Charakter nach außen tragen zu können, erschaffe er ihn sich innerlich. Das Imitieren der Schimpansen-Bewegungen genüge nicht, ihm gehe es um die Entwicklung einer komplexen Figur und deren Biografie.

Die Bewegungsabläufe, die Dynamik umfassen die Empfindungen. Sie charakterisieren die vorgestellte Figur, die der Schauspieler entwickelt. Gefühle müssen umso stärker in Leiblichkeit ausgedrückt werden, weil die verbindende Sprache fehlt. „It's a huge dynamic range of emotions."[282] Den sprachnahen Aspekt der Bewegung thematisiert Serkis, wenn er die Bewegungsabläufe darstellt, die Caesars Handlungen und Emotionen begleiten. Sie bezeichnen das Potenzial der nonverbalen Kommunikation. Sie sind nicht computergeneriert bzw. simuliert. Die Filmtechnologie der Performance-Capture nimmt die Körperbewegungen und Gesichtsausdrücke des Schauspielers auf und stellt sie zur Übertragung auf ein digitales Tier-Modell bereit.

280 Gibbs: After Affect, S. 202.

281 Vgl. Andy Serkis: Rise of the Planet of the Apes. Interview. http://www.youtube.com/watch?v=bZKJKCNuUUg (Zugriff am 04.12.2012).

282 Ebd.

Jenseits der Sprachlichkeit

Aussi, sur la question de l'accueil, les animaux auraient-ils donc à nous apprendre, non pas de ce que nous sommes ou de ce que nous avons raté d'être, mais au sujet de la diversité des usages du monde, ou plutôt de la diversité des usages dans ce monde. J'aime encore bien cette idée: que les animaux nous apprennent la diversité des bons usages. [283]

Sprechende Bewegungen

Eine Annäherung in tieraffinen Bewegungen kann essentieller Bestandteil der Mensch-Tier-Verständigung werden. Studien des Bewegungsablaufs unterschiedlicher Tiere, ihre Interpretation und möglichst genaue Einfühlung in diese Bewegungsabläufe lassen Annäherungen an das Wesen eines bestimmten Tieres zu. Man scheint dann auch als solches Tier von den anderen Tieren in der Annäherung akzeptiert zu werden. Beziehung wird durch die Ähnlichkeit und Erkennbarkeit von Bewegungsabläufen geschaffen. Wenn die Körpersprache des Hundes eingesetzt wird, lässt er sich zum Spielen auffordern, und eine intensive Kommunikation entwickelt sich, die auf Vermittlung durch Lockmittel wie Spielzeug verzichten kann. Das Spiel offenbart neue Aspekte des eigenen wie des anderen Seins.[284]

283 Vinciane Despret: Le corps comme espace d'accueil: Quand c'est l'animal qui… http://www.vincianedespret.be/2010/04/le-corps-comme-espace-daccueil/ (Zugriff am 22.10.2013). „Auch in Bezug auf das Annehmen könnten die Tiere uns etwas lehren, nicht bezüglich dessen, was wir sein könnten oder verabsäumt haben zu werden, sondern in Bezug auf die Vielfalt, die Welt zu nutzen, oder vielmehr die Vielfalt des Umgangs mit dieser Welt. Mir gefällt besonders die Idee, dass die Tiere uns die Vielfalt der guten Verhaltensweisen lehren.“ (Übers. S. K.)

284 Vgl. hierzu Mirko Tomasini: Das Leitwolf-Spiel. http://leitwolf-hundetraining.de/das-leitwolf-spiel-erster-teil/ (Zugriff am 25.10.2013).

Der Herausforderung, sich durch Körpersprache anzunähern, sieht sich auch der Schauspieler Cyril Casmèze in Dominique Loreaus Film *Dans le regard d'une bête* gegenüber, als er mit Kühen auf der Weide in Kontakt treten will und deren Haltung einzunehmen versucht. Seine Stimmenimitation zeigt zusätzliche Affinität. Wie in einer Choreografie eine Bewegung die andere nach sich zieht und initiiert, so formieren sich Schauspieler und Tiere in dieser Sequenz immer wieder neu. Casmèze sieht seine Tierbewegungsstudien unter dem Aspekt der Forschung und der Überprüfung seiner Sprachkenntnisse. In der Einfühlung in die Bewegungsabläufe verschiedener Tiere, im genauen Studium der einzelnen Bewegungen versucht er Kommunikationsanteile in den verschiedenen Körpersprachen aufzuschlüsseln.

Gesten und Bewegungsabläufe sind keine willkürlich auftretenden sinnlosen Begleiterscheinungen von sinnhaften rationalen Äußerungen. Sie schaffen Präsenz und Ausdruck. Im Konzept der Performance als körperlicher Praxis, die Sinn erzeugt, gelten sie als Aktualisierung und Ausdruck einer nicht-verbalen Sprache. Sie lassen sich also als Zugriff auf ein gemeinsames Symbolisches auch über die menschliche Ebene hinaus lesen und werden auch nicht-menschlichen Lebewesen zugestanden. Wenn die Sphäre der gesamten sozialen Interaktionen die tatsächlichen Akteure anerkennt und einbezieht, werden sie als handlungsmächtige Subjekte wahrnehmbar, die eine eigene Welt schaffen und sich mit ihr und anderen handlungsmächtigen Lebewesen auseinandersetzen.

Die Reduktion von Inhaltlichkeit auf den sprachlichen Bereich gehört einem sich als rational ausgebenden Hierarchiesystem an. Die Geste des Herrschers ist eine versprachlichte: Benennen und Definieren sind seine Herrschaft ausübenden Tätigkeiten. Das Gewaltmonopol über eine gültige und anerkannte Interpretation entstammt der Idee, Erkenntnis lasse sich nur, wie bei einem Puzzle, mit dem richtigen, dem passenden Schlüssel zum jeweiligen Schloss erreichen.

> When we abandon the idea of mental content as an inner item that is about a worldly fact that is exterior to it, we also abandon the interpretational conception of content. It is not as if mental content stands in the mind of a subject, and must be linked to its worldly counterparts by way of an act of interpretation.[285]

285 Mark Rowlands: *Body Language. Representation in Action.* Cambridge, MA: MIT Press 2006, S. 24.

Durch die Aufgabe einer Interpretation, die ihren Sinn außerhalb des interpretierten Objekts auf einer sprachlichen Ebene eindeutig formuliert, können andere Komponenten von Bedeutungen an Relevanz gewinnen. Ein direkterer Zugang wird möglich, der im Moment meist nur in einer literarisch-fiktionalen Welt geduldet wird.

Rückgewinnung der Magie

Gerade in der Literatur treffen Erzählungen mit Protagonisten, deren Vita den alltäglichen, wie in Rastern angelegten Lebensläufen in phantastischer Weise und oft mit magischen Anklängen zuwiderläuft, auf hohe Resonanz. Literarische Gestalten können aus Büchern heraus- und in sie hineingelesen werden. Als handlungstreibende Reservoirs geheimen Wissens stellen sie das Ziel für ausgiebige Suchen und Verfolgungen dar. Schulen, die das magische Handwerk bis zur Kunstfertigkeit unterrichten, integrieren Tiere mit magischen Fähigkeiten in die Ausbildung. Diese wiederum gelten, ähnlich den Krafttieren schamanischer Sphären, als wichtige Begleiter und persönliche Bezugspartner der Protagonisten. Eulen und Ratten nehmen die Position der Informationsüberbringer ein und sind nicht selten verlässlicher als menschliche Freunde, sie übernehmen fließend und selbstverständlich die Position des wichtigen Gegenübers.

Oft sind es Kinder, die nicht-menschliche Lebewesen ebenso selbstverständlich als Freund wählen wie menschliche. Ihre unverstellte Beziehung hat sich der abstrakten Trennlinie noch entziehen können, mit denen Spezies auseinandergehalten werden sollen. Das starre Definitionssystem hat die Phantasie, mit der poetisch begabte Wesen über sich hinausreichen, noch nicht einschließen können.

Einer der schwerwiegendsten Fehler der traditionellen Psychologie besteht darin, die Faszination, mit der Kinder nicht-menschlichen Tieren begegnen, als Primitivismus abzutun, wie es in den Anfängen der Psychoanalyse und noch bis zu Jean Piaget üblich war. Als überschätzten Kinder deren Fähigkeiten, weil sie die Einteilung in wertvolle und nicht wertvolle Beziehungspartner noch nicht internalisiert hätten, oder als sei Zuneigung zu einem Tier bloß als Ersatz für eine fehlende menschliche Bezugsperson deutbar, als Vorstufe einer reifen Beziehungsfähigkeit. Zudem bedeutet die Herabwürdigung der Empfindung des Kindes, dass es fortan seinen eigenen Wahrnehmungen zugunsten gesellschaftlicher Normanpassung misstrauen soll. Eine Entfremdung vom eigenen Erleben findet statt, und das Zutrauen zur eigenen Weltinterpretation wird geschwächt. Diese Abwertung der gefühlten Begeisterung legt den Grundstein für die destruktiven Prozesse, mit denen das Vertrauen zu eigenen Empfindungen ausgehöhlt wird. Indem Kindern vermittelt wird, in einem Tier ein falsches Liebesobjekt gefunden zu haben, wird ihr Angezogensein als trügerisch konnotiert. Fortan kann man sich nicht mehr sicher sein, intuitiv das richtige Liebesobjekt zu wählen.

> [D]enn schon das frühe Kind
> wenden wir um und zwingens, daß es rückwärts
> Gestaltung sehe, nicht das Offne, das
> im Tiergesicht so tief ist. Frei von Tod.[286]

Zudem wird die Empathiefähigkeit gegenüber Tieren durch kulturell tradierte Umgangsweisen, in der Tiere zum Nutzen des Menschen als Material gelten, zurückgedrängt. Die Frage nach der verlorenen Empathie beantwortet Melanie Joy mit einem kulturellen Narrativ, das immer wieder zur Rechtfertigung diskussionswürdiger Zustände verwendet wird und wurde: die Behauptung, der aktuelle Zustand sei normal, natürlich und notwendig – „the Three Ns“:

> But these justifications do more than just direct our actions. They alleviate the moral discomfort we might otherwise feel when eating meat; if we have a good excuse for our behaviors, we feel less guilty about them. The Three Ns essentially act as mental and emotional blinders, masking the discrepancies in our beliefs and behaviors toward animals and explaining them away if we do happen to catch on.[287]

Unbeachtet bleibt beim Verlust der Empathie, neben dem bedauerlichen Verzicht auf mögliche Beziehungen inter species, dass sich mangelndes Einfühlungsvermögen auch auf den Umgang innerhalb der menschlichen Gesellschaft niederschlägt.

> Der zunehmend kritisierte unbefriedigende Umgang unserer Gesellschaft mit den von ihr genutzten Tieren sollte uns vielleicht auch Anlass sein,

286 Rainer Maria Rilke: *Duineser Elegien*. Frankfurt am Main: Suhrkamp 1994, S. 38.
287 Melanie Joy: *Why We Love Dogs, Eat Pigs and Wear Cows. An Introduction to Carnism*. San Francisco: Red Wheel Weiser 2010, S. 97.

> über pädagogische Defizite zu reflektieren, die – falls zutreffend – auch im zwischenmenschlichen Bereich schon ihre Spuren hinterlassen haben könnten.[288]

Ein Zweig der Humanpsychologie widmet sich vermehrt den Qualitäten von Beziehungen inter species und zögert nicht, sie als wichtigen Bereich der emotionalen Stabilität zu bezeichnen.[289] Die psychische Bereicherung durch eine solche geglückte Verbindung drückt sich gerade bei Kindern durch wachsendes Selbstvertrauen aus. Die Freundschaft mit einem Tier wirkt in manchen Situationen genau deswegen stärker auf die Befindlichkeit, weil sie von der verbalen Ebene befreit ist:

> Die soziale Unterstützung durch Tiere besitzt verglichen mit sozialer Unterstützung durch Menschen sogar einige Vorteile. Tiere akzeptieren Menschen in der Regel ohne Bedingung, während Menschen einander beurteilen und kritisieren. Dies kann für Kinder eine Bedrohung darstellen. Die ohne Bedingungen erfahrene Zuneigung des Tieres ist ein wichtiges Zeichen der potentiellen Güte und Freude, die Tiere Kindern geben können. Das Kind spürt, dass das Tier ihm wohlgesonnen ist und es akzeptiert, auch wenn das Kind vielleicht gerade Probleme hat.[290]

Die Freundschaft eines Hundes, einer Ziege oder eines anderen Tiers kann für ein menschliches Kind eine bedingungslose Beziehungsgrundlage bieten. Durch die Gewissheit der Präsenz des wohlwollenden Freundes werden bessere Ergebnisse erzielt.[291]
In den von den Normierungen noch unbetroffenen Tier-Freundschaften werden die unterschiedlichen Fähigkeiten der Protagonistinnen und Protagonisten miteinander verbunden, oft leiht das erwachsener anmutende Tier seine Kräfte und Fähigkeiten dem Kind. Wer einen flugfähigen Freund hat, kann selber fliegen. Der Aspekt von Freundschaft als symbiotische Beziehung, die den Zugriff auf Potenziale des Freundes als Vertrauensgrundlage hat, wird gerade durch die nicht-menschliche Bezugsfigur oft erst deutlich.

288 Luy: Fragen zur Mensch Tier-Grenze, o. P.

289 Vgl. hierzu Erhard Olbrich / Carola Otterstedt (Hrsg.): *Menschen brauchen Tiere. Grundlagen und Praxis der tiergestützten Pädagogik und Therapie*. Stuttgart: Kosmos 2003.

290 Nienke Endenburg: Der Einfluß von Tieren auf die Frühentwicklung von Kindern als für tiergestützte Therapie. In: Olbrich / Otterstedt (Hrsg.): *Menschen brauchen Tiere*, S. 121–129, hier S. 123.

291 Simone Einzmann: Der Mensch im Hund. http://www.bild-der-wissenschaft.de/bdw/bdwlive/heftarchiv/index2.php?object_id=31503163 (Zugriff am 12.12.2013).

In der Literatur wird somit zugestanden, was in der traditionellen Philosophie und Psychologie als unzulässig gilt, nämlich ein Tier als bedeutsame Bezugsperson, als Subjekt und Akteur seines eigenen Lebens, als „significant other“ zu zeigen. In einer alltäglichen Konnotation werden Hunde, Pferde oder Papageien, Katzen und Hasen, seltener eine Muräne, in einer mit Menschen geteilten Lebenswelt dargestellt. Die Zuschreibung von Gefühlen steht außer Frage, es gibt in dieser Sphäre sehr privilegierte Tiere, wie besonders kleine Hunde oder besondere modische Züchtungen. Sie werden wie eine Verlängerung der Persönlichkeit gedeutet, etwa wenn darauf hingewiesen wird, dass die Abneigung gegenüber dem Hündchen des anderen wie eine Beleidigung und eine Ablehnung der Person des anderen zu werten sei. Das individuelle Tier fungiert hier mitunter als Träger einer externalisierten Eigenschaft des Menschen, daher muss der Freundschaft zu diesem nicht-menschlichen Tier Bedeutsamkeit zuerkannt werden. Ebenso werden als gefährlich geltende Hunde zu Symbolen von Randfiguren der Gesellschaft, wie etwa die sogenannten Kampfhunde mit ihren stachelbewehrten breiten Halsbändern, deren grimmiger Ausdruck durch die kupierten Ohren noch unterstrichen wird. Deren muskulöse Körper verweisen direkt auf eine zur Schau gestellte Maskulinität ihrer Besitzer.

Das entsprechende Bild zu diesem Konzept der Wesensverlängerung kann täglich auch auf den Straßen wiedergefunden werden, wenn Menschen mit ihren angeleinten Hunden unterwegs sind: Sie binden die Hunde an sich fest, mit einer Schnur, der Leine, die gewiss einerseits der Verhinderung eines selbständigen Herumlaufens des Hundes dient. Zum anderen jedoch bildet sie das Verbindungsstück zwischen dem Hund und seinem Menschen. Eine geglückte Beziehung zwischen Mensch und Hund wird von Ethologen ganz dezidiert als „Bindung“ bezeichnet. Die Leine fungiert als sichtbares Zeichen dessen, dass der Mensch für sich genau diesen Hund in Anspruch nimmt, um mit ihm sein Leben zu teilen.

Gleichwertigkeit

Es befindet sich in der Mensch-Tier-Dichotomie ein doppelter Bruch – einmal zu den Tieren im Allgemeinen, zum anderen zu den wichtigen und beliebten Tieren und wiederum zu den Nutztieren, von denen man kaum etwas wissen, nichts sehen und hören will. Die Positionierung und Architektur von Schlachthöfen verweist auf ein Nirgendwo: An den Rändern der Stadt gelegen, von Mauern umgeben, mit beschränktem Zutrittsrecht zeigen Schlachthöfe als Stätten des industrialisierten Todes, dass die Debatte um ihr Procedere alles andere als geklärt ist. Die traditionelle Auslagerung der Häuser der ländlichen Abdecker, die Tierleichen zu Seife und Leder weiterverwerteten, in Randzonen deutet ebenfalls auf das Bestreben hin, diese Tätigkeiten in einen unsichtbaren Bereich abzudrängen. Hätten die Schlachthöfe gläserne Wände, würden sich wohl viele vom Fleischkonsum abwenden. Mit dem Massensterben soll die Öffentlichkeit nicht behelligt werden, genauso wenig wie mit dem zuvor gefristeten, künstlich bestellten, aufgezwungenen Leben. Wie eine Geheimgesellschaft agiert die Fleischindustrie in der Peripherie, mit exklusivem Zutrittsrecht, mit aggressiver Abwehr gegen solche, die sich unbefugt nähern.

Seltener werden dementsprechend Tiere in den Mittelpunkt der Aufmerksamkeit gestellt, die als Lebensbegleiter unüblich sind, weil sie als Nahrungslieferant gesehen werden. Dass sich jemand ein Schwein als Hausgenossen erwählt, verursacht viel Aufhebens, wiewohl gerade das Schwein sich zum Freund besonders eignet, denn ähnlich wie ein Hund ist es bereit, sich der menschlichen Lebensweise anzunähern.

Besonders bei der freundschaftlichen Beziehung zum Schwein wird an die Kategorisierung zwischen denen, die gefressen werden, und denen, die (fr)essen, herangerückt. Vormals als gottgegebene Trennung verstanden, muss die Hierarchisierung der Spezies inzwischen als Artefakt zur Aufrechterhaltung des Status Quo bezeichnet werden. Die Lebewesen diesseits und jenseits der künstlichen Grenze lassen sich als ineinander übergehende Erscheinungen erkennen. Das Beobachten der komplexen Verhaltensweisen und die ihnen zugrundeliegenden, klar erkennbaren Gefühlsregungen verlangen eine Positionierung, die diesen Erkenntnissen Rechnung trägt. Eine Vertiefung der ethischen Fragen nach dem Umgang mit nicht-menschlichen Tieren ist unabdingbar. Das Zeitalter, in dem Menschen alles grundsätzlich Zweck und Nahrung ist, neigt sich dem Ende zu.

Morphing

The body and the rest of reality no longer have a prescribed boundary. So what are you at this point? You're floating in there, as a center of experience. [292]

Extended Mind

Das Näherrücken der lebendigen leiblichen Wesen auf psychischer, aber auch physischer Ebene spielt dem Zugeständnis in die Hände, nach dem man aus der leiblichen Perspektive Erkenntnisse gewinnt, und gibt dem Bewusstsein das reich gefüllte Reservoir somästhetischer Komponenten wieder. Jenseits rein spielerischer Ambitionen erweitert sich das Interesse an einer Verschiebung des Wahrnehmungspunktes und mit ihm die der körperlichen Grenzen. Eine Plastizität der Körpergrenzen wird zur Voraussetzung für Erkenntnis. Geist und Bewusstsein reichen über leibliche Verfasstheit hinaus und treten mit anderen Objekten, Lebewesen und Prozessen in einen Austausch. Die Schleife, in die das Bewusstsein mit den Elementen seiner Umgebung gerät und in denen es gleichzeitig sich erzeugt und verwandelt, bezieht erst recht andere lebende Wesenheiten in ihre Bewegung mit ein. Über die Relationen mit technischen Objekten oder der Dingwelt allgemein hinausgehend, wird die Interaktion im atmosphärischen Raum als „Loop", als Beziehungen schaffende Bewegung beschrieben. Die vermeintlichen Objekte, Gegenstände von Auseinandersetzung, sind uns also viel näher als oft angenommen. Sie werden in diesen Loop hineingezogen:

> Because they are coupled with the human organism, they have a direct impact on the organism and on its behavior. In these cases, the relevant parts of

292 Lanier: *You Are Not a Gadget*, S. 187.

> the world are in the loop, not dangling at the other end of a long causal chain.[293]

Sich diesen Relationen aus einer nicht-menschlichen oder das menschliche Feld überschreitenden Perspektive anzunähern, wird auch mittels virtueller Realität versucht: Wenn man sich in einen anderen Körper mit all seinen Attributen einfühlt bzw. in dieser anderen Realität, auf einer anderen Ebene, dieser andere Körper mit seinen Bewegungen und Wahrnehmungen zu werden versucht. Die Herausforderung wächst mit der Entfernung von menschenähnlichen Gestalten. Die Fragestellung, wie weit man sich als Mensch über die eigene Leiblichkeit hinaus in eine andere einfühlen könne, ließ den Computerwissenschaftler Jaron Lanier nach einer der menschlichen Erscheinung möglichst entfernten physiologischen Tiergestalt suchen. In einer seiner Untersuchungen zu Körperwahrnehmung im virtuellen Raum hat er es sich zur Aufgabe gemacht, als Mensch einen Hummerkörper zu bewohnen. Da ein Hummer zusätzliche Gliedmaßen hat, müssen Bewegungsimpulse des menschlichen Körpers aus anderen Regionen umgewandelt werden, um das gesamte zur Verfügung stehende Bewegungsspektrum des Hummers zu bedienen. Ellenbogen und Knie übernehmen dabei die Signalgebung für die zusätzlichen Extremitäten des Hummers. Die Übernahme des Avatars in die Erfahrungen der eigenen Leiblichkeit ist somit vollzogen, und der virtuelle Spaziergang auf dem Meeresboden in Hummergestalt wird möglich.

Aus diesem Einfühlen vermittels eines virtuellen Gestaltwandels ergibt sich ganz von selbst eine Verständniserweiterung. „In the future, I fully expect children to turn into molecules and triangles in order to learn about them with a somatic 'gut' feeling. I fully expect morphing to become as important a dating skill as kissing."[294] Mittels übertragener leiblicher Erfahrungen eröffnet sich ein Welthorizont, der sich dem eigenen anschmiegt, indem er ihn erweitert und facettiert. So wird somatische Erkenntnis („somatic cognition") unmittelbar verfügbar.

Wesentlich funktioniert dieser Erkenntnisprozess über ein Einfühlungsvermögen, das die Wahrnehmung der Welt in einem anderen,

293 Andy Clark / David J. Chalmers: The Extended Mind. http://www.philosophy.ed.ac.uk/people/clark/pubs/TheExtendedMind.pdf (Zugriff am 13.12.2013).

294 Lanier: *You Are Not a Gadget*, S. 187.

mit anderen Instrumenten ausgestatteten Leib erlaubt. Das Übernehmen einer anderen Gestalt wirkt sich unmittelbar auf die Erkenntnis aus, neue Empfindungsschattierungen, nie gesehene und gehörte Details werden zugänglich. Zu dieser Einfühlungsbewegung gehören auch die Schleifen der Wahrnehmung, die von dieser anderen Gestalt ausgehen und erfahrbar werden.

Auf der virtuellen Ebene kann jeder dem Leib äußerliche Teil angeeignet werden, eine erhöhte Einbeziehung der Umgebung erfolgt. Wenn man sich, wie in der Virtual Reality, mit anderen Bestandteilen der Welt verbinden kann, erfährt man eine Ausdehnung des Erfahrungspotenzials. Diese Fähigkeit bezeichnet Lanier als „homuncular flexibility“[295]. Der Körper und die übrige Realität haben keine fest umschriebenen Grenzen mehr. In dieser Potenzialität der Virtual Reality lässt sich ein Verlangen erkennen, über sich selbst hinauszugehen, über seine eigene Individualität hinaus auch noch jemand anderer sein zu können. Laniers Experiment zeigt darüber hinaus, dass physiologische Differenzen das Einfühlungsvermögen nicht beeinträchtigen.

Durch das Jemand-anderer-Sein werden zunächst neue Reize und Empfindungen, „sensations“ in beiden Wortbedeutungen, nämlich der Sensation und der gefühlsmäßigen Eindrücke, erwartet. Die Eindrücke bleiben verfügbar, sie bestehen nach der Rückkehr in die eigene Seinsweise (Seinsform) weiter und können so der Ebene der Erfahrung zugerechnet werden.

Wenn die Möglichkeiten des Morphing vorangetrieben werden, kann Kommunikation eine andere Wendung nehmen als die traditionelle sprachliche: Wenn man sich in die Dinge und Wesen verwandelt, über die man etwas mitteilen möchte, und sie vorführt, anstatt sie zu umschreiben. Eine andere Art des Selbst wäre die Folge, die ein geteiltes Erleben zulässt: „A fluid kind of concreteness might turn out to be more expressive than abstraction.“[296] Gestaltwandel dient auch hier als Übersetzungsmodalität.

295 Jaron Lanier: Homuncular Flexibility. http://www.edge.org/q2006/q06_print.html#lanier (Zugriff am 05.08.2014).

296 Lanier: *You Are Not a Gadget*, S. 190.

Dans le regard d'une bête

Moi je pense que derrière chaque regard il y a une pensée.[297]

Kommunikative Schleifen

Nach den Grenzen zwischen Tier und Mensch forscht, mit filmischen Mitteln, Dominique Loreau in *Dans le regard d'une bête.* Tatsächlich baut sie den Film so auf, dass die Frage nach der Grenze sich an die Zusehenden richtet. Sie sucht nach dem Bruch in der Kontinuität der Beziehungen. Im Gegenüberstellen und Ineinanderfließen der Blicke zeigt sie Kommunikation, auch zwischen den menschlichen und nicht-menschlichen Tieren. Loreau geht in ihrer Filmstudie über den Blick der Frage nach, wo die Grenzen einer blickgeleiteten Verständigung liegen, ob eine solche Grenze überhaupt auszumachen ist. Die Frage nach dem Blick und nach dem, was in den Blick gerät, geht der Überlegung voraus. Sie stellt sich die Aufgabe, die Bewegungen und Akzentuierungen des Blicks durch die Kamera nachzuvollziehen.

Die Doppelbedeutung des „regard" wird in der Wechselwirkung des Blicks und des Angeblicktwerdens einerseits, in der Parteilichkeit, die durch das filmische Interesse ausgedrückt wird, andererseits verfügbar gemacht. Genau dieses Spiel der Beziehungen untereinander verflicht Loreau in ihrem Film: Das, was in den Blick gerät, wird mit Interesse, mit Anteilnahme aufgeladen. Rücksicht bedeutet in diesem Zusammenhang nicht nur ein respektvolles Zugeständnis oder einen würdigen Umgang mit lebendigen

297 Dominique Loreau / Rudi Marten: Dominique Loreau et le monteur Rudi Marten „Dans le regard d'une bête". http://www.dailymotion.com/video/xl1h7w_dominique-loreau-et-le-monteur-rudi-marten-dans-le-regard-d-une-bete_shortfilms (Zugriff am 27.02.2012). „Ich denke, dass es hinter jedem Blick einen Gedanken gibt." (Übers. S. K.)

Wesen. Sie bedeutet auch den Moment, in dem das Gegenüber zurück-blickt, also in der austauschenden Wechselbewegung den Blick seinerseits zurücksendet. Das Gesehenwerden übersteigt hier das passive Hinnehmen und setzt seinerseits mit dem Anblicken eine neue Aktion. Die Wahrnehmungsschleife wird beiderseits mit Energie bestückt.

In diesem Austausch der Blicke entsteht der notwendige Kommunikationsraum. Er wird durch die Vektoren der ausgetauschten Blicke aufgemacht. Er schafft die atmosphärische Rahmenbedingung für Kommunikation. Der Blick ist keine einseitige endliche Bewegung. Entsprechend nimmt Loreau auch den zurückkehrenden Blick, die Blick-Reaktion derer, die angesehen werden, mit der Kamera auf. Es werden nicht nur Tiere von Menschen angesehen, auch Menschen werden von Tieren angesehen und beobachtet.

> C'est à cette exigence que ce film s'est soumis et c'est d'y avoir répondu qui rend compte de cette prodigieuse réussite: traduire un problème métaphysique essoufflé en conséquences inédites, en rencontres concrètes et en découvertes. Il fallait ce film pour faire basculer la question ontologique des différences qui hante la philosophie en une intuition pratique du respect, au sens étymologique du terme: respecere, « tenir et rendre le regard, regarder en retour ».[298]

Ein Blick trifft auf den anderen. Das sehende Instrument spiegelt sich in dem des Gegenübers. Was lässt sich darin erkennen? Was, abgesehen vom Mysterium der Begegnung mit einem anderen Lebewesen, hält dieser Augenblick bereit?

Ein genaues Hinsehen und Filmen dieses längeren Blicks auf das Auge erzeugt eine relationale Schleife, eine Kommunikation, die immer einen enigmatischen Anteil behält. Dieses unentschlüsselbare Moment bietet den Reichtum, der das Begehren an die Kommunikation bindet. Das Streben nach Entschlüsselung,

298 Vinciane Despret: Dans le Regard d'une bête. http://www.cobra-films.be/critique/60/Regard_VincianeDespret.pdf (Zugriff am 03.12.2012). „Genau dieser Forderung hat sich der Film unterworfen, und deren Erfüllung rechtfertigt seinen wunderbaren Erfolg: Ein metaphysisches, ins Stocken geratenes Problem in ungeahnte Schlussfolgerungen zu übersetzen, in konkrete Begegnungen und Entdeckungen. Es brauchte diesen Film, um die ontologische Frage nach den Differenzen, die die Philosophie heimsucht, zu kippen und in eine praktische Intuition des Respekts, im etymologischen Sinn des Wortes, zu überführen: respecere, den Blick halten und erwidern, zurückblicken." (Übers. S. K.)

das sich wider besseres Wissen dem anderen zuneigt, um ihn zu verstehen.

Im Akzeptieren dieser Opazität des Blicks entsteht ein Moment der Freiheit, der dem Gegenüber gewährt wird. Anspruch auf Zuneigung wird nicht mehr an Argumentation gebunden. Eine solcherart bedingungslose Zuneigung wird auch im Enigmatischen gewährt. Der Verzicht auf völlige Durchschaubarkeit bedeutet den Verzicht auf Rechtfertigungen und Daseinserklärungen des anderen und nimmt ihn als das an, als das er sich zuallererst zeigt: als präsentes Lebewesen, das seinen ersten Grund und seine Lebensberechtigung durch sein Dasein mit sich trägt und nicht durch Dienstbarkeit und Nutzen erarbeiten muss.

Das Unausgedeutete bezeichnet keine Beliebigkeit, sondern, im Gegenteil, den Freiraum dessen, der die Botschaft sendet, seine Sphäre des Agierens. Die Opazität des Blicks bedeutet einen eigenen Bereich. Genau die Unausdeutbarkeit stellt Anspruch auf Respekt, auf die Anerkennung eines nicht für andere Beanspruchung und Ausnutzung zur Verfügung stehenden Eigenen.

Das Unausgedeutete verpflichtet also zum Respekt und zu der Anerkennung, dass das andere Lebewesen ein Akteur ist: dass es in einer Welt lebt, nicht in mechanischen Abläufen, dass es von Intentionen geleitet ist, nicht von bloßen Instinkten. Dass es als Lebewesen das Fortbestehen des Lebens anstrebt, dass mit ihm eine Welt erscheint.

Blickwechsel und tote Blicke

Weil Seele als das Wesensmerkmal der Lebendigen gilt und das Auge als der Spiegel der Seele, fragt Loreau sich und die Betrachter des Films, ob sich die Seele auch im Blick der gefilmten Tiere zeigt. Vom bloßen Betrachten des Auges her gerät sie in eine Phase des konzentrierten Beobachtens, in den sich ein Ausdruck mischt, dessen intuitive Lesbarkeit ein Überschreiten angenommener Speziesgrenzen bezeichnet. Die Annäherung an ein anderes Lebewesen über das Sichtbare geschieht unmittelbar. Lesbarkeit und Übertragbarkeit einer Stimmung zu empfinden, gehört zum selbstverständlichen Repertoire des (Über)lebens der unterschiedlichsten Spezies. So praktizieren Hunde ein solches Lesen von gefühlsmäßiger Verfasstheit durch das Anblicken der menschlichen Gesichtshälften von links nach rechts.[299]

Das Lebendige vermittelt sich in der Tätigkeit des Blicks. Unter dem Aspekt des lebendigen Austauschs verliert der Beginn des Blickwechsels an Wichtigkeit. Der Blick teilt die ungefilterte Direktheit der nonverbalen Kommunikation. Das Fehlen der Worte kann eine Dichte erzeugen, die sich mit dem Aufkommen des Wortes verliert. Mit dem Wort kommt gleichzeitig die Möglichkeit der Lüge in die Welt, der wortlose Blick lügt nicht.

Über das Auge hinaus steht das gesamte Gesicht im Zentrum der Kamera. Die mimischen Nuancen der Tiergesichter geben der Grundannahme von Loreau recht: Hinter jedem Blick liegt ein Gedanke, wie beschaffen und elaboriert dieser Gedanke auch sein mag. Daraus ergibt sich die Möglichkeit, durch Blickkontakt in einen Austausch zu treten, eine Kommunikation zu erzielen und Stimmungen zu erkennen.

Im Tod erlischt die Möglichkeit der kommunikativen Schleifen. Aus dem toten Blick ist der Lebensfunke längst entwichen. Loreau filmt die Museumsführung einer Schulklasse. Starr und glasig richten sich die Augen der präparierten Tiere in die Ferne der Museumsschaukästen. Die gefrorene Bewegung der ausgestopften Tiere korrespondiert in hohem Maße mit ihrer Zurschaustellung im vermeintlich szenografischen Ambiente der Herkunftsgebiete, deren Natürlichkeit derjenigen eines barocken, streng geometrisch abgezirkelten Parks gleicht. Der Blick auf die inszenierte tote Wildnis offenbart indes nicht nur den herrschaftlichen Gestus des kolonialistischen Naturforschers. In der Unterwerfung und Tötung des fremden, besonders des exotischen Tieres, tritt der ungeschönte Neid auf das wilde, in vieler Hinsicht überlegene Wesen ins Blickfeld. Die vielfältigen, auf die menschliche Anatomie bezogen oft geradezu phantastischen Fähigkeiten beschämen das plumpe weiße Menschentier. Als einzige Umgangsform mit diesem Neid steht in vielen Fällen das „shoot and display“ zur Verfügung. Als ginge die Eleganz der falbgelben Löwin, die Geschwindigkeit der Gazelle, die

299 Vgl. hierzu Kun Guo / Kerstin Meints / Daniel S. Mills / Anaïs Racca: Reading Faces: Differential Lateral Gaze in Processing Canine and Human Facial Expressions in Dogs and 4-Year-Old Children. http://journals.plos.org/plosone/article?id=10.1371/journal.pone.0036076 (Zugriff am 17.07.2014).

Haltung der Giraffe auf diejenigen über, die ihren Tod verschulden und die Getöteten als Trophäen ausstellen.

Eine solche Dramaturgie der Macht lässt sich auch mit anderen, lebendigen Tieren als Proponenten zur Schau stellen, wie im Zirkus. Sie ist aber nicht auf die Vorführung der Unterwerfung der Tiere unter die Menschen beschränkt. Gerade im (post-)kolonialistischen Erbe lassen sich Parallelen, die zwischen sogenannten Eingeborenen und wilden Tieren gezogen wurden, beobachten. Als Replik auf Attraktionen des französischen Hofes, an dem im 16. Jahrhundert Dörfer im Stil der brasilianischen Indios aufgebaut und mit lebenden Menschen ausgestattet wurden, stellten sich im Kunstprojekt *The Couple in the Cage*[300] die Performancekünstler Guillermo Gómez-Peña und Coco Fusco als neu entdeckte Indigene selbst aus. Sie führten in unerhörtem Maße die voyeuristischen Reaktionen eines zeitgenössischen Publikums vor, zudem demonstrierten sie den Blick des Entdeckers und Eroberers auf das Objekt, das (die Sprache der Eroberer) nicht sprechen kann, das den definierenden Blick von oben braucht. Die vermeintliche Unfähigkeit, sich auszudrücken, führt die Notwendigkeit eines vermittelnden wissenschaftlichen Experten ein, ohne den vorgeblich nichts Verständliches von den Wilden zu erwarten sei. Die leibliche Präsenz von Eingeborenen oder Tieren, kann nur mit dem Blick aus der hierarchischen Position des Experten gedeutet werden.

> Native bodies can only be seen and heard from the perspective of the 'discoverer'. The colonialist discourse that produces the native as negativity or lack itself silences the very voice it purports to make speak.[301]

Die Dramaturgie der Macht gefällt sich in der Zurschaustellung einer von ihr klassifizierten Lebensform, am extremsten aber im kanonisierten Beenden von Leben. Die ungezählten Tiere, die zu Exponaten in diversen Sammlungen verarbeitet worden sind, legen Zeugnis für eine solche destruktive Naturaneignung ab. Sie sind Opfer der anthropozentrischen Demarkationslinie, die Tiere, wild oder zahm, als mit weniger Recht zum Leben ausgestattet betrachtet. Ein solcher Blick wird zur Projektion des Herrschaftsgestus.

300 Siehe hierzu Diana Taylor: A Savage Performance. Guillermo Gómez-Pena and Coco Fusco's „Couple in the Cage". In: *The Drama Review* 42,2 (1995), S. 160–180.

301 Ebd., S. 162.

Verehrung der Tiergötter

Dass Tiere dennoch als Trophäen geltend gemacht werden, kann aber, zusätzlich zur demonstrierten Dominanz, als Referenz auf eine längst überholte Verehrung des tiergestaltigen Ahns, des Totemtiers, gedeutet werden. Als Verbindungsstifter der Angehörigen eines Clans bietet es Bezugspunkt und Schutz. Das Hinausweisen über Speziesgrenzen bezeichnet ein Bekenntnis zur Verbundenheit der verschiedengestaltigen Lebewesen. Immerhin gab es die Vorstellung, dass Götter tierförmig wären, d. h. es muss davon ausgegangen werden, dass Tiere einen hohen Rang besetzten. Die Option eines tierförmigen Gottes weist auf Verehrung der tierförmigen Wesenheit hin. Man kann sich also sogar vorstellen, dass das Verhältnis inter species völlig anders gedacht wurde: dass sozusagen die Tiere in einer noblen Geste die Menschen zur Kommunikation und Kommunion eingeladen hätten, zur Schaffung eines spirituellen Raumes und einer spirituellen Dimension, für die sie ihre Gestalt zur Verfügung stellten. Dies kann als Versuch gedeutet werden, die Trennungen zwischen den Spezies zu überschreiten, oder als Hinweis darauf, dass Spezies gar nicht in dieser Weise existierten, sondern dass die Übergänge als fließend vorgestellt wurden wie in animistischen Konzeptionen der flexiblen Wesenheiten.

Eine Positionierung von Tierwesen in göttlichen Bereichen bekundet eine signifikante Verehrung. Sie bedeutet einen Verzicht auf Überlegenheit seitens des Menschen und erlaubt den menschlichen Tieren eine Auszeit vom Herrschen: In einer positiv verstandenen Unterwerfung können sie sich als solche empfinden, die in größere Erzählungen verwoben sind. Der Zwang zu handeln und zu herrschen, der auf den obersten Akteuren einer Hierarchie ruht, fällt weg.

Wenn die menschengestaltigen Götter erscheinen, wird diese Verehrung zum Götzendienst degradiert. Die Schließung des menschlichen Feldes beginnt hier, mit dem Ausschluss der tiergestaltigen Lebewesen aus göttlichen Zusammenhängen. Das menschliche Feld verliert mit der Verachtung der Tierwesen auch seine göttlichen Mittler. Wenn die vielen Gottheiten, deren leibliche Verwandlungsfähigkeit in Tiere und Mischwesen noch flexible Positionierungen gestatten, noch deutliche Affinitäten zu speziesübergreifenden kosmischen Erzählungen haben, so verlieren Tiere im Heraufkommen monotheistischer Glaubenssysteme und ihren Abstraktionen ihren Rang.

Die Verbannung des Tieres, das doch das Erste unter den höheren Ungleichen gewesen war, aus dem Zentrum des Kults, läßt sich im Lichte dieser Überlegungen als Anordnung der jüngeren Götter begreifen, als Eifersuchtshandlung der neuen Generation, die sich ihrerseits ihre Schäfchen und Jünger sichern will.[302]

Auch die Kraftposition des Totems wurde und wird oft durch eine Tiergestalt besetzt. Als Symbol von Zugehörigkeit kann das Totem auch als Seelensymbol verstanden werden. Gleichsam ins Sein gerufen, stiftet es eine Gemeinschaft, als ein Anlaufpunkt seelischer Potenz, der durch seelische Hinwendung und tätige Verehrung aufrechterhalten wird. In den Atmosphären spiritueller Orte vermittelt sich die Präsenz von fokussierten, in der Praxis von Ritualen und Meditation entstandenen Energien. Dabei kommt es nicht auf die Erscheinungsform des angerufenen Wesens an, ob eine menschliche oder tiergestaltige Muttergottheit verehrt wird, oder ein Krafttier – die symbolische Verbindung und Anbindung an Kräfte, die über das Individuum hinausreichen, bezeichnen den wirkmächtigen Akt. Die Geste, die im transpersonalen Kommunikationsraum um Hilfe bittet, sieht sich in einem Kontinuum von Leben und Sinn.

Die Leugnung einer Relevanz jenseits des menschlichen Feldes zieht immer engere Zirkel einer destruktiven Selbstbezüglichkeit und eliminiert, was darüber hinausreicht – von Leibniz als das Göttliche bezeichnet.[303] Und wenn Göttliches als dasjenige verstanden wird, in dem Seele sich zeigt und als dessen Ausdruck alle Lebewesen verstanden werden können, was wird dann reflektiert? Wovon ist man Ausdruck?

302 Taylor: A Savage Performance, S. 162.

303 Siehe Leibniz: *Monadologie.*

Aufwertung der Seele

Die Seele der Dinge läßt mich ahnen die Eigenheiten unendlicher Welten. [304]

Seelenbesitz?

Das große Privileg, als ein fühlendes und respektables Subjekt zu gelten, das der Seelenbesitz mit sich bringt, eröffnet die Diskussion über Einschluss und Ausschluss: Wer darf sich zu denen zählen, die eine Seele haben? Die undefinierten und vielfältigen Zuschreibungen, welche Aufgaben der Seele zukommen und wie sie sich zum Lebewesen verhält, veranschaulichen die Ungewissheit, welcher Stellenwert dem Nicht-Materiellen überhaupt zugestanden werden soll.

Aus neurobiologischer Sicht gilt Seele in Anlehnung an die bis dahin den „Naturvölkern" zugeschriebenen primitiven Tendenzen als quasi religiös spirituelles Überbleibsel, als eine Art Überlebsel. Die wirklich wichtigen Lebensfunktionen konzentrieren sich in dieser biologistisch reduzierten Sicht auf die Abwehr der feindlichen Umwelt und auf die maximale Ausbeute derselben um des schieren Überlebens willen. In dieser Auffassung ist Seele derartig abgewertet und als unwichtig abgetan, dass es verwundert, wie wenig die Vertreter dieser Meinung dennoch bereit sind, sie auch anderen Lebewesen als den Menschen zuzugestehen.

Sollte also der Seele doch Relevanz zukommen, so jedenfalls nur für die aus der Evolutionshierarchie als krönender Abschluss hervorgegangene Spezies, die sich alle intellektuellen – und eben auch die psychischen – Kompetenzen zuerkennt. In einer Replik auf die verlorene, weil als metaphysische Lüge enttarnte Gottähnlichkeit,

304 Rose Ausländer: *Mein Atem heißt jetzt*. Frankfurt am Main: Fischer 1987, S. 27.

schwingen sich diese Über-Wesen in einem Wimpernschlag auf die minderwertigen Seinsweisen ein, nur um festzustellen, dass sich darin nichts Nennenswertes abspielt. Nichts, was den Wert eines menschlichen Seelenlebens hätte, nichts, dessen Empfindlichkeit, so sie mehr als neuronales Feuern bedeutet, erwähnenswert wäre. Die selbstverständliche Überheblichkeitsgeste einer solchen Position gehört zum destruktiven Habitus des auf der Klippe stehenden alleingelassenen Menschen.

Es bleibt festzuhalten, dass die Seele als Konzept, sei sie auch noch so weitläufig und großzügig interpretiert, also undeterminiert – was zu einer Seele, die als prozessual vorgestellt wird, gut passen würde –, veritable Spaltungen verursacht. In der als privat vorgestellten Weltsphäre kann sie wohl auf Zuwendung und Anerkennung ihrer Existenz verweisen. Auf der anderen Seite wird ihr oft jede Wirkmächtigkeit abgesprochen, da ihre etwas undurchsichtigen Vorgänge letztlich doch auf neuronale Anlässe zurückgeführt werden. Das bedeutet aber, dass in manchen Diskursen inzwischen nicht mehr nur den Tieren, sondern auch den Menschen die Seele aberkannt wird, lässt sich doch in dieser Argumentationslinie die Gesamtheit aller inneren, seelischen Vorgänge auf physiologische Abläufe zurückführen. Affekte sind dabei reine Äußerungen biochemischer Abläufe im Inneren des Organismus, jede Spekulation über ein Ich, eine Seele gar, erübrigt sich.

Der alte blinde Fleck und Schwachpunkt dieser Verkürzung zeigt sich auch hier in der Frage: Woher kommt der Anstoß zu den physiologischen Prozessen? Selbst wenn also nicht die Seele den Anstoß zu lebendigen Prozessen innerhalb und außerhalb des Subjekts gibt, sondern rein die berechenbaren Kombinationen verschiedener biochemischer Bestandteile deren Ursache wären, ist die Frage ja nicht beantwortet, woher der Impuls kommt.

Aber auch in denjenigen Gesellschaftszusammenhängen, die einem Vorhandensein von Seele positiv gegenüberstehen, werden stark determinierte Naturgesetzlichkeiten postuliert, die letztlich biologistischen Erklärungen nahestehen. Als Stütze und Legitimation eines konsensfähigen Umgangs mit psychischen Begegnungen werden in der westlichen Hemisphäre die psychoanalytischen Denkschulen mit ihren Enttarnungen über die Antriebsgründe jeglichen Verhaltens verehrt. Deren Entdeckungen werden gleichsam als Naturgesetze behandelt. In ihrer Reduktion auf Motivationen, die letztlich nur den Emanationen von Trieben im Gefolge von Eros und Thanatos entspringen, wird ein Anspruch auf eine Vielfalt von Begehren geleugnet. Deutungsmuster ersetzen Deutungsmöglichkeiten. Im Fall der Psychoanalyse werden Mensch und Psyche gegeneinander ausgespielt, das dunkle Es als unberechenbarer Agent tritt plötzlich auf den Plan. Das Vertrauen zum Leben, das Aufgehobensein in Leiblichkeit und Sinneswahrnehmungen erhält einen düsteren Beiklang, etwas latent Bedrohliches. Es wird als primitiv, als etwas zu Überwindendes diffamiert. Der psychoanalytische Seinsnegativismus wird fürderhin das Grundgefühl derjenigen, die sich für analytisch auf der Höhe der Zeit ausgeben wollen, bestimmen, oder zumindest maßgeblich beeinflussen. Will heißen, was bewusst gemacht werden kann, wird bis an diese Grenze auch erkundet, bis man an das unzugängliche Unbewusste stößt. Die Reduktion auf zwei maßgebliche Momente, den Todestrieb und den Sexualtrieb, tut das Ihre zur Ernüchterung: Diese als unausweichlich dargestellten, automatisch anmutenden Kausalitäten liefern die Argumentationsgrundlage. Als physiologische Wesen sind Menschen demnach ihren starken Trieben hilflos ausgesetzt. Sie sind unterworfen, müssen gehorchen und ihnen nachgeben. Sie sind also letztlich nicht für ihre Handlungen verantwortlich zu machen, wenn biologistische Strukturen sie determinieren.

Wie wenig auch das Vorhandensein von Seele in naturwissenschaftlich rational aufgeklärten Diskursen thematisiert wird, die wenigen Anteile, in denen sie zugestanden wird, sind stark umstritten. Man möchte dieses seltene Gut nicht auch noch mit nicht-menschlichen Tieren teilen müssen. Als befände sich auch Seele in der Logik des Mangels, als warenförmiges verfügbares Gut, dessen Wert mit der Nachfrage steigt. Ein wesentlich konstruktiveres Konzept wäre doch die Seelenteilhabe: wenn man im Lebendigsein die Lebewesen mit der Seele und mit den anderen verbunden und in fließendem Austausch sähe, ohne die Befürchtung des Aufbrauchens und Verlöschens. Vielmehr würde die Seelenkapazität durch die Verbundenheit aktualisiert und ausgedehnt.

Eine Aufwertung der Seele und ihrer verbindenden Kräfte stellt sich dem Seelenverlust entgegen. Die Forderung einer Seelenrückholung in die philosophische Arbeit setzt sie als eine mächtige, lebensbestimmende Größe.

Einfühlung als verbindungsstiftende Hinwendung

Alles was am Seienden vorkommt, ist nur durch seine Relation zu anderem Seienden und zu anderen Bestimmungen am Seienden bestimmt. Das kann man sich sehr leicht an den Farben klarmachen, die nur durch ihre Beziehung zueinander ihre jeweilige Farbigkeit gewinnen. [305]

Reflexionen

In der Vielfalt der Anknüpfungspunkte und Beziehungsaufnahmen hängt die Fähigkeit zu kommunizieren nicht notwendig mit einer gemeinsamen verbalen Sprache zusammen. Auf menschliche Gesellschaften bezogen, inkludiert dies sowohl Angehörige anderer Sprachgemeinschaften als auch (noch) nicht Sprechende oder Hörende in einen potenziellen Kommunikationsaustausch, mit Gesten, mit Blicken und Zeichen.

Auf nicht-menschliche Kommunikationspartner bezogen, kann ebenfalls ein kommunikativer Prozess stattfinden, auch wenn die Sprachen höchst unterschiedlich sein mögen. Allein durch die Beobachtung des/der anderen entwickelt sich eine Korrespondenz. Im Beobachten wird die jeweilige Aktivität nach- oder mitvollzogen. Die neurologische Forschung sieht Spiegelneuronen als dafür verantwortlich. Sie gewährleisten, dass mit dem Beobachten einer Tätigkeit ein gleichzeitiges, quasi innerliches Nachvollziehen stattfindet. Sogar die reine Vorstellung einer Tätigkeit, ihr bloß imaginierter Ablauf ohne optische Vorführung, wendet sich an die entsprechenden Lernzentren. Diese Erkenntnis wird etwa bei musikalischen und sportlichen Etüden eingesetzt. Die Aktivierung der entsprechenden Lernzentren stellt bereits die Möglichkeit

305 Rombach: *Die Welt als lebendige Struktur*, S. 150.

des Lernens bereit, auch wenn die konkrete physische Aktion nicht durchgeführt wird.

Genau diese Anregung findet auch statt, wenn Zeichen und Ausdrücke von Gefühlen wahrgenommen werden. Fröhlichkeit oder Trauer rufen diese Empfindungen auch auf der Seite der Betrachtenden hervor. Nicht nur das körperliche Leid des geschlagenen Pferdes empfand Nietzsche am eigenen Leib, er konnte sich zudem der Resonanz der psychischen Grausamkeit der Situation nicht entziehen, dem Schmerz der Demütigung eines anderen Lebewesens, das soeben sein Bestes an Leistung gegeben hatte. Die Bestrafung eines Lebewesens aufgrund eines herrschaftlich gesetzten zu wenig machte ihn verzweifeln:

> Friedrich Nietzsche hatte, wenige Minuten zuvor, die Arme um den Hals des Pferdes einer Mietkutsche geschlungen und wollte ihn nicht mehr loslassen. Er hatte gesehen, wie der Kutscher den Vierbeiner geschlagen hatte und dabei einen so ungeheuren Schmerz empfunden, daß er sich veranlaßt sah, dem Tier seine Zuneigung zu bezeugen.[306]

Die mentalen, psychischen und physischen Zustände anderer empfindsamer Wesen können in der eigenen Vorstellung repräsentiert werden. Beim Perspektiventausch können die Spiegelneuronen als diejenigen Vermittler gelten, die auf physiologischer Ebene die Wesensübergänge und den Gestaltwandel bewirken. Indem man die Perspektive der anderen Person einzunehmen versucht, kann ihr Befinden in einer eigenen Resonanz nachklingen.

Ein anschauliches Beispiel, wie dies auch bei Tieren stattfindet, zeigt eine Dokumentation von Spielsequenzen zwischen einem jungen Wolf des Wolf Science Center und einem Hund bei ihrem erstmaligen Zusammentreffen. Für das Gelingen des Spiels von Caniden ist ein Rollentausch maßgeblich, der erst durch Einfühlung der Spielpartner in den jeweils anderen ermöglicht wird; Hierarchien sind im Spiel aufgehoben. Der Hund reagiert auf die anfängliche Furcht des Wolfes mit beschwichtigendem Verhalten, demonstriert Unterlegenheit, um zu signalisieren, dass er ihm freundlich gesonnen ist, bis der Wolf bereit für den Aufbau einer sozialen Beziehung

306 Nietzsche Spuren. Das Ende. www.friedrichnietzsche.de/?REM_sessid=&action=21&start=21 (Zugriff am 25.09.2014).

ist. Die Partner halten im Spiel Blickkontakt und unterbrechen die Sequenzen immer wieder, um Situationen zu deeskalieren.[307]

Es erweist sich als leicht im Sinne von natürlich, sich in einer ersten Ordnung zu bewegen, in der man sich in andere hineinversetzen kann, anstatt in einer zweiten Ordnung mit Theorien darüber zu sinnieren, wie etwas zustande kommen könnte, wenn man rationalistisch abwägt. Die kognitionswissenschaftlichen und psychologischen Theorien zum Bewusstsein – theories of theory of mind – stützen sich auf diese Kompetenzen der Einfühlung. Sie teilen die Beobachtung, dass Erfahrungen und Empfindungen anderer Lebewesen wechselseitig verfügbar gemacht werden können. Das Subjekt wird aus seiner Einsamkeit erlöst und in einen Zusammenhang eingebunden.

Eine kommunikative Ebene wird durch einen Akt des sich Hineinversetzens aufgemacht, nicht durch die Anwendung theoretischer Prämissen. „When I want to know what you might think or decide I try to imagine the world as it appears to you and explore some of the further states of affairs and requirements for action implicit in that world."[308] Simulation ermöglicht rasches Zurechtfinden in neuen Situationen, in die direkt eingestiegen werden kann. Gefühle und Erlebnisse werden verfügbar und können übernommen, aufgenommen werden. In der Theorie einer radikalen Simulation wird der gängigen Vorstellung einer durch logische Folgerungen und Prämissen gewonnenen „kalten Erkenntnis" (cold cognition) die Möglichkeit der „heißen Erkenntnis" (hot cognition)[309] hinzugefügt. Diese stützt sich auf die Einfühlung, die tatsächlich als Transformation in das andere Wesen dargestellt wird, um dessen Motivation und Gedankengänge nachvollziehen zu können. Es gilt die Position zu finden, die sich dem Leben in den umgebenden Seinsereignissen weit genug öffnet, um Verbundenheit zulassen zu können.

„Only a thin line seperates one's own mental life from one's representation of another's; offline representations of others tend inherently

307 Die Tiertrainerin und Forscherin Marleen Hentrup arbeitet am Wolf Science Center Ernstbrunn (www.wolfscience.at)und bei researchdogs (www.researchdogs.org). Das Video wurde privat zur Verfügung gestellt.

308 Jane Heal: *Mind Reason and Imagination. Selected Essays in Philosophy of Mind and Language*. Cambridge: Cambridge UP 2003, S. 3.

309 Ebd.

to go online“[310], schreibt Susan Hurley diesbezüglich, und die Internetmetapher verdeutlicht ein fast spukhaftes Element dieser Kommunikation, das körperlich und nicht-körperlich zugleich ist. Die Entscheidung, die Verbindung zu aktualisieren, entspricht einem Zugang ins weltweite Netz der Empfindungen.

310 Susan Hurley: The Shared Circuits Model: How Control, Mirroring and Simulation Can Enable Imitation, Deliberation and Mind-reading. In: *Behavioral and Brain Sciences* 31,1 (2008), S. 1–22, hier S. 6.

Bewusstsein als Tun

Like many today, I view perception as inherently active and cognition as embodied and situated.[311]

Verbindungen anwenden

Wissenschaft setzt sich in Bezug zu anderen Thesen, sucht nach Fragen, die der weiteren Erkenntnis des einen oder anderen Zusammenhangs dienen. Sie setzt also voraus, dass es einen Sinnzusammenhang gibt, wiewohl er durch die Abtrennung der Disziplinen voneinander intern immer wieder bestritten wird. Die Furcht, dass Dinge oder Fakten sich nicht mehr präzise als Objekte und Denkprodukte benennen, trennen und unterscheiden lassen, fördert die Aufrechterhaltung der Trennung, die immer auch deren Hierarchien begünstigt. Isabelle Stengers nennt diese Praxis eine Polemik, die vielen Entwicklungen im Wege steht:

> Polémique incarné de manière statique par nos universités, où chaque discipline a son territoire, ses experts, ses critères, où règne la fiction rassurante d'une collégialité dont le seul point d'accord est, en fait, la disqualification de non-scientifique. Polémique incarné de manière beaucoup plus dynamique par les « grandes maneuvres » de mobilisation, de conquêtes et de mises en hierarchie qui structure le paysage des disciplines.[312]

Das Eindringen in das vermeintlich abgegrenzte, angeeignete Wissensgebiet durch einen anderen, einen aus einer anderen Disziplin,

311 Hurley: The Shared Circuits Model, S. 2.

312 Stengers: *Cosmopolitiques*, S. 11. „Eine eingefleischte, statische Polemik seitens der Universitäten, wo jede Disziplin ihr Territorium hat, ihre Experten, ihre Kriterien, wo die Sicherheit gebende Fiktion einer Kollegialität regiert, deren einziger Übereinstimmungspunkt tatsächlich darin besteht, das ‚Nicht-Wissenschaftliche' zu disqualifizieren. Eine eingefleischte Polemik die durch ‚große Manöver' der Mobilmachung viel dynamischer wirkt, die durch Eroberungen und Hierarchiesetzungen die Landschaft der Disziplinen strukturiert." (Übers. S. K.)

gleicht, in dieser Sichtweise, einem Entern in der Piraterie. So, also könne und müsse man nicht das weit verstreute Wissen miteinander verbinden und verschmelzen lassen.

Das subjektive Element ist Teil der Poesie der Wissenschaft. Das, was das Momentum auslöst, sind Kreativität, Phantasie und Intuition. Sie sind wesentlich am Hervorbringen des Neuen – oder neuer Wissenskonstellationen – beteiligt. Ohne sie ist das Überwinden eines Status quo nicht möglich. Wenn aber angenommen wird, dass die Sinneseindrücke ausschließlich auf eine je eigene, subjektive Wahrnehmung treffen, ergibt sich die Erfahrbarkeit nur im beengten Horizont des eigenen Selbst. Das Eingeschlossensein im eigenen Erleben wäre die Folge. Gäbe es kein verbindendes Gemeinsames, das aus dieser Einsperrung hinausführt und in den offenen Raum der anderen hineinreicht, bliebe in der Tat nur die Kluft, die Angst, das Abgetrenntsein, das Alleinsein.

Conclusio

> *Equality isn't an idea; it's a practice. We practice it when we don't treat other people or other animals as objects. We practice it when we ask 'what are you going through?' and understand that we ask the question because it matters to all of us what some are experiencing.*[313]

Seinszusammenhang

Das Verbindende ist als Zugehörigkeit zur Welt allen Lebewesen gemeinsam. Es ist die Lebensenergie, die Weltseele, der Lebensfunke, den alle teilen, an dem alle teilhaben, in dem alle sich verbinden. Ein so gefasster Seelenbegriff läuft darauf hinaus, dass alle Lebewesen daran Anteil haben. Indem sie eine Welt teilen, ist ihnen die Möglichkeit gegeben, sich in Beziehungen und Sinnzusammenhängen miteinander zu verbinden und zu kommunizieren. Das leibhaftige Bezogensein auf einen gemeinsamen Urgrund, den die Welt in ihrer Materialität bedeutet, lässt sich als Bekenntnis zu Verbundenheit und Verantwortung verstehen. Verbundenheit lässt sich durch die Tätigkeit der Seele, die in allen lebenden Wesen wirkt, erfahren.

Die Weltseele ist nichts Subjektives, das einzelnen Individuen eignet. Seele ist kein persönliches Element. Bei überlappenden Subjektivitäten kann auch die Seele nicht als Größe mit fixen Begrenzungen vorgestellt werden. Sie wird gleichsam als Prozess gedeutet, als permanent sich vollziehender Seinszusammenhang. Trotz der vielfältigen Aufspaltung in medial vermittelte unterschiedliche Realitäten muss ein solcher vorhanden sein. Sonst fiele die Welt auseinander. Für die Potenzialität von Verbindung zwischen den Lebewesen sprechen also zahlreiche Argumentationsstränge, von denen im Folgenden zwei zusammengefasst werden.

313 Adams: *Sexual Politics of Meat*, S. 1.

Innerliche Verbindung

Eine in der jeweiligen inneren psychischen Struktur des Lebewesens vorgestellte Potenzialität lässt die Prozesse von Wahrnehmungen miteinander korrespondieren. Sie ermöglicht die kommunikativen Akte, mit denen Lebewesen sich an der Welt beteiligen und sich als Teil von ihr empfinden. Diese Potenzialität bildet einen Bezugspunkt, einen „nexus", der gleichsam ein Zentrum aller der damit in Verbindung stehenden Lebewesen darstellt. Diese intrinsische Verbindung wird durch die Tätigkeit der Seele geschaffen und aufrechterhalten. Seele, deren Unfassbarkeit und gleichzeitige Wirkmächtigkeit in zahlreichen Konnotationen und Charakterisierungen wie Lebensfunke, Lebensenergie, Bewegungsmotor, Entelechie, Elan vital erstrahlt, findet sich in allen Lebewesen. Was lebendig ist, spürt das Lebendigsein anderer. Seele wirkt auch als ein Resonanz-Instrument, das in die Lage versetzt, das Lebendigsein anderer wahrzunehmen. Durch dieses hochsensible Instrument werden nicht nur generelle Seinsmodalitäten wie Lebendigsein oder Bewegung, sondern auch individuelle wie Wohlbefinden oder Bedrängnis vermittelt. Sie stellt mithin ein unhintergehbares Ausgesetztsein an die Ereignisse der Welt bereit.

Unterschiedliche Konzepte von Seele beschreiben sie entweder als subjektive eigene Kraft oder auch als überindividuelle Kraft, an der Lebewesen teilhaftig werden. Die Vorstellung von einem individualisierten Instrument, das den Bezug an einer transpersonalen Seele herstellt, weil die Potenzialität eines solchen Bezuges im Lebendigsein bereits gegeben ist, führt aus diesem Dilemma heraus. Das Seeleninstrument kann als Ausformung der Seele auf individueller Ebene betrachtet werden, das jedenfalls in Bewegung und Veränderung verschiedene Entitäten bereisen kann. Leibniz' Idee von Seele als Mittelpunkt, den er sich mathematisch unausgedehnt vorstellt, bietet die Möglichkeit von Verbindungen durch das umgebende ätherische Element oder Fluidum. Dieses Element dient als Medium für den Fluss zwischen Materiellem und Immateriellem. Es vermittelt sowohl innerhalb des Subjekts als auch über es hinausgehend. Daher gelingt eine Korrespondenz, eine Kommunikation, eine Kommunion der Lebewesen, die ätherisch bedingt ist.

Seele, selbst ohne Leib, bestimmt ihrerseits aber die substanzielle Form eines Leibes. Ihre Tätigkeiten rechnen sich ebenso unsichtbaren wie wirkmächtigen Energien zu. Sie begleitet Lebewesen als

Potenzialität der Welterfahrung, auf der einfachen Ebene des Existierens in einem fließenden Wechsel bis zu den elaborierten Akten des Gestaltwandels.

Wie jedes Instrument verlangt auch das Instrument der Weltwahrnehmung, das sich auch als seelische Potenz verstehen lässt, Hingabe und Übung. Das Sensorium der Seele kann gestimmt, gemildert und geschärft werden. Wie jede Fertigkeit im Umgang mit Instrumenten fordert eine solche Tätigkeit Kontinuität. Die Fähigkeit der Seele möchte entwickelt und nuanciert werden, in dauerndem Gebrauch stehen, damit sie einen immer volleren und tiefgründigeren, eigenen Ton entwickeln kann. Zu üben, sich einzusetzen, Wahrnehmungen zuzulassen oder zu unterdrücken, entspricht einem Selbstverhältnis der Seele zu sich.

Die Leugnung der Verbundenheit mit anderen Lebewesen zieht weltvernichtende Konsequenzen nach sich – der Elan vital wird geschwächt von Gefühlen der Einsamkeit und Sinnlosigkeit. Wo keine Zusammenhänge bestehen, kann sich auch kein Sinn ergeben.

Äußerliche Anregungen

Die Atmosphäre, die aus einem leiblichen Außen auf das Lebewesen trifft und mit ihm in Verbindung gerät, steht für das Element, das zwischen den Lebewesen unsichtbar, doch spürbar für Verbindungen zur Verfügung steht. Als Trägermaterial von Stimmungen und Informationen wirkt sie als kommunikatives Element, das gleichzeitig die Außengrenzen der Individuen einander berühren lässt und miteinander verbindet. Anders gesagt liefert sie ein Bild dafür, wie die Grenzen als nicht existent vorgestellt werden können.

Der Raum und diese ihm innewohnende oder ihn ummantelnde unsichtbare Substanz bilden die Bühne, den Austragungsort des Lebens in dieser luftigen, ätherischen Sphäre, die doch gleichzeitig in ihrer Selbstverständlichkeit und unbestreitbaren Anwesenheit so erdnah und bodenständig ist. Der Äther erscheint hier nicht als Metapher, als Bebilderung des Undenkbaren etwa. Vielmehr besteht er in ganz konkreter Form als dasjenige, was Beziehungen und Bezüge der ihm Innewohnenden ermöglicht: Er grenzt an die materiellen Körper und etabliert immer schon Verbindungen mit anderen Körpern. Selbst das Bestehen auf Materialunterschieden täuscht nicht über die Verbundenheit der physikalischen Welt hinweg.

So gesehen lassen sich Grenzziehungen, die etwa sogenanntes wildes und domestiziertes Leben trennen, nur als Markierungen eines Versuchs erkennen, der kulturellen Sphäre die natürliche abzuringen und Kultur über Natur zu stellen. Die erfolgreiche Trennung manifestiert sich in der Destruktivität des Zerteilens, Zerschneidens, des Zurechtbiegens. Die Anstrengung dieser Destruktionsarbeit bedeutet ihren willentlichen Kontrast als Widerstand gegen ein natürliches Fließen mit unbestimmbarem Ausgang.

Der Wille zur Trennung, um ein menschliches Subjekt hervor- und herauszuheben, wird auch in die Lebewesen der Umgebung hineingetragen. Die Anstrengung, derer es bedarf, an der Konstruktion des Ausschlusses dessen, was nicht dazugehört, zu arbeiten, formt sich einen Ausgleich in der Ablehnung derjenigen, die man in dieser Trennung abwertet. Die Strafe dafür, könnte man sagen, dass man sich durch sie gezwungen sieht, diese destruktiven Motive in Gefühlen und Gedanken auszutragen, damit eine lebensverachtende Sichtweise auf die anderen etabliert werden kann. Ein Bewusstsein der Verbundenheit ermöglicht es, die Blindheit gegenüber den Botschaften anderer Wesen abzulegen und ihre aufsehenerregende Schönheit, ihre überwältigenden Fähigkeiten zur Wahrnehmung und Bewegung, ihre variantenreichen Kommunikationsformen und ihre emotionale Präsenz als Bereicherung der Welt zu erfahren. Das Offensichtliche, der Wunsch und das Bestreben aller Lebewesen, fortzubestehen und zu leben, wird damit nicht länger negiert. Welt entsteht nicht durch den Alleinherrschaftsanspruch, der dem Menschen Definitionsallmacht und Erteilung von Lebensrecht suggeriert. Das menschliche Feld bestimmt nicht, was Welt sein kann.

Eine Betrachtungsweise, die Verbundenheit anerkennt, kann die destruktive Pose der Dichotomisierung, das Konstruieren des anderen als Antagonisten, verwerfen, weil es in ihr keine übergeordnete Position des tyrannischen Befehlens gibt. Die Stufenleiter der Hierarchie entspricht ihr nicht als Modell. In ihrer Geste der Einbeziehung von Akteuren unterschiedlichster Herkünfte ist die Forderung eingeschlossen, dass nicht-menschlichen Tieren ein ganz anderer Wert im Zusammenleben und im Umgang zusteht, weil sie als Lebewesen anerkannt sind. Eine andere Betrachtungsweise, die das „othering" als solches erkannt und verworfen hat, bewirkt eine erweiterte Kommunikation, die den Namen verdient, weil sie nicht in aller Heimlichkeit ins Monologisieren und Kategorisieren verfällt, sondern in mehrere Richtungen ausgreift. Wer ein Überleben von Welt in ihrer Vielfalt als Aufgabe versteht, kann sie nicht von einer einzigen Perspektive aus betrachten. Wenn Verbundenheit keinen höheren Stellenwert erlangt, schreitet die menschliche Entsolidarisierung mit anderen Lebewesen weiter fort.

Eine notwendige Änderung der uralten Einteilungen bedeutet eine radikale Neupositionierung, deren Vorboten längst in Sicht sind. Die Evidenz einer Kontinuität zwischen den Lebewesen geht aus philosophischen Untersuchungen einer relationalen Ontologie, die andere Lebewesen als substanzielle Entitäten der Seinserfahrung anerkennt, hervor. Bezogenheit und Beziehung sind deren Voraussetzung, und sie lassen sich nicht auf menschliche Akteure reduzieren. Auch die Ergebnisse praktischer Untersuchungen wie Verhaltens- und Kommunikationsforschung und theoretische Konzepte von einer fortlaufenden Entfaltung der Lebewesen stützen die Forderung nach ihnen entsprechenden Umgangsweisen. Das als normal propagierte Handeln zulasten bewusstseins- und gefühlsbegabter Lebewesen stellt daher ein Handeln wider besseres Wissen dar. Die Ignoranz und die Verdrängungsenergie, mit der ein als normal gerechtfertigter Lebensstil sich legitimiert, finden sich in beträchtlichem Maße auch in einem intellektuellen Umfeld, das sich mit philosophischen und psychologischen Fragen auseinandersetzt. Genau hier geht es aber darum, sich den Herausforderungen von lebensverändernden Erkenntnissen zu stellen und das furchtsame Anklammern an Herrschaftsphantasien als Denk- und Seinsschranke zu begreifen.

Die Frage kann also nicht länger lauten, welche Begründung es gibt, starre Machtdogmen herauszufordern, die Unterwerfung, Ausrottung und Tötung als selbstverständlich, gar kulturinhärent, erachten. Vielmehr stellt sich die Frage anders gewendet: Kann es überhaupt Gründe geben, dies nicht zu tun?

Die Anerkennung eines Zusammenhangs alles Bestehenden wird mit Leibniz als notwendig beschrieben. Er begründet die innerliche Verbundenheit aller Wesen mit ihrem gemeinsamen Ursprung – dem letzten Grund. Dieser Ursprung ist das allem vorausgehende

Prinzip, eine Substanz, die Ursache für das philosophische Erstaunen darüber, dass überhaupt etwas ist und nicht vielmehr nichts. Diese innerliche Verbundenheit manifestiert sich auch in der leiblichen Sphäre, auf der die Lebewesen erscheinen:

> Da nämlich alles voll ist und somit die gesamte Materie zusammenhängt und da im Vollen jede Bewegung eine Wirkung auf entfernte Körper ausübt und zwar nach Maßgabe der Entfernung, so daß jeder Körper nicht nur durch diejenigen berührt wird, die an ihn angrenzen, und in gewisser Weise alles das verspürt, was diesen geschieht, sondern durch deren Vermittlung auch diejenigen verspürt, die an jene ersten angrenzen, durch die er unmittelbar berührt wird, so folgt, daß sich diese Kommunikation über eine beliebige Entfernung erstreckt.[314]

Leiblichen Wesen sollte Verbundenheit demnach unverstellt spürbar sein, weil den leiblichen Erfahrungen letztlich nicht entkommen werden kann. Mit der Erkenntnis, dass Leiblichkeit und Seele innerhalb der Subjekte und über sie hinausreichend Verbindung generieren, kann das unterkühlte Reich abstrakter Erkenntnisse als unvollständig und verfälscht erkannt und verlassen werden.

Wenn Verbundenheit als ein Prinzip des Universums verstanden wird, das die Teilhabe an unterschiedlichen Seinsweisen bereitstellt, werden die destruktiven Strategien der Hierarchisierungen und Dichotomien entkräftet. In der Möglichkeit des Gestaltwandels lässt sich die Unendlichkeit der Lebensinterpretationen erahnen und auskosten und die Wichtigkeit der einzelnen unterschiedlichen Ausformungen erkennen. Das Prinzip der Unterdrückung und der Annihilation des anderen kann einer positiven Zuwendung weichen, die in der Liebe zum verbindenden Lebensprinzip zutage tritt. Einer Liebe, die Bewunderung und Begeisterung sein kann, die staunen kann über die Schönheit, die das Können und die Kunst des anderen bewundern kann – die durch Einfühlung teilhaben kann, werden kann, was sie bewundert, und die den neidvollen Vernichtungswillen überwindet: in einer Liebe in Vielgestaltigkeit.

314 Leibniz: *Monadologie*, S. 45.

Literaturverzeichnis

Adams, Carol J.: *The Sexual Politics of Meat: A Feminist-Vegetarian Critical Theory*. New York: Continuum 2010.

Aristoteles: *Über die Seele*. Griechisch-Deutsch, übers. u. hrsg. v. Gernot Krapinger. Stuttgart: Reclam 2011.

Ausländer, Rose: *Mein Atem heißt jetzt*. Frankfurt: Fischer 1987.

Balluch, Martin: *Die Kontinuität von Bewußtsein. Das naturwissenschaftliche Argument für Tierrechte*. Wien / Mühlheim an der Ruhr: Guthmann-Peterson 2005.

Barnouw, Jeffrey: Aesthetics for Schiller and Peirce: A Neglected Origin of Pragmatism. In: *Journal of the History of Ideas* 49,4 (1988), S. 607–632.

—: *Eighteenth Century Aesthetics and the Reconstruction of Art*. Cambridge: Cambridge UP 1993.

Barthes, Roland: *Mythen des Alltags*. Berlin: Suhrkamp 2010.

Baumgarten, Alexander Gottlieb: *Ästhetik*. Lateinisch-Deutsch. 2 Bde., übers. u. hrsg. v. Dagmar Mirbach. Hamburg: Meiner 2007.

Beetz, Andrea, / Henri Julius / Kurt Kotrschal /Dennis C. Turner / Kerstin Uvnäs-Moberg: *Bindung zu Tieren. Psychologische und neurobiologische Grundlagen tiergestützter Interventionen*. Göttingen: Hogrefe 2014.

Benjamin, Walter: Paris, die Hauptstadt des XIX. Jahrhunderts. In: *Das Passagen-Werk. Gesammelte Schriften*, Bd. V.1, hrsg. v. Rolf Tiedemann. Frankfurt am Main: Suhrkamp 1982, S. 45–59.

Bentham, Jeremy: *Principles of Penal Law*. Edinburgh: William Tait 1838.

Bergson, Henri: *Schöpferische Entwicklung*. Jena: Diederichs 2001.

Böhme, Gernot: *Atmosphäre. Essays zur neuen Ästhetik*. Frankfurt am Main: Suhrkamp 1997.

Böhme, Gernot / Gregor Schiemann: *Phänomenologie der Natur*. Frankfurt am Main: Suhrkamp 1997.

Brightman, Robert: *Grateful Prey. Rock Cree Human-Animal Relationships*. Berkeley / Los Angeles: University of California Press 2002.

Bryant, Levy R.: *The Democracy of Objects*. Ann Arbor: Open Humanities Press 2011.

Castellano, Cheto / Lissette Olivares: Luk's Love: A Mediated Journey through Posthumanist Affect and Multispecies Consciousness. Kassel: Vortrag dOCUMENTA 13, 10.09.2012.

Chomsky, Noam: *Media Control. The Spectacular Achievements of Propaganda*. New York: Seven Stories 1997.

Crist, Eileen: The Inner Life of Earthworms. In: Colin Allen / Marc Bekoff / Gordon M. Burghart (Hrsg.): *The Cognitive Animal. Empirical and Theoretical Perspectives on Animal Cognition*. Boston: MIT Press 2002, S. 3–8.

—: Intimations of Gaia. In: Dies. / H. Bruce Rinker (Hrsg.): *Gaia in Turmoil. Climate Change, Bio Depletion, and Earth Ethics in an Age of Crisis*. Cambridge, MA: MIT Press 2010, S. 315–333.

—: Evolutionary Continuity. In: Marc Bekoff (Hrsg.): *Encyclopedia of Animal Rights and Animal Welfare*. 2nd Edition. Santa Barbara: Greenwood 2010.

Deleuze, Gilles / Félix Guattari: *Tausend Plateaus. Kapitalismus und Schizophrenie.* Berlin: Merve 2010.

Derrida, Jacques: *L'animal que donc je suis.* Paris: Galilée 2006.

—: *Das Tier, das ich also bin*, aus d. Franz. v. Markus Sedlaczek. Wien: Passagen 2010.

Descartes, René: *Abhandlung über die Methode des richtigen Vernunftgebrauches.* Stuttgart: Reclam 1976.

Descola, Philippe: *Jenseits von Natur und Kultur.* Berlin: Suhrkamp 2011.

Dogen, Zenji: Uji. In: Ruth Ozeki: *A Tale for the Time Being.* New York: Penguin 2013, S. 259.

Duns Scotus, Johannes: *Über die Erkennbarkeit Gottes. Texte zur Philosophie und Theologie.* Lateinisch-Deutsch, übers. u. hrsg. v. Hans Kraml. Hamburg: Meiner 2000.

Ember, Carol R. / Melvin Emner: *Encylopedia of Medical Anthropology: Health and Illness in the World's Cultures.* New York: Kluwer / Plenum 2004.

Endenburg, Nienke: Der Einfluß von Tieren auf die Frühentwicklung von Kindern als Voraussetzung für tiergestützte Therapie. In: Erhard Olbrich / Carola Otterstedt: *Menschen brauchen Tiere. Grundlagen und Praxis der tiergestützten Pädagogik und Therapie.* Stuttgart: Kosmos 2003, S. 121–129.

Fédida, Pierre: *Des bienfaits de la dépression: Éloge de la psychothérapie.* Paris: Odile Jacob 2001.

Ferber, Ilit / Hagi Kenaan: *Philosophy's Moods. The Affective Grounds of Thinking.* London / New York: Springer 2011.

Franck, Georg: *Ökonomie der Aufmerksamkeit: Ein Entwurf.* München: Hanser 1998.

Fuchs, Thomas: *Das Gehirn, ein Beziehungsorgan. Eine phänomenologisch-ökologische Konzeption.* Stuttgart: Kohlhammer 2008.

Galli, Giuseppe: *Psychologie der sozialen Tugenden.* Wien / Köln / Weimar: Böhlau 2005.

Gebauer, Gunter / Christoph Wulf: *Mimesis. Kultur – Kunst – Gesellschaft.* Reinbek: Rowohlt 1992.

Gibbs, Anna: After Affect. Sympathy, Synchrony and Mimetic Communication. In: Melissa Gregg / Gregory J. Seigworth (Hrsg.): *The Affect Theory Reader.* Durham: Duke UP 2010, S. 186–205.

Gordon, Robert. M.: Radical Simulationism. In: Peter Carruthers / Peter K. Smith (Hrsg.): *Theories of Theories of Mind.* Cambridge: Cambridge UP 1996, S. 11–21.

Goodman, Felicitas / Nana Nauwald: *Ekstatische Trance. Körperhaltungen. Das Praxisbuch.* Aarau / München: AT 2011.

Gregg, Melissa / Gregory J. Seigworth (Hrsg.): *The Affect Theory Reader.* Durham: Duke UP 2010.

Grimm, Jacob / Wilhelm Grimm: *Deutsches Wörterbuch.* 16 Bde. in 32 Teilbänden. Leipzig: Hirzel 1971.

Hahmann, Andree: *Kritische Metaphysik der Substanz: Kant im Widerspruch zu Leibniz.* Berlin: de Gruyter 2009.

Hahn, Marcus / Erhard Schüttpelz (Hrsg.): *Trancemedien und Neue Medien um 1900. Ein anderer Blick auf die Moderne.* Bielefeld: Transcript 2008.

Haraway, Donna: The 'homework economy' outside 'the home', from "A Cyborg Manifesto: Science, Technology, and Socialist-Feminism in the Late Twentieth Century". In: Dies.: *Simians, Cyborgs and Women: The Reinvention of Nature.* New York: Routledge 1991, S. 166–170.

—: *Monströse Versprechen: Die Gender- und Technologie-Essays.* Hamburg: Argument 1995.

—: A Kinship of Feminist Figurations. In: *The Haraway Reader. Cyborgs, Coyotes and Dogs.* New York / London: Routledge 2004, S. 321–342.

—: *When Species Meet.* Minneapolis: University of Minnesota Press 2008.

—: Sowing Worlds: A Seed Bag for Terraforming with Earth Others. In: Margarete Grebowicz / Helen Merrick (Hrsg.): *Beyond the Cyborg: Adventures with Haraway.* New York: Columbia UP 2013, S. 137–146.

Hardt, Michael / Antonio Negri: *Common Wealth.* Cambridge, MA: Belknap / Harvard UP 2009.

Harvey, Graham: *Animism. Respecting the Living World.* Kent Town: Wakefield 2005.

Heal, Jane: *Mind, Reason and Imagination. Selected Essays in Philosophy of Mind and Language.* Cambridge: Cambridge UP 2003.

Hofmannsthal, Hugo von: *Gesammelte Werke in zehn Einzelbänden.* Bd. 7: Erzählungen. Erfundene Gespräche und Briefe. Reisen. Frankfurt am Main: Fischer 2009.

Holze, Erhard: *Gott als Grund der Welt im Denken Gottfried Wilhelm Leibniz.* Stuttgart: Steiner 1991.

Horkheimer, Max / Theodor W. Adorno: *Dialektik der Aufklärung.* Frankfurt am Main: Suhrkamp 1969.

Hurley, Susan: The Shared Circuits Model: How Control, Mirroring and Simulation Can Enable Imitation, Deliberation and Mind-reading. In: *Behavioral and Brain Sciences* 31,1 (2008), S. 1–22.

Huxley, Aldous: *Brave New World.* London: Vintage 2004.

Hyde, Lewis: *The Gift. How the Creative Spirit Transforms the World.* Edinburgh: Canongate 2007.

Illouz, Eva: *Der Konsum der Romantik.* Frankfurt am Main: Suhrkamp 2007.

—: *Die Errettung der modernen Seele.* Frankfurt am Main: Suhrkamp 2009.

Ingerman, Sandra: *Soul Retrieval. Mending the Fragmented Soul.* San Francisco: Harper 1991.

Jaimes, Annette M.: Federal Indian Identification Policy. A Usurpation of Indigenous Sovereignty in North America. In: Dies. (Hrsg.): *The State of Native America. Genocide, Colonization and Resistance.* Boston: South End 1992, S. 123–138.

Joy, Melanie: *Why We Love Dogs, Eat Pigs and Wear Cows. An Introduction to Carnism.* San Francisco: Red Wheel Weiser 2010.

Kassner, Rudolf: *Die Grundlagen der Physiognomik.* Leipzig: Insel 1922.

—: *Transfiguration.* Erlenbach-Zürich: Rentsch 1946.

Kirsch, Manuela: Ilka Reinhart – und das Märchen vom bösen Wolf. In: *Biologie in unserer Zeit* 39,3 (2009): Special Issue: Evolutionsforschung, S. 218–219.

Kofmann, Sarah: *Schreiben wie eine Katze. Zu E. T. A. Hoffmanns „Lebens-Ansichten des Katers Murr".* Wien: Passagen 1985.

—: *Melancholie der Kunst.* Wien: Passagen 1986.

Komar, Vitaly / Aleksandr Melamid / Mia Fineman: *When Elephants Paint: The Quest of Two Russian Artists to Save the Elephants of Thailand.* New York: Harper Collins 2000.

Kotrschal, Kurt: *Wolf – Hund – Mensch: Die Geschichte einer jahrtausendealten Beziehung.* Wien: Brandstätter 2012.

Krause, Bernie: *The Great Animal Orchestra. Finding the Origins of Music in the World's Wild Places.* New York: Little, Brown / Hachette 2012.

Lachmann, Renate: Der Narr in Christo und seine Verstellungspraxis. In: Peter Moos (Hrsg.): *Unverwechselbarkeit: Persönliche Identität und Identifikation in der vormodernen Gesellschaft.* Köln / Weimar / Wien: Böhlau 2004, S. 379–410.

Latour, Bruno: *Das Parlament der Dinge. Für eine politische Ökologie.* Frankfurt am Main: Suhrkamp 2009.

Lanier, Jaron: *You Are Not a Gadget. A Manifesto.* New York: Penguin 2011.

Leibniz, Gottfried Wilhelm Friedrich: *Philosophische Schriften und Briefe*, hrsg. v. Ursula Goldenbaum. Berlin: Akademie 1992.

—: *Monadologie*, aus d. Franz. übersetzt u. hrsg. v. Hartmut Hecht. Stuttgart: Reclam 2008.

Longino, Helen E.: *The Fate of Knowledge.* Princeton: Princeton UP 2002.

Look, Brandon: *Leibniz and the Vinculum Substanziale.* Stuttgart: Steiner 1999.

Luy, Jörg Peter: *Die Tötungsfrage in der Tierschutzethik.* Berlin: Freie Universität Berlin 1998.

—: *Fragen zur Mensch-Tier-Grenze („the great divide").* Interview in Briefen (unveröffentlicht). 2011.

Mangelsdorf, Marion: *Wolfsprojektionen: Wer säugt wen? Von der Ankunft der Wölfe in der Technoscience.* Bielefeld: Transcript 2007.

Martin Jean-Pol: Gemeinsam Wissen konstruieren: Am Beispiel der Wikipedia. In: Michael Klebl / Michael Köck (Hrsg.): *Projekte und Perspektiven im Studium Digitale.* Berlin: Lit 2006, S. 157–164.

Merleau-Ponty, Maurice: *Phänomenologie der Wahrnehmung.* Berlin: de Gruyter 1976.

Michel, Simone: *Die Magischen Gemmen. Zu Bildern und Zauberformeln auf geschnittenen Steinen der Antike und Neuzeit.* Berlin: Akademie 2004.

Mirbach, Dagmar: Einführung: Zur fragmentarischen Ganzheit von Alexander Gottlieb Baumgartens Aesthetica (1750/1758). In: Alexander Gottlieb Baumgarten: *Ästhetik.* Lateinisch-Deutsch. 2 Bde., übers. u. hrsg. v. Dagmar Mirbach. Hamburg: Meiner 2007.

Momaday, N. Scott: *The Ancient Child.* New York: Harper Perennial 1990.

—: *The Man Made of Words.* New York: Macmillan / St. Martin's 1998.

Morton, Stephen: *Gayatri Spivak: Ethics, Subalternity and the Critique of Postcolonial Reason.* Cambridge: Polity 2007.

Mütherich, Birgit: *Die Problematik der Mensch-Tier-Beziehung in der Soziologie: Weber, Marx und die Frankfurter Schule.* Berlin / Münster / Wien / Zürich / London: Lit 2000.

Nancy, Jean-Luc: *Corpus.* Paris: Métailié 2000.

—: *Corpus,* aus d. Franz. v. Nils Hodyas / Timo Obergöker. Zürich / Berlin: Diaphanes 2007.

— / Antonia Birnbaum: *L'extension de l'âme : Descartes =: « Exister, c'est sortir du point »*. Strasbourg: Le Portique 2003.

Nietzsche, Friedrich: *Die fröhliche Wissenschaft*. Berlin / New York: de Gruyter 1973.

Noë Alva: *Out of Our Heads. Why You Are Not Your Brain, and Other Lessons from the Biology of Consciousness*. New York: Hill & Wang 2010.

—: *Varieties of Presence*. Boston: Harvard UP 2012.

Noleppa, Steffen: *Klimawandel auf dem Teller. Ernährung. Nahrungsmittelverluste. Klimawirkung*. Berlin: WWF 2012.

O'Brien, Stacey: *Wesley. The Story of a Remarkable Owl*. London: Constable 2008.

Olbrich, Erhard / Carola Otterstedt (Hrsg.): *Menschen brauchen Tiere. Grundlagen und Praxis der tiergestützten Pädagogik und Therapie*. Stuttgart: Kosmos 2003.

Ozeki, Ruth: *A Tale for the Time Being*. New York: Penguin 2013.

Peirce, Charles Sanders: The Basis of Pragmaticism. In: Ders.: *The Logic of Interdisciplinarity*. Berlin: Akademie 2009, S. 259–286.

Pepperberg, Irene M.: Intelligence and Rationality in Parrots. In: Susan Hurley / Matthew Nudds (Hrsg.): *Rational Animals*. Oxford: Oxford UP 2006, S. 469–485.

Pewny, Katharina: *Das Drama des Prekären. Über die Wiederkehr der Ethik in Theater und Performance*. Bielefeld: Transcript 2011.

Pick, Anat: *Creaturely Poetics. Animality and Vulnerability in Literature and Film*. New York: Columbia UP 2012.

Ranke Graves, Robert von: *Die weiße Göttin*. Reinbek: Rowohlt 1988.

Reichholf, Josef H.: *Rabenschwarze Intelligenz. Was wir von Krähen lernen können*. München: Herbig 2009.

Rerrich, Maria S.: *Die ganze Welt zuhause. Cosmobile Putzfrauen in privaten Haushalten*. Hamburg: Hamburger Edition 2006.

Rilke, Rainer Maria: *Duineser Elegien*. Frankfurt am Main: Suhrkamp 1994.

Rombach, Heinrich: *Die Welt als lebendige Struktur: Probleme und Lösungen der Strukturontologie*. Freiburg: Rombach 2003.

Rowlands, Mark: *Animals Like Us*. London / New York: Verso 2003.

—: *The Philosopher and the Wolf. Lessons from the Wild on Love, Death and Happiness*. London: Granta 2009.

—: *Body Language. Representation in Action*. Cambridge, MA: MIT Press 2006.

Samsonow, Elisabeth: Regression als totale Progression. Regulative Zustandsveränderung als kulturelle „Triebfeder". In: Oya Erdogan / Dietmar Koch (Hrsg.): *Im Garten der Philosophie*. München: Fink 2005, S. 175–185.

—: *Anti-Elektra. Totemismus und Schizogamie*. Zürich / Berlin: Diaphanes 2007.

—: *Egon Schiele: Ich bin die Vielen*. Wien: Passagen 2010.

—: Electra Animist oder Ambient Love. In: Irene Albers / Anselm Franke (Hrsg.): *Animismus. Revisionen der Moderne*. Zürich: Diaphanes 2012, S. 145–151.

Santayana, George: *The Sense of Beauty. Being the Outline of Aesthetic Theory*. Mineola: Dover 1955.

Serres, Michel: *Der Parasit*. Frankfurt am Main: Suhrkamp 1987.

—: *Die fünf Sinne: Eine Philosophie der Gemenge und Gemische*. Frankfurt am Main: Suhrkamp 1996.

Spivak, Gayatri Chakravorty: *Can the Subaltern Speak? Postkolonialität und subalterne Artikulation.* Wien: Turia & Kant 2007.

—: The Rani of Sirmur. An Essay in Reading the Archives. In: *History and Theory* 24,3 (1985), S. 247–272.

Stengers, Isabelle: *Wem dient die Wissenschaft?* Hamburg: Murmann 1997.

—: *Cosmopolitiques I. La guerre des sciences. L'invention de la mécanique: pouvoir et raison. Thermodynamique: la réalité physique en crise.* Paris: La Découverte 2003.

—: Den Animismus zurückgewinnen. In: Irene Albers / Anselm Franke (Hrsg.): *Animismus. Revisionen der Moderne.* Zürich : Diaphanes 2012, S. 111–123.

Stiegler, Bernard: Le carnaval de la nouvelle toile: de l'hégémonie à l'isonomie. In: Brigitte Juanals / Jean-Max Noyer (Hrsg.): *Technologies de l'Information et intelligences collectives.* Paris: Hermès Sciences / Lavoisier 2010, S. 75–104.

Stöger-Horwath, Angela S.: *Vocal Learning and Vocal Ontogeny in African Elephants.* Dissertation, Fach Evolutionsbiologie, Universität Wien, 2006.

Taylor, Diana: A Savage Performance. Guillermo Gómez-Pena and Coco Fusco's „Couple in the Cage". In: *The Drama Review* 42,2 (1995), S. 160–180.

Thomas, Philip: *Selbst-Natur-Sein. Leibphänomenologie als Naturphilosophie.* Berlin: Akademie 1996.

Traub, Ulrike: *Theater der Nacktheit: Zum Bedeutungswandel entblößter Körper auf der Bühne seit 1900.* Bielefeld: Transcript 2008.

Underwood Spencer, Paula: *Who Speaks for Wolf?* Austin: Tribe of Two Press 1983.

Viveiros de Castro, Eduardo: Perspektiventausch. In: Irene Albers / Anselm Franke (Hrsg.): *Animismus. Revisionen der Moderne.* Zürich: Diaphanes 2012, S. 73–93.

Weber, Jutta: *Umkämpfte Bedeutungen. Natur im Zeitalter der Technoscience.* Frankfurt am Main / New York: Campus 2001.

Whitehead, Alfred North: *Adventures of Ideas.* New York: The Free Press / Simon & Schuster 1967.

—: *Process and Reality* (= Gifford Lectures Delivered in the University of Edinburgh during the Session 1927/28). New York: The Free Press 1978.

Wild, Markus: *Die anthropologische Differenz.* Berlin: de Gruyter 2006.

Winkelman, Michael: *Shamanism. The Neural Ecology of Consciousness and Healing.* Westport: Bergin & Garvey 2000.

—: Spirits as Human Nature and the Fundamental Structure of Consciousness. In: James Houran (Hrsg.): *From Shaman to Scientist. Essays on Humanity's Search for Spirits.* Lanham: Scarecrow 2004, S. 59–96.

Wittgenstein, Ludwig: *Tractatus logico-philosophicus.* Frankfurt am Main: Suhrkamp 1999.

Woolf, Virginia: *Flush,* ed. with an Introduction and Notes by Kate Flint. Oxford: Oxford UP 2009.

Žižek, Slavoj: *The Struggle for European Legacy.*Vortrag im Palais des Beaux Arts, Brüssel, 28.11.2011.

Zola, Émile: *Das Paradies der Damen.* Frankfurt am Main: Fischer 2004.

Internetquellen

Adbusters: http://www.adbusters.org/blogs/adbusters-blog/occupy-wall-street-will-lay-siege-us-greed.html (Zugriff am 19.04.2012).

Aristoteles: Über die Freundschaft. Nikomachische Ethik, übers. aus d. Griech. Eugen Rolfes. http://www.textlog.de/aristoteles-ethik.html (Zugriff am 12.02.2013).

Balluch, Martin: The Show must go on – Kampagne für ein Kastenstandverbot bei Mutterschweinen. http://www.martinballuch.com/?p=619 (Zugriff am 20.02.2012).

Bauer, Birgit: Wer spricht für den Jaguar? Donna Haraways antispeziezistischer Ausflug nach Anderswo. In: Tierrechts Aktion Nord (Hrsg.): Leiden beredt werden zu lassen, ist die Bedingung aller Wahrheit – Reflexionen zum Mensch-Tier-Verhältnis. http://www.tierrechts-aktion-nord.de/texte/haraway.html (Zugriff am 27.06.2014).

—: Der Objektivitätsbegriff in der feministischen Debatte um die Naturwissenschaften. Philosophisches Seminar Universität Hamburg. http://www.queersm.gmxhome.de/pdf/objektivitaet.pdf (Zugriff am 17.07.2014).

Böhler, Arno: Psyche ist ausgedehnt, weiß nichts davon. http://univie.academia.edu/ArnoBoehler/Papers/796813/Psyche_ist_ausgedehnt_weiss_nichts_davon (Zugriff am 25.09.2013).

Buchenau, Stefanie: L'esthétique wolffienne comme ars inveniendi. In: Revue germanique internationale 4 (2006), S. 37–48. http://rgi.revues.org/139 (Zugriff am 09.12.2012).

Bugnyar, Thomas / Orlaith N. Fraser: Do Ravens Show Consolation? Responses to Distressed Others. http://www.plosone.org/article/info%3Adoi%2F10.1371%2Fjournal.pone.0010605 (Zugriff am 17.07.2014).

Cannon, Hal: Sacred Sheep Revive Navajo Tradition, For Now.

http://www.npr.org/templates/story/story.php?storyId=127797442 (Zugriff am 15. 11.2012).

Clark, Andy / Dave Chalmers: The Extended Mind. In: *ANALYSIS* 58,1 (1998), S. 7–19. http://www.philosophy.ed.ac.uk/people/clark/pubs/TheExtendedMind.pdf (Zugriff am 19.06.2014).

Cowboys and Indians Magazine: The Navajo Churro Sheep. http://www.cowboysindians.com/Cowboys-Indians/October-2011/The-Navajo-Churro-Sheep/ (Zugriff am 07.08.2014).

Darwin, Charles: The Formation of Vegetable Mould through the Action of Worms. With Observations on Their Habits. London: John Murray 1881. The Complete Work of Charles Darwin Online. http://darwin-online.org.uk/EditorialIntroductions/Freeman_VegetableMouldandWorms.html (Zugriff am 17.07.2014).

Deleuze, Gilles: Leibniz. Les Cours de Gilles Deleuze. http://www. webdeleuze.com/php/sommaire.html (Zugriff am 23.10.2011).

Derrida, Jacques: Jacques Derrida and the Question of "The Animal". Video. http://www.youtube.com/watch?v=Ry49Jr0TFjk (Zugriff am 01.12.2012).

Despret, Vinciane: Que diraient les animaux si… Conférence prononcée dans le cadre des Grandes conférences liégeoises le 17 janvier 2013, Liège. http://www.vincianedespret.be/tag/despret/ (Zugriff am 28.06.2014).

—: Dans le regard d'une bête. http://www.cobra-films.be/critique/60/Regard_VincianeDespret.pdf (Zugriff am 03.12.2012).

—: Le corps comme espace d'accueil: Quand c'est l'animal qui… http://www.vincianedespret.be/2010/04/le-corps-comme-espace-daccueil/ (Zugriff am 22.10.2013).

Dossenbach, Hans Dionys: Die Liebeslaube der Laubenvögel, 1996. http://www.himmelblau.de/blumen/index.htm (Zugriff am 17.07.2014).

Einzmann, Simone: Der Mensch im Hund. In: Bild der Wissenschaft. http://www.bild-der-wissenschaft.de/bdw/bdwlive/heftarchiv/index2.php?object_id=31503163, (Zugriff am 06.08.2014).

Endler, John / Laura Kelley: Illusions Promote Mating Success in Great Bowerbirds, 2012. http://www.sciencemag.org/content/335/6066/335 (Zugriff am 18.03.2012).

Grandin, Temple: Animals Are Not Things. A View on Animal Welfare Based on Neurological Complexity. http://www.grandin.com/welfare/animals.are.not.things.html, (Zugriff am 14.11.2012).

Guo, Kun / Kerstin Meints / Daniel S. Mills / Anaïs Racca: Reading Faces: Differential Lateral Gaze in Processing Canine and Human Facial Expressions in Dogs and 4-Year-Old Children. http://journals.plos.org/plosone/article?id=10.1371/journal.pone.0036076 (Zugriff am 17.07.2014).

Haraway, Donna: Fifth Annual Feminist Theory Workshop – Keynote Speech. Duke Women Studies. http://www.youtube.com/watch?v=nUSOvVBsX8g (Zugriff am 23.06.2012).

—: Staying with the Trouble: Xenoecologies of Home for the Companions in the Contested Zones. In: *Fieldsights – From the Editorial Office, Cultural Anthropology Online*, 27.07.2010. http://www.culanth.org/fieldsights/289-staying-with-the-trouble-xenoecologies-of-home-for-companions-in-the-contested-zones (Zugriff am 11.05.2013).

—: CCA Graduate Studies Lecture Series. Recorded on October 20, 2009. Timken Lecture Hall, San Francisco Campus. https://youtu.be/3F0XdXfVDXw (Zugriff am 15.11.2012).

—: Reading the National Geographic on Primates. The European Graduate School, http://www.egs.edu/faculty/donna-haraway/videos/reading-the-national-geographic-on-primates/ (Zugriff am 30.06.2012)

Heinemann, Pia: Laubenvögel haben ein Händchen fürs Interieur. In: *Die Welt*, 19.01.2012. http://www.welt.de/wissenschaft/umwelt/article13823577/Lauben voegel-haben-ein-Haendchen-fuers-Interieur.html (Zugriff am 19.02.2012).

Ingerman, Sandra: Healing Toxic Thoughts. http://www.sandraingerman.com/healingtoxicthoughts.html (Zugriff am 15.04.2012).

Kassewitz, John / John Stuart Reid: We are not alone. The Discovery of Dolphin Language. http://www.speakdolphin.com/ResearchItems.cfm?ID=20 (Zugriff am 08.07.2014).

Kirchmayer, Daniel: Tierschutzprozess. http://tierschutzprozVielgestaless.at (Zugriff am 12.02.2012).

Komar, Vitaly / Aleksandr Melamid: The Asian Elephant Art and Conservation Project. http://www.elephantart.com/catalog (Zugriff am 09.08.2013).

Kotrschal, Kurt: Wolf Science Center. http://www.wolfscience.at/de/ueberuns/team/kurtkotrschal/# (Zugriff am 17.07.2014).

Kramer, Katharina: Der Lohn der Verlierer. In: *Süddeutsche Zeitung*, 12.08.2010. http://www.sueddeutsche.de/wissen/verhaltensbiologie-der-lohn-der-verlierer-1.987272-2 (Zugriff am 06.08.2014).

Lanier, Jaron: Homuncular Flexibility. http://www.edge.org/q2006/q06_print.html#lanier (Zugriff am 05.08.2014).

Latour, Bruno: Remettre les non-humains dans le coeur de la politique. Propos de Bruno Latour. http://xn--entre-l-fwa.net/remettre-les-non-humains-au-coeur-de-la-politique-revue-critique-decologie-politique/ (Zugriff am 27.06.2014).

Loreau, Dominique / Rudi Marten: Dominique Loreau et le monteur Rudi Marten „Dans le regard d'une bête". http://www.dailymotion.com/video/xl1h7w_dominique-loreau-et-le-monteur-rudi-marten-dans-le-regard-d-une-bete_shortfilms (Zugriff am am 27.02.2012).

Low, Philip: Cambridge Declaration on Consciousness. http://fcmconference.org/img/CambridgeDeclarationOnConsciousness.pdf (Zugriff am 27.07.2014).

Magoulick, Mary: Methods of Native American Renewal & Contextualizing Worldview. www.faculty.de.gscu.edu/mmagouli/pubs.htm (Zugriff am 02.03.2012).

—: Native American Worldview Emerges. https://faculty.gcsu.edu/custom-website/mary-magoulick/worldview.htm (Zugriff am 02.03.2012).

—: Traditional Teaching Narratives of Renewal (Wolf Narratives & a Trickster Story). www.faculty.de.gscu.edu/mmagouli/pubs.htm (Zugriff am 27.03. 2012).

Margulis, Lynn: Interview. http://discovermagazine.com/2011/apr/16-interview-lynn-margulis-not-controversial-right#.UL9_KrQc2qQ (Zugriff am 12.04.2012).

Momaday, N. Scott: PBS The West. http://politicalquotes.org/quote/51324/momaday-n-scott/animals-ethnic-groups (Zugriff am 28.05.2014).

Mondoweiss: http://mondoweiss.net/2011/10/ready-for-a-tahrir-moment-occupy-wall-street-the-arab-spring-and-israelpalestine.html (Zugriff am 25.01.2012).

Montaigne, Michel de: Essais II. http://www.textlog.de/30942.html (Zugriff am 23.10.2012).

Mütherich, Birgit: Die soziale Konstruktion des Anderen – zur soziologischen Frage nach dem Tier. http://home.arcor.de/veganerin/dl/SozialeKonstruktion desAnderen.pdf (Zugriff am 07.07.2014).

Nancy, Jean-Luc: *58 (+1) Indices sur le Corps*. htpps://soundcloud.com/58indices onthebody/jean-luc-nancy-recording-index-41 (Zugriff am 27.09.2013).

Noë , Alva: We Extended Beings Need to Break Free from 17th Century Thinking. http://bigthink.com/in-their-own-words/we-extended-beings-need-to-break-free-from-17th-century-thinking (Zugriff am 27.06.2014).

Pons Online-Wörterbuch. http://de.pons.eu/dict/search/results/?q=communicare (Zugriff am 14.12.2012).

Preciado Beatriz: Queer Bulldogs. Histories of Human-Canin Co-Breeding and Bio-Political Resistance. Vortrag dOCUMENTA, Kassel, 10.09.2012. http://d13.documenta.de/#/research/research/view/on-seeds-and-multispecies-intra-action-disowning-life-beatriz-preciado-queer-bulldogs-histories-of-human-canin-co-breeding-and-biopolitical-resistance (Zugriff am 25.04.2013).

Rowell, Thelma: Sheep Do Have Opinions. http://www.vinciane despret.be/2010/04/sheep-do-have-opinions/ (Zugriff am 13.11.2012).

Samsonow, Elisabeth von: Bewusst und unbewusst. http://www.neubeurer-woche.de/wp-content/uploads/2012/11/Vortrag-Samsonow.pdf (Zugriff am 30.06.2013).

—: Hybrid Mensch Tier. Studio Elektra 08. Okto TV. http://www.youtube.com/watch?v=4SE5X9mTKH8, (Zugriff am 27.06.2014).

Serkis, Andy: Rise of the Planet of the Apes. Interview. http://www.youtube.com/watch?v=bZKJKCNuUUg (Zugriff am 04.12.2012).

Teresi, Dick: Lynn Margulis Says She's Not Controversial, She's Right. http://discovermagazine.com/2011/apr/16-interview-lynn-margulis-not-controversial-right (Zugriff am 15.09.2012).

Tierlexikon: Seidenlaubenvogel. http://www.world-of-animals.de/Tierlexikon/Tierart_ Seidenlaubenvogel.html (Zugriff am 08.03.2012).

Tomasini, Mirko: Beziehung durch Spiel. leitwolf-hundetraining.de/das-leitwolf-spiel-erster-teil/ (Zugriff am 05.08.2014).

Viejo, Raimundo: http://www.adbusters.org/blogs/adbusters-blog/occupywall street.html (Zugriff am 24.11.2012).

WHO (World Health Organization): Depression. Fact Sheet. http://www.who.int/mediacentre/factsheets/fs369/en/ (Zugriff am 07.08.2014).

Wolfe, Cary: On Posthumanism and Animal Studies. https://www.youtube.com/watch?v=5NN427KBZlI (Zugriff am 06.08.2014).

Filme und Videos

Dans le regard d'une bête. BE 2011, R: Dominique Loreau.

The Day After Tomorrow. USA 2004, R: Roland Emmerich.

The Rise of the Planet of the Apes. USA 2011, R: Rupert Wyatt.

Die Wolke. D 2006, R: Gregor Schnitzler.